韩天明　卢光敏　著

北驿站

SONGYAN GUZHEN
SHIYI

松烟古镇

拾遗

四川大学出版社
SICHUAN UNIVERSITY PRESS

图书在版编目（CIP）数据

松烟古镇拾遗 / 韩天明，卢光敏著. —— 成都 : 四
川大学出版社，2023.11
ISBN 978-7-5690-5423-1

Ⅰ. ①松… Ⅱ. ①韩… ②卢… Ⅲ. ①乡镇—概况—
遵义 Ⅳ. ① K927.35

中国版本图书馆 CIP 数据核字（2022）第 063215 号

书　　　名：松烟古镇拾遗
　　　　　　Songyan Guzhen Shiyi
著　　　者：韩天明　卢光敏

选题策划：梁　胜
责任编辑：梁　胜
责任校对：孙滨蓉
装帧设计：墨创文化
责任印制：王　炜

出版发行：四川大学出版社有限责任公司
　　　　　地址：成都市一环路南一段 24 号（610065）
　　　　　电话：（028）85408311（发行部）、85400276（总编室）
　　　　　电子邮箱：scupress@vip.163.com
　　　　　网址：https://press.scu.edu.cn
印前制作：四川胜翔数码印务设计有限公司
印刷装订：成都金阳印务有限责任公司

成品尺寸：170mm×240mm
印　　张：14
插　　页：17
字　　数：293 千字

版　　次：2023 年 11 月 第 1 版
印　　次：2023 年 11 月 第 1 次印刷
定　　价：68.00 元

本社图书如有印装质量问题，请联系发行部调换

扫码获取数字资源

四川大学出版社
微信公众号

友礼　状元桥石碑

小水　石刻诗

和僧振寺　石碑

梨树　党箭碑

二龙　兴市兴校石碑

二龙　方石碑

中乐　松十修路碑

僧振寺　佛台

僧振寺　临济正宗第三十七世圆寂恩师广印
老和尚之塔位

僧振寺　临济正宗恩师林净老和尚之墓

新台　活佛张大仙石墓塔

小水　王氏墓地主墓

梯子岩　驿道

营盘段　红道

他山　宛转桥

二龙"凉桥"

新台　万寿桥（马渡河桥）

友礼　状元桥

觉林　下泥坝桥　　　　　　　　　觉林　平桥

友礼　断桥　　　　　　　　　　觉林各口　跳磴

店子渡槽

八大渡槽

凉水渡槽

九大渡槽

花村渡槽

李家寨渡槽

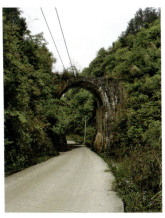

关田　马斑塘渡槽　　　　　　　　　　水淹凼　王氏龙门

小水　王氏古寨"八"字龙门　　　　　　小水　王氏古寨东门

松烟铺营盘　古城墙　　　　　　　　　马家寨　马氏城墙

马家寨　马氏城墙　　　　　　　　　　　　三字坝　联防团内城墙

三字坝　联防团内城墙　　　　　　　　　　　　他山

应接不暇　　　　　　　　　　　　　　　　　　米丈

钱开少放歌处永历丁酉春题

石帆峰

云归处

翠屏

洞天   流云

留云峡   云房

九面峰   奇峰

霹雳崖

梅仓

藏书崖

回岚穴

石浪

断烟

保台　王氏石碉　　　　　　　　　　　屯山　陶瓷厂爬坡窑

白号军铜钱"嗣统通宝"　　　　　　　　觉林寺遗物

朱明月"练功石"　　　　　　　　　　天堂坝张氏闸子

修建湄余公路的石磙子

三字坝私塾

团山堡学校

屯山陶瓷厂房

友礼张氏《医范曲成》

1953年松烟小学成绩单

1954年松烟小学毕业证书

淮海战役纪念章　　　　　抗美援朝纪念章　　　　　渡江战役胜利纪念章

解放华中南纪念章　　　　解放华北纪念章　　　　　抗美援朝纪念章

抗美援朝纪念章　　　　　抗美援朝纪念章　全国人民慰问解放军纪念章

全国三八红旗手纪念章

爱国生产奖章

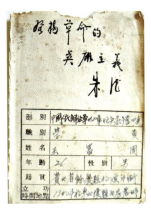

朱德题词证书

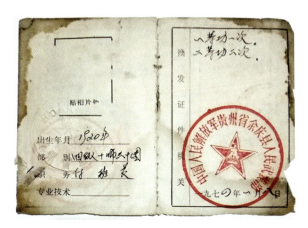

立功等级证

立功证书

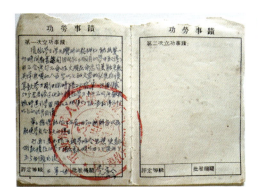

立功事迹

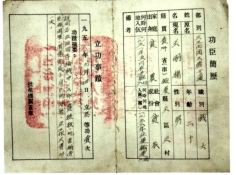

功臣简历

朝鲜颁发的获奖证书

松烟铺旧貌布局示意图

清朝末年三字坝布局示意图

松烟高杆灯

1986年烟叶站门前

1986年供销社门前　　1986年东方红饭店门前　　2000年遵义路与供销街交叉路口

松烟小学校园内钱邦芑　　新中国成立前，松烟党组织部分成员，右　　非遗传人　黄继珍
雕像　　　　　　　　起：刘国镒、刘俊明、向国灵、毛以和、
　　　　　　　　　　李正常1985年合影

民间艺人　潘少华　　　　1956年松烟完小第五届二班毕业合影
（右一）

1957年7月团山堡优秀教师韩自贵（前左）与县部分优秀教师代表留影

1960年7月22日湄潭县松烟中学全体教师队伍合影

1960年7月22日湄潭县松烟中学第一届毕业生合影

松烟二小（又名鹤村小学即今中乐小学）毕业生合影

松烟二中

师生共建松烟二中

67、68级毕业生留影

1995年觉林中学校园

1957年松烟卫校学生留影

1971年松烟区赤脚医生狮子场培训合影

1956年4月9日松烟仓库全体同志合影

1961年7月17日湄潭县粮食局全体同志分县留影

1977年陶瓷厂全体员工合影

1979年9月王绍碧（左一）获奖归来与县领导合影

祝银珍在北京领奖台上领奖.

1960年王孝碧与中央团校贵州同学合影

2008年松烟第一届自行车赛礼友代表队

2008年"迎奥运树新风感受松烟新变化"
自行车拉力赛，松烟二中教师代表

2010年"毛进家电杯"第三届自行车
赛

2012年松烟镇第四届自行车邀请赛

2013年中国第一骑游小镇松烟自行车挑
战赛

2014年中国第一骑游小镇松烟茶山山地自行车
赛

2015年"中科园林"杯中国第一骑游小镇余庆松烟站

2009年松烟镇第二届自行车赛

2016年中国第一骑游小镇松烟茶山骑游公园"泸州通达路桥杯"山地自行车赛

2017年遵义中国茶海山地自行车赛余庆站

湄凤余三县五镇一乡联谊活动"篮球运动会"

湄凤余三县五镇一乡联谊活动"篮球运动会"开幕式现场

交公粮

六七十年代看电影

八十年代全村人看一台电视

电视接收天线

犁田

挞砖

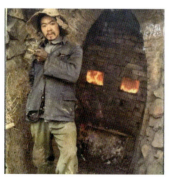

烧砖瓦

筑土墙

打草鞋

制瓦

爆米花

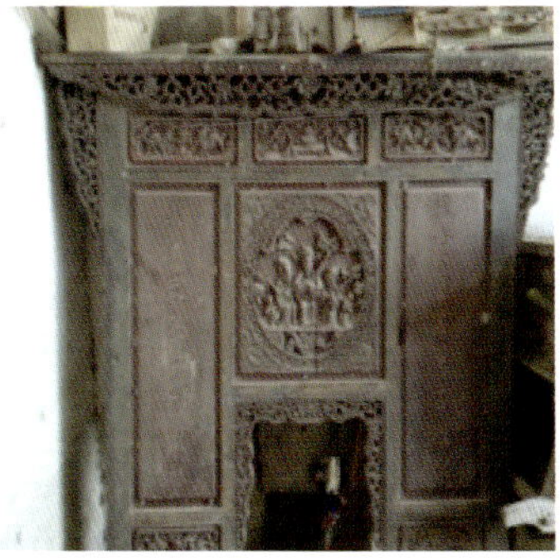
神龛

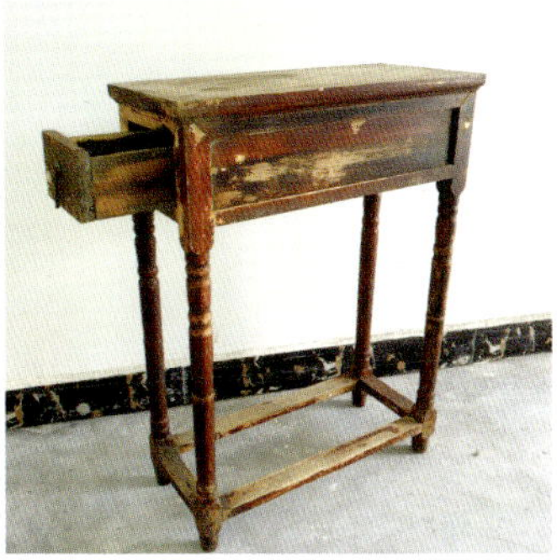
靠桌

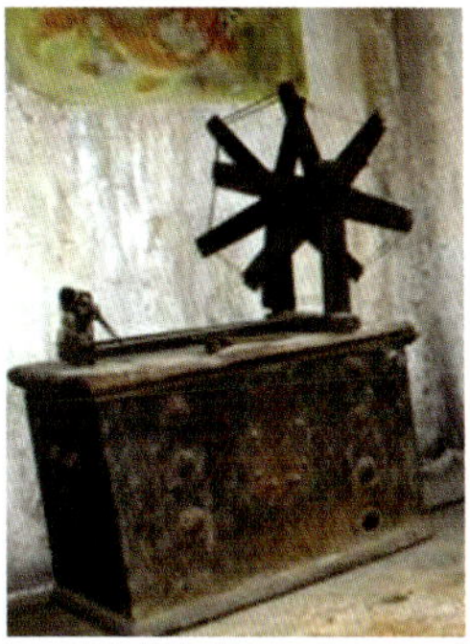
纺花机

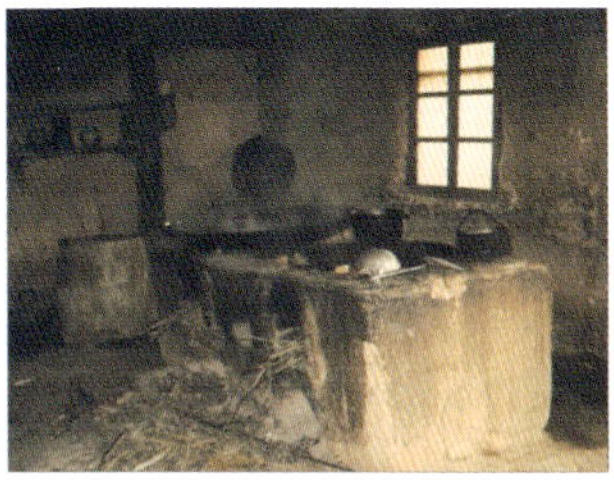
土灶头

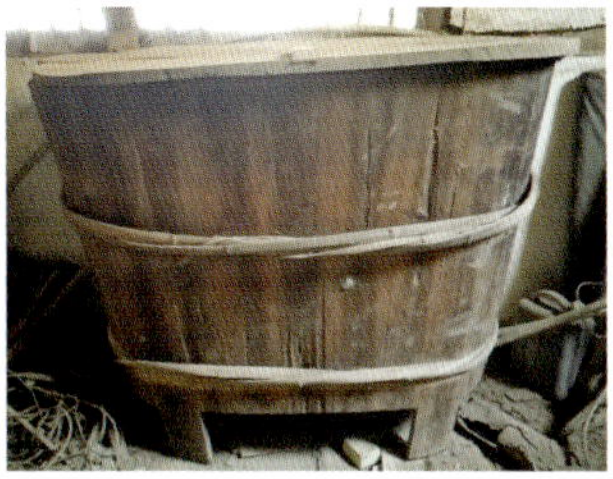
扁桶

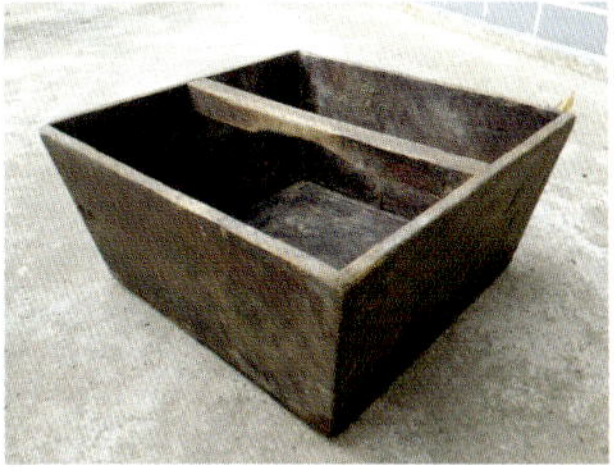
斗

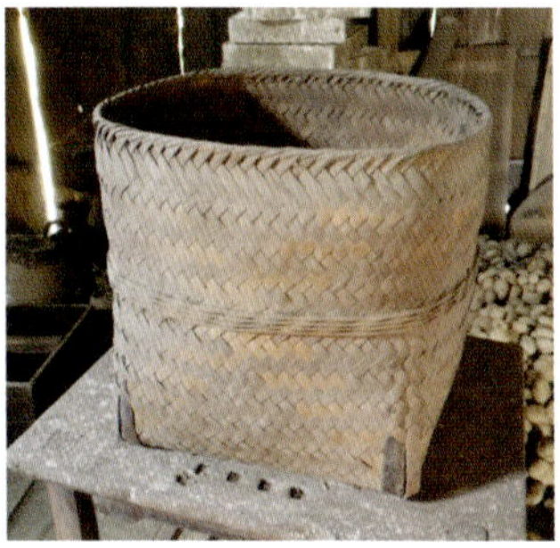
包篼

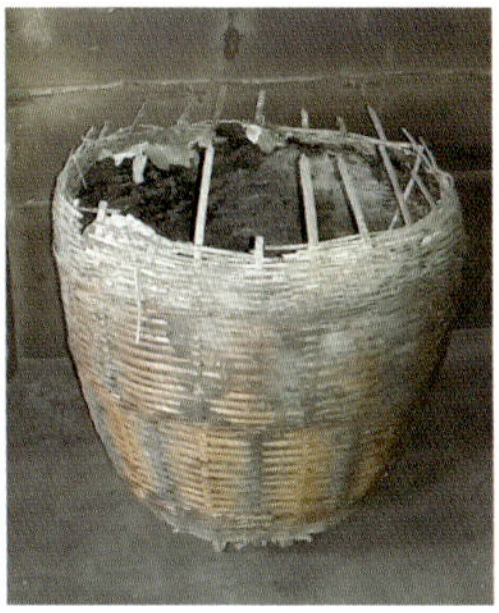
油篓子

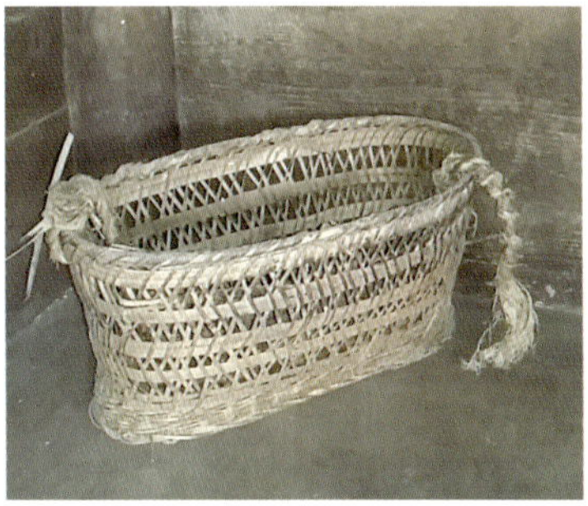
漆篼

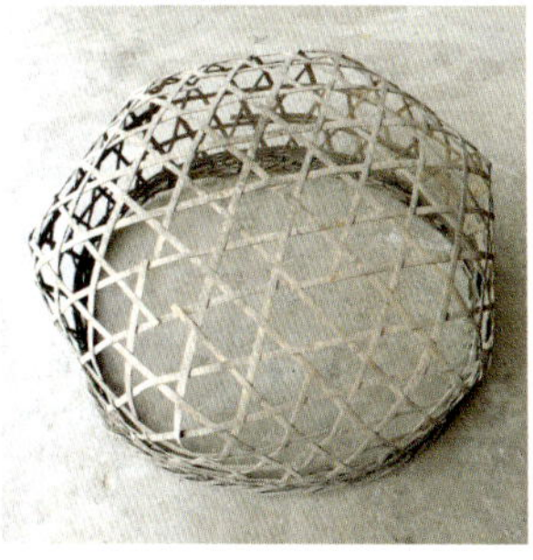
炕笼

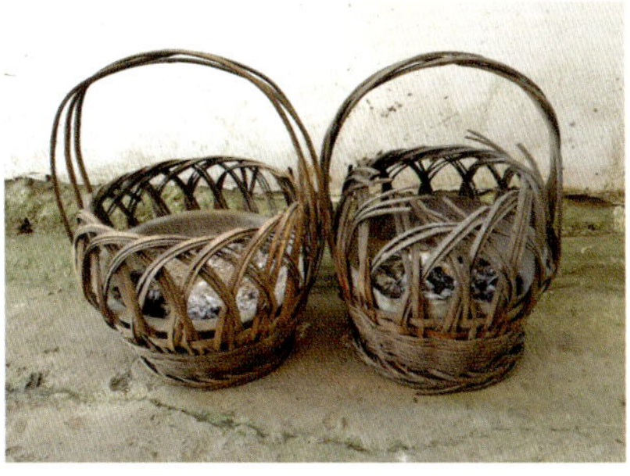
灰笼

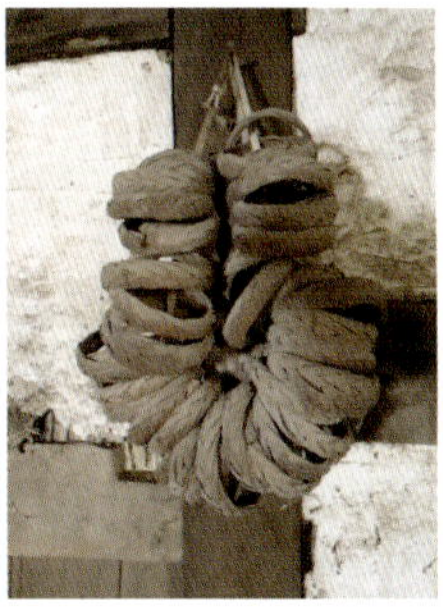
泡粑圈

水车　　　　　　　　　　碾房　　　　　　　　屯山陶瓷厂部分产品

甜酒罐　　　　　　夜壶　　　　　　　鼎罐　　　　　　　高脚盘

骷颅瓢　　　铁磬（叫已亡亲人回家吃饭时敲　　　烛台
　　　　　　　　打的器皿）

桐油灯　　　　　　　煤油灯　　　　　　　牛膀铃

蓑衣

草墩

枕头

洗衣槽

染缸

漆碗

漆筒

红薯洞

手摇电话机

锣鼓钹丁

铧口

| 枷单 | 山钯 | 浪钯 |

| 草篮子 | | 齿镰刀 |

| 洋叉 | 洋码 | 哈草钯 |

| 哈谷钯 | 梁盖 | 三花钻 |

碓窝

风簸

斛斗

磨子

纺花车

晒酱

米花

提饺

绿豆粉

黄糕粑

血灌粑

松烟古镇拾遗

清明粑　　　　　　　　汤圆　　　　　　　　　麻汤

酶豆腐的制作　　　　　　　　　　泡粑的制作

他山全貌　　　　　　　　　　屯山陶瓷厂全景

九大水库　　　　　　　　　　晏家坝水库

星宿岩诗林

一石跨湄凤余三县的三棱碑

八大水库　　　　　　　　　　　　跃进水库

李家寨水库 玉河水库

他山　柳湖堤 新台　三涨水

新台　马颈坳 凉龙寺神水井口

凉水井 祝羊坝凉家水井

二龙麻窝洞洞口——红军遇难　　台上　仙人石　　　　友礼石海螺
遗址

友礼　朱砂洞　　　　　　　　二龙凉桥柏树——红军遇难的见证者

新田　金狮楠木　　　　　　　　新田　千年银杏

前　言

　　松烟古镇地处乌江北岸，湄潭县南，是黔北历史较为悠久的古镇之一，也是余庆县重要的文化发源地。唐乾符三年（876年）始设余庆、白泥两土司，松烟属余庆司所辖；明万历二十九年（1601年），朝廷实行"改土归流"，两土司合建为余庆县。康熙十九年（1680年）设"松烟铺"，往来公文，上下官员，络绎不绝。因"铺"而聚，聚而乐，乐而居，居众为市。先民在此繁衍生息近四百年，创造了松烟的历史，形成了独特的地方文化，留下了珍贵的历史文化遗产。其间，有明军营所残城，钱公（明末学者钱邦芑）垂钓之湖、红军北上之道、传统村落建筑、诵经传教之宇，墨宝遗迹、剿匪厮杀、传说故事、民间习俗、工业遗产、各级文物保护单位等文化资源，诸多此类，镇无志无史详叙。县志史书，大事梗概，诸多事物，未尽详述；小事凡物，无迹无音，立足镇位，要事珍品，延误拾记，物损人去，晚矣。

　　中华人民共和国国务院第524号令颁布的《历史文化名城名镇名村保护条例》于2008年7月1日施行。为了加强对历史文化名城、名镇、名村的保护与管理，继承中华民族优秀历史文化遗产，让松烟积淀丰富的历史文化、独特的自然风光重现魅力，笔者与松烟小学教师卢光敏（主要负责民间习俗、歌谣、谚语、歇后语、方言等几部分的收集编撰工作），走村串户，跋山涉水。三年访耄耋者近百，幸事，受访者，久盼拾人，有求必助，有问必应，蹒跚实察，知晓尽告，更有热心者韩自贵、黄继珍、杨昌辞、马邦文、苏正一、黄佩礼、毛昪森、马昌元、华端贵、张灿益、梁大权、王天辉、袁明禄、韩自君、王天权、蔡顺碧（李正常之妻）、李明稀（李明道之弟）、毛国祯、毛昪刚、周仕怀、刘汉志、王廷福、夏煜光、娄方才、谢昭权、陈兴禄、万有禄等人相助，实察物件千百有余，遇访察不明处，复往三四，核考记之。本书在编写中，得到黔北文化研究专家郑继强，遵义师范学院教授韩天寿、吴霞飞的指导，得到贵阳市城市规划设计研究院苏艳妮女士和松烟中学代安全老师的帮助，得到了中共松烟镇委员会和松烟镇政府的关心与重视。此间，松烟镇政府在编纂《松烟镇志》，编委将黔北驿站之《松烟古镇拾遗》书稿第二章第一节中"盐道""红道""场道""宛转桥""万寿桥""状元桥""军事营盘""石碉"，第四章《松烟古镇（铺）遗事》的第三节"民间故事"和第六章《松烟古镇（铺）传统美食》内容，以及笔者编著的《我的家乡在余庆》中第四章《民俗文化》第一节"民间习俗"中的"婚俗""丧俗""岁时年节""乞吉习俗""建房说福"内容编入《松烟镇志》，我甚感荣光！本书的出版，得到父亲韩自贵，兄弟韩天顺、韩天寿、韩勇、韩刚、韩翔，以及儿子韩京辰的大力支助。在此，我真诚地向他们表示衷心的感谢！

永失未知者甚多，憾事；查无记载，问无应答者不少，无奈；遗物残损，记忆模糊亦有，无旁征。林林总总收集了三载资料，自认稀之，整理成《松烟古镇拾遗》共鉴。民聊雅阅，了解先民，保护遗物；作为乡土读物，领略昔日，珍爱今朝；来者有趣深究借鉴，足矣！

笔者编写本书查阅的参考文献有：《余庆县志》《余庆毛氏文史资料》《余庆县工业志》《"土司文化峰会·中国敖溪"论坛论文集》《千年古邑敖溪》《余庆文史资料》《中国民间故事集成·余庆县卷》《中国民间歌谣集成·余庆县卷》《张氏族谱》《余庆花灯》《余庆教育志》等，在此，向以上编著者一并致谢。

由于笔者水平有限，资料残缺，未尽云云，错讹之处，敬请专家学者指正。

韩天明

2021 年 6 月 20 日

目　录

第一章 松烟古镇（铺）的由来

如今的松烟镇，还有不少人称它"松烟铺"。

近四百年来，松烟镇的发展和巨大变化，源于"铺"。要了解松烟铺的历史、文化和自然遗产等方面内容，就得从"松烟"和"铺"的来历说起。

第一节 "松烟"释义

"松烟"是一个汉语词汇，两字分开理解，"松"即松木、松枝、松叶；"烟"即松木燃烧而生成的气化物，遇冷而凝聚的黑灰或烟灰，又叫烟炱，俗称锅烟墨。

宋赵希鹄《洞天墨录》记载："古墨惟以松烟为之，曹子建诗：'墨出青松烟'。"卫夫人《笔阵图》："其墨取庐山之松烟"，安徽黄山歙县也多产松烟墨。

据史料记载，以墨入药始于三国，至南唐时，墨药兴起。墨之入药最早见于唐·陈藏器撰的《本草拾遗》，创用乌贼墨内服以"治血刺心痛"。墨别称有乌金、陈玄、玄香、乌玉玦等。其性辛平，入心肝两经，功能可止血、消肿，治吐血、衄血、崩中、漏下、痈肿发背。据北宋·冠宗奭撰的《本草衍义》记载："墨，松之烟也……须松烟墨方可入药，然惟远烟为佳……"据传，苏轼、郑板桥等著名文豪也托人在青州定做各种药墨，因而有"寸香古墨通经络，松烟墨宝转乾坤"的佳句。

松烟墨是历史上最为悠久的书画用墨，书写时墨色有干、湿、浓、淡、枯之分，呈现出黑色中的不同灰度，用其书写的字画墨质坚而有光，经久不褪。

第二节　话说"松烟铺"

一、"松烟"地名的来历

现在，松烟镇很多人可能会问，我们的先辈是从哪里来的？很多长辈都会回答来自江西省，这一说法在许多姓氏族谱中有记载，且大多数人的家谱记载了他们先人最初来到贵州的时间。那么，为何会有如此多的江西人，背井离乡来到遥远的贵州呢？

笔者查阅贵州历史上的移民资料，首先发现，元世祖至元二十七年（1290年），江西总人口位列全国第一，曾一度出现地狭人稠、缺田少地的局面，以种田为生的古代农民，为了生计只能踏上迁徙的征途。

江西教育学院年逾九旬的章文焕教授研究认为，明清两朝，江西省有过三次人口大迁徙。第一次人口大迁徙发生在明代初期，朱元璋在应天（南京）称帝后，不断进兵湖广和云贵，都以江西为基地，军需给养任务繁重，而且税务名目繁多，百姓难以承受。而为了招募移民耕垦，朱元璋实行放宽赋税的政策，故许许多多江西农民纷至沓来。第二次人口大迁徙，发生在明代中期，又曰"流民进云贵"，这一次的人口迁徙原因与富豪强占农民田地有关。许多有钱有势的豪门望族，暗中勾结官府增加农民田赋，并强取豪夺、强占农民田地。走投无路的农民，有的入山为匪，有的揭竿起义，大多数农民则选择了背井离乡寻求生路。然而，当时的湖广地区早已无他们容身之处，不少流民只能远走云贵高原，尤其是人稀地广的贵州地区，因此，贵州就成了这些流民垦荒、繁衍生息的好去处。第三次人口大迁徙，与发生在明末清初的各种战争有关，那些失去家园耕地的江西农民，和他们的先祖一样，为了生存，也为了逃避战乱，开始成群结队迁往贵州地区。

在清朝时期，大量商人开始在贵州进行贸易。后来贵州全境"改土归流"后，土地可以自由买卖、典当，大批商人又开始进入贵州，包括徽商、晋商、闽商、粤商、浙商、赣商等，其中又以赣商最多，故有"江右商帮"之称。江西，顾名思义，长江之西。据清魏禧所著的《日录杂说》："江东称江左，江西称江右。盖之江北视之，江东在左，江西在右耳。"故江西又被称为"江右"，江西商人则被称为"江右商帮"。"江右商帮"曾经在中华经济发展史上发挥了重要作用，是我国历史上最有影响的三大商帮之一，而贵州又是"江右商帮"最活跃的地区之一。今天，贵州境内的江西会馆，也称"万寿宫"，就是当时江西商人所建的标志性建筑。

以上就是松烟铺许多姓氏的祖籍在江西，先人们背井离乡来贵州松烟的原因和背景。

盛产松烟墨的江西、安徽籍的老祖先来到松烟开垦荒地，繁衍生息。此处唯与祖籍地相似的是那小路边、山岗上的一棵棵松树，他们用松树作燃料煮饭、取暖，让他们感到最欣慰的是用松树同样能制松烟墨，大人、小孩生病用松烟墨治疗，20世纪70年代前，当地人们还用"锅烟墨"治疗某些疾病。"松"和"烟"带给他们方便和实惠，勾起他们对故乡无限的思念。"松"和"烟"又与他们的生活紧密相连，密切相关，因此，他们就叫此地"松烟"了。

二、传说中"松烟铺"的来历[①]

松烟铺原名"争烟铺"，离余庆城北160余里，是一个偏僻小镇。清朝年间，各地都设铺司，派铺兵铺夫传递公文。

传说，在余庆县通往湄潭、凤泉的交界地，就是现在的松烟，曾设过铺房，内征铺夫。当地开设有一家杂货店，名叫"星货铺"，生意兴隆。

某一天，有个人来店里买土烟时，说店里斤两不足，和店老板发生争吵。两人互不相让，越吵越凶，打了起来。他们各拿一样硬实的家什，不顾死活，也不顾众人相劝，一阵乱打，结果两人都重伤死亡。

群众认为，为了争烟这点小事造成人命，都只因斗勇斗狠。为了告诫后人，当地的文人墨客商议，联"争烟"和"铺房"之意，把地名改为"争烟铺"。

争烟铺原是偏僻之地，设场较晚。后来做生意的人多了，乡村也选择废墟地、河坝、井地、庙会等为临时市场，叫赶墟、庙会、赶集。争烟铺的商人选择了离现松烟两公里的"赶场坝"作为做生意的地点，这就是第一个赶场地，第二个赶场地"三合场"，第三个赶场地"新场坪"，这是从第二个赶集地"三合场"搬来的，离松烟三公里处，有弃旧迎新之意。

清嘉庆年间，文林郎毛子溪等人虽然家境一般，只有十余亩田产，但最讲忠孝。毛子溪母亲死后，葬在三尖山下，他天天都去母亲墓地祭奠，被公认为忠孝仁厚之人。为了颂扬他的这种品质，人们把"争烟铺"定为"松烟

---

① 余庆县民间文学集成办公室：《中国民间故事集成·余庆卷》1989年，第94、95页。

铺"。商人们也把新场坪场地移到松烟，成了固定场址，逐年兴建街道、房屋，从此松烟铺就成了较为热闹的乡场。

松烟，象征着那里的人们繁荣富强，寿比乔松，世生忠孝贤良，具坚贞不屈的道德品质，这也是前辈对后世的美好祝愿。

必须说明的是，这里的"铺"是商铺、店铺的意思，后面讲的"铺"是驿站、驿铺之意，二者是有区别的。

第三节　文史资料中的"松烟"地名考

汉元鼎六年（公元前 111 年），汉灭且（ju）兰（且兰是一古国名。且兰国在今贵州都匀、福泉、黄平、贵定一带。经专家研究考证和史籍认定，且兰国故都在今贵州省黔东南苗族侗族自治州黄平县旧州镇），改建牂牁郡，松烟属牂牁郡。

唐僖宗乾符三年（876 年），朝廷下诏募骁勇士带兵讨伐南诏。太原人杨端、山东人毛巴应募，到长安上书，获得朝廷允准，朝廷派主帅杨端、副帅毛巴领兵，打败了南诏，收复了播州，始设白泥、余庆（敖溪）两地校尉。因杨端和毛巴平定播夷有功，被分封为白泥、余庆两地校尉，杨氏和毛氏后代爵位世代相传，分别盘踞两地长达 725 年。

"那时的地界，多依江河、山脉划定。余庆土知州毛氏辖地广袤，东以大乌江为界，上游起于沿江渡之下毛巴河接大乌江角口处，下游至大河口。南边自湄潭黄连坝场口的毛巴河（毛巴沟）顺庞家洞沿上转联望乡台（1476 米），经小龙坪、马老孔与瓮安县猪场接壤，向西折到茅坪凤凰山联抵观山坪（1501 米），经火烧岩、杨通坝、卜老岩、窨房坡（1478 米）到脚尖山（1358 米）、泡木岭。西从云贵山（1209 米）、许家坡转至高山、韩婆岭，由新坪、鱼塘坎抵兴隆凤凰山（1167 米）。北面由凤凰山的大垭口越过皂角桥、马鞍山接抵鱼龙山（1338 米，湄、凤、余三县之界山），顺其山势至大杉树坳，越下靠偏刀水（琊川），经朱村沟与大都坝接壤，沿上经关口至凤冈县龙凤乡所属之何家沟，沿下与大乌江交界。东西长 50 千米，南北宽 44 千米。"[①] 松烟属余庆司一部。

明万历二十八年（1600 年），贵州巡抚郭子章麾下的一哨所平播（攻打杨应龙）军队驻扎在下堰坝附近的野猪窝（今松烟村营盘组附近）。野猪窝

---

① 余庆毛氏文史资料考察组编：《余庆毛氏文史资料续集（二）》第 8、9 页，内部资料。

的一个哨所叫"野猪哨"，就成了现在松烟辖区内第一个能在史料（康熙年间蒋深纂修的《余庆县志》）中可查找到的地名。

明万历二十九年（1601 年）四月二十九日，余庆、白泥两土司合置为余庆县，隶属于贵州布政使司平越（今福泉市）军民府。下设白泥里、合江里、余庆里，辖 40 余个村寨，松烟属余庆里辖，但在 1601 年建县时行政区划图里却没有"松烟"地名的标注。

1650 年，钱邦苣隐居蒲村他山，"蒲村""他山"两个地名是现在松烟辖区内能在史料（《余庆县志》）中可查找到的地名，但仍然查找不到"松烟"。

余庆知县蒋深在《余庆县志·县境总图》上标明，在落花屯和余庆司之间，在柳湖附近，有地名"野猪哨"，但图中没有"松烟"的标注。

康熙五十四年（1715 年），知县蒋深组织人员对余庆版图进行测绘丈量，图中仍然没有"松烟"地名的标注。

康熙版《余庆县志》记载全县的场市，有余庆县场、余庆司场、龙家坝场、狗场、箐口场，但也没有"松烟场"。

康熙版《余庆县志》记载全县的村寨，说到了"蒲村""他山"，还是没说距"浦村""他山"五六里的"松烟"。

康熙版《余庆县志》在讲余庆的"铺"时，才第一次在史料中出现"松烟铺"的"松烟"二字。民国二十五年（1936 年）版《余庆县志》（陈志）中"驿传"一节记载："至康熙十九年，又平吴逆，往来公文，上下官员，络绎载道。故又设新村铺、岑黄铺、箐口铺、敖溪铺、松烟铺等，每处设铺丁一名，以递送公文。"铺，驿站之意，古代供传递官府文书和军事情报的人或往来官员途中食宿及换马的场所。这就是松烟设铺的史料记载。

康熙版《余庆县志》中注明，"松烟"这个名字是蒋深从《府志》中引来的，也就是说，"松烟"这个名字在康熙十九年（1680 年）就有了，这说明取"松烟"地名距今 340 年以上。

"铺"成了邻里乡亲了解外面世界信息的窗口，成了山民聚集、交流的场所。农闲时就聚集于此闲聊，更重要的是想从这里的铺丁那里听到来自外面的新鲜事。时间流逝，山民或移民靠开铺为生，相邻而居，人口增多，铺就热闹起来了。

松烟铺原始面貌，查无记载。"松烟原名'争烟铺'。传说此地有一小山堡，中间凸起，四周低凹，住有 10 余户人家，附近的人们定期在此赶场。"① 访松烟街坊杨炳荣、黄佩礼、张忠明、王树平等多位 80 岁以上的老者记忆中的松烟铺场貌：城墙封铺，呈长方形状，长约 180 米，宽约 120 米，断垣残壁，依稀可见；主场街道石板铺面，北至水沟，开城门洞，出城门洞便要下细錾凿面的石台阶；南至现老街与新大街分岔路处，设有城门，出城门也要下细錾凿面的石台阶。也就是说，松烟铺位于孙家坡大山和狮子口大山之间凸起的小山顶上，此山就是一个"困牛穴"（像困在山中的一头牛的穴位）。街道两边是住宅、庭院、商铺。现存有遵义路口便民服务中心内的江西会馆，称万寿宫，呈四合院。会馆内有精雕细琢的戏楼、殿宇，有坚固的石碉和两个宽大的天井坝。在松烟镇政府门外，与老街交汇处是毛氏宅院的院门，宅院占地面积较宽，住宅宽大宏伟（现镇政府广场位置），两个天井坝，宅院后有马厩，还建有一石碉。毛氏院门与朱氏药铺（先后改主为红旗饭店、松烟供销社、廖氏超市）相对。与城门相距 30 米的西街处是物资交易场所，较为热闹，交易场后另建有一石碉。城墙外有四川会馆，又称川主庙（今文化路口，山水家园大门入口处），两会馆的庙柱需两人共围，柱墩八人合抬，其上雕刻的菩萨众多，高三五丈。但这些见证松烟铺的古建筑物，诸如庙宇、石碑、石刻，大门上的门锤等都被毁坏或拆除。

毛氏宅院后的马厩，距现"猪市坝"（猪牛马的买卖市场）100 米左右。物资交易场是最热闹的地方，传说的"争烟铺"的故事就发生在此，那到底当年设驿站（铺）的具体位置在什么地方呢？仍无法考证。松烟铺外围墙是何人何年组织修建？问无答者。松烟铺到底是什么时候形成市的？也查不到线索。

据说松烟铺赶场，最先在赶场坝（大松附近），后改赶三合场，又改赶新场坪，再改赶松烟铺。2009 年版《余庆县志》，"场市"一节记载，"松烟铺场，在余庆司北二十五里，为余、湄往来冲衢，以巳、亥日集"。松烟设驿铺为日后松烟的发展繁荣奠定了基础。

民国三年（1914 年）余庆县废里设 5 个区，松烟属第五区。民国二十三年（1934 年），余庆设 4 区 18 联保 99 保 875 甲。松烟属第四区，包括松烟铺、水渡口、司里场、凯里（关兴镇关兴村凯里村民组。位于关兴小学对面）、山茶、关兴场、六井、沙堆场、他山、觉林、冷水河。

民国三十一年（1942 年），余庆废联保设 5 区，13 个乡（镇），111 保，1046 甲。松烟所辖松烟铺、三合场、灵官场、二龙坳、藏宝寨、小水、水淹凼，镇公所驻（设在）松烟铺。

---

① 贵州省余庆县地方志编纂委员会编：《余庆县志》，贵州人民出版社 1992 年。

民国三十四年（1945 年）1 月 27 日建立松烟镇。1949 年 11 月 16 日，松烟解放，余庆下设 4 区，13 乡（镇）。江外敖溪、松烟合并为余庆县第四区，包括敖溪乡、箐口乡、龙家镇、松烟镇、关兴乡。

1950 年 4 月中旬，将敖溪区、松烟区划归湄潭县管辖。1951 年 9 月 1 日，又将敖溪区、松烟区拨回余庆县，更敖溪为其第五区，松烟为其第六区（包括松烟镇、关兴乡）。

1958 年 9 月，二龙、松烟、觉林、友礼、新乐、新田、新台、三合 8 乡并建红旗人民公社（后改名卫星人民公社），沙堆、关兴、司里、红岩 4 乡并建东方人民公社。12 月 29 日，将余庆、凤冈、湄潭三个县合并为湄潭县，实行一区一社，松烟区公所名松烟人民公社，原建的乡分别设管理区。

1961 年 8 月 18 日，恢复余庆县建制，复置松烟区公所。松烟、新乐、友礼三个管理区并建松烟人民公社；新田、台上二个管理区并建新台人民公社；关兴、沙堆二个管理区并建关兴人民公社；二龙、觉林、三合二个管理区并建龙坪人民公社；司里、红岩二个管理区并建司里人民公社。

1984 年，撤人民公社建立乡人民政府，同时，将大队改为村，生产队改为组。1992 年，撤区并乡建镇，撤销原松烟区的二龙、松烟、中乐、友礼、觉林、新台乡，合并建立松烟镇，将原来的 22 个村，61 个居委会合并为 7 个村，1 个社区，总面积 136.67 平方公里。

1996 年，松烟新大街开工建设，全长 1 公里，上至原农具厂，下至原老街南出口。新大街 1997 年竣工，扩大了集市交易的范围。镇址位于余庆县，县境北面，地处集镇中心，是县城通往湄潭、遵义的必经地。主街道南北向，全长 2 公里。街南出口连 S204 道直通敖溪镇，街南向西出口抵达新台村，街南向东出口跨过 S204 道通往中乐村，街中心向东出口通往关兴镇，街北向东北出口可经觉林村通往凤冈县的琊川镇，街北向西北出口可经二龙村通往湄潭县。

至于"松烟"这个名称，有称"争烟铺"的，也有叫"松香铺"的，还有叫"书香铺""双香铺"的，有待来者继续追溯研究。

第二章 松烟古镇（铺）遗迹

第一节 历史遗迹

一、道

其实地上本没有路，走的人多了，也便成了路。有了路才有后来的松烟铺。现在松烟铺的路纵横交错，条条相通，道道相连。要追溯远古的路，只能从古道说起。

（一）古道

余庆原为濮人之地，秦汉时苗民自武陵迁来，先与濮人杂居。在群山峻岭之间，遍布荆棘、崎岖不平的路，也许就是这些濮人踩出来的，肩挑手提应是最原始也是最便利的交通运输。唐僖宗乾符三年（876年），设白泥、余庆（敖溪）两土司。因杨端和毛巴分封为白泥、余庆两地校尉，中原汉人大量迁入。为了便于与周边土司长官出行和联络，这些穿山越岭的山路逐渐得到改善。以余庆司为中心，北上经松烟铺，到容山（湄潭）至播州海龙屯，南到白泥司至偏桥（今施秉），西南至重安（黄平）、瓮水（瓮安县内）等。

据《余庆县志》记载：县内主要古道13条，皆与各场镇相连。以县城为中心，分别通往牛大场、老渡场、马溪场、平溪、松坪、本庄。以余庆司为中心分别通往松烟、友礼（灵官场）、沙堆、关兴坝、狮子场、后坝、箐口。境内的两条古道分别由敖溪、田坝、蜂子洞、槽土到达松烟铺，敖溪、三教塘、中乐、罗龙、枇杷岭、长坡、灵官场、白羊坝的状元桥、泥坝桥、小水到达偏刀水。

（二）驿道

驿道也称古驿道，是中国古代陆地交通主通道之一，同时也是重要的军事设施之一，主要用于传输军用粮草物资、传递军令军情的通道。

主要驿道途中设驿站（或称邮传），驿站分驿、站、铺三部分。驿站是古代供传递官府文书和军事情报的人或来往官员途中食宿、换马的场所。驿、站和铺在担负军、民驿站的同时，也成为商家的兴聚之地。驿、站和铺的商贸就逐渐发达起来，文化也逐渐繁荣起来。

明朝洪武四年（1371年），贵州土司霭翠接受朱元璋领导，被任命为贵州宣慰使。10年后霭翠去世，他的妻子奢香夫人继任掌管彝族部落。朝廷派往水西的都督马烨是马皇后的侄儿，到水西后专横跋扈，仗势肆意凌辱和压迫彝族同胞，马烨常伺机寻衅，意在激怒奢香夫人，以平水西。这时，水西四十八部人马聚集宣慰府外，只等奢香夫人一声令下就要围攻马烨，马烨当然不是对手。奢香夫人明白，杀马烨容易，但朱元璋不知内情，必然派兵进剿，水西人民一定遭灾。于是毅然决定上京告御状。朱元璋认为一个女子从水西跑到南京，历尽千辛万苦，此中必有隐情。于是立即接见了她。她向朱元璋讲明了原委后，朱元璋大惊："我叫他去贵州安抚，他这不是要激水西人造反、动摇大明的根基吗！"朱元璋一面热情招待奢香夫人，一面将马烨召回南京问罪。皇帝的这一果断处理，感动了奢香夫人。为了进一步方便朝廷与西南边陲的联系，方便西南三省沟通，发展黔地的经济，奢香夫人率部新开或整修的驿道纵横贵州：以贵阳为中心开辟驿道，南通偏桥（今施秉县内），连接湖广入黔之驿道；北过湄潭下四川；西经大方上云南，打通了与西南三省沟通的桥梁。

明初瓮安、湄潭由播州宣慰司管辖，归属四川。据吴晓秋在《论贵州驿道文化线路的价值构成》中考证，以偏桥为起点，向西过旧州草塘安抚司地（今瓮安），再向北经容山（今湄潭）长官司地，最后向西北连接上川黔驿道中的播州驿（今遵义），此线路较为模糊。

开辟贵州古驿道之壮举，表明奢香夫人顺应了历史发展潮流，维护了民族团结和国家的统一。

各主要驿道除设驿站外，还设置急递铺。急递铺就如同今天的邮政快递。一般每20里设一铺，铺丁皆壮健善走之人，腰束皮带，悬铃持包，带着雨具和文书，日夜兼程而行。铺丁的响铃如同今天警车报警器一般，走到路窄处，坐车乘马的人必须立即让路；下一铺的人听见了铃声，须马上出来，在路口等待；公文一到，犹如接力赛跑一样，立即接着传递。这个时期，余庆所辖地仍属于播州宣慰使司下辖的余庆长官司和白泥长官司地，驿路仍不发达，道路崎岖，交通闭塞，制约了当地的经济发展。

明万历二十八年（公元 1600 年），朝廷调集川、黔、湖广、云南及陕、甘、浙等地明军共 20 余万人，分八路进剿谋反的播州土司杨应龙。此次战事将原来偏桥经白泥司、余庆司、湄潭至遵义的大道修复开辟为驿道（军道），强令土民开筑道路。道路以石板铺就，当年所修军道，现在各地还有遗存。此驿道为湖广经贵州通四川的主道，县境内设白泥、岑黄、余庆司三个驿站。余庆司有驿道通往松烟铺境内的集镇中心、灵官场、二龙场、中乐等地。

1985 年版《余庆县志》"驿传"一节中记载："至康熙十九年，又平吴逆，往来公文，上下官员，络绎载道。故又设新村铺、岑黄铺、箐口铺、敖溪铺、松烟铺等，每处设塘兵一名，以递送公文。"① 贵州巡抚郭子章麾下的一哨所驻扎在下堰坝附近的野猪窝，建立营盘和"野猪哨"。驿道沿途设铺，大大地加强了内地的经济联系和文化交流，当地闭塞落后的状况才有所改变。

（三）盐道

贵州素不产盐，历史上贵州人民所食之盐主要由川、淮、粤和滇几地运入，其中川盐所占比例最大。川盐入黔，主要集中在仁岸、永岸、涪岸、綦岸四大盐岸。

仁岸盐道，以四川省泸州市合江县城为起点，以贵州省仁怀市茅台镇为终点，主要线路是合江、赤水、元厚、土城、二郎滩、马桑坪、茅台。

永岸盐道，经永宁河至泸州叙永县，再由叙永运往贵州，此运程主要分为两条路：一是雪山关到瓢儿井再到大方、织金、普定、安顺、永宁、镇宁，二是叙永到赤水后再运至毕节、大方、黔西、威宁、水城、兴义及盘县。

涪岸盐道，以重庆涪陵为起点，溯乌江经彭水至西阳的龚滩，由龚滩经贵州沿河、思南进入黔境腹地。

綦岸盐道，自重庆江津所属之江口起运，溯綦江上运至贵州遵义桐梓县

---

① 贵州省余庆县档案局（馆）翻印：《余庆县志》，镇远县印刷厂承印，1985 年，第 37 页。

属的松坎起岸。

有语云："松坎的盐巴还是担（单）。"传说，川入黔担盐者，来往休憩于遵义松坎，赌徒也常在此赌博，以掷两枚铜币论单双定输赢，一赌徒以续赌单而赢而乐曰"还是单（担）"。尔后，才有了"松坎的盐巴还是担（单）"的口头禅，这说明遵义松坎是川盐入黔之要地。

古盐道上有歌曰："古道盐路石头多，翻山越岭爬大坡。紧紧握住背打杵，经常注意自己脚。古道山峦又险恶，人多谈笑多快乐。但要请你注意点，唱起山歌容易过。一颗豆子圆又圆，推成豆腐卖成钱。莫看我的生意小，小小生意赚大钱。背力汉子是个棍，不够帮助铺子挣。贤妻望郎拿钱转，郎回家中是光棍。我们奉劝下力汉，不要上当去受骗。早出晚宿多辛苦，为养家口来挣钱。"

打鼓（打鼓新场，今金沙县内）、永兴、茅台、鸭溪，是川盐入黔后的必经之所，商贾云集于此而成为黔北四大名镇。

永兴自然就成了周边各地盐源集中之地。至松烟铺的盐道经永兴、皂角桥、水鸭子、高枧、牛吃田、龙洞、老二龙、官田坝（干田坝）、干堰口、杉树坳、沙坝、路丝坟、砍头井、花山当门、浸泥坳、潘家湾到达松烟铺，松烟也成为余庆司、关兴坝担盐必经之地。

民国时期，重庆至遵义公路通车，川盐等诸多商品运至遵义，因运输成本降低等因素，商贩改道前往遵义担盐购物。

（四）"红"道

1934年10月，中国工农红军先遣队第六军团西征到石阡县甘溪场遭敌人埋伏袭击后，失散的100余名伤员和战士被敌人搜捕。12月，红军主力进军余庆，伪县长王天生非常恐慌，急令龙溪、敖溪、松烟三个伪区长把搜捕到的红军择地处决，47名红军被押经敖溪进入松烟的打击坳、水淹函、梨树、瓦店子、当槽、营盘、松烟铺、龙洞、八股堰、九道拐到达麻窝洞惨遭敌人杀害。

1935年1月初，中央红军全部渡过乌江。红一军团、红九军团渡过乌江后，一路经过敖溪、龙家北上；一路经过敖溪进入松烟的打击坳、水淹函、梨树、瓦店子、当槽、营盘、松烟铺、潘家湾、浸泥坳、花山当门、砍头井、路丝坟、沙坝、杉树坳、干堰口、官田坝、老二龙、龙洞、牛吃田，进入湄潭县的水鸭子（以前的官路）。1935年1月6日，中央红军进入湄潭，北上遵义，松烟镇的群众自发组织起来欢迎红军。

（五）场道

以松烟铺场为中心，周边主要场所有：湄潭抄乐场、凤冈偏刀水（今琊川）、三合场、灵官场、沙堆场、关兴坝场、十字路场、余庆司场、龙家坝场等。

至各场所路线主要有以下 11 条（与现在的主要公路路线基本一致）。

东至关兴坝场。经牛角冲、三字坝、田家寨、半截碉、枇杷岭、干田沟、龙洞湾，进入关兴地界，而后到达关兴坝场。

东至灵官场。经牛角冲、三字坝、新田坳、毛家河、天堂坝、贺家垭口到达灵官场。

东南至十字路场。经筲箕湾、梅子沟、陈家坪、西山坳、麻烟洞、永丰桥、高家湾、盐井沟、田家水井，而后到达十字路场。

南至余庆司场。经当槽、瓦店子、梨树、水淹函、槽土……到达余庆司场。

西南到龙家坝。经当槽、瓦店子、梨树、蜂子洞、横断山至龙家坝。

西南至台上。经水关、分水岭、梯子岩、三涨水、堰家坝、何家坡、龙洞到达台上。

西南至桥头。经水关、蒲村、凉风坳，下山后到达桥头。

北至抄乐。经潘家湾、浸泥坳、花山当门、砍头井、路丝坟、沙坝、杉树坳、干堰口、官田坝、石火炉、八滩、梨树坳进入湄潭县抄乐乡。

北至湄潭。经潘家湾、浸泥坳、花山当门、砍头井、路丝坟、沙坝、杉树坳、干堰口、官田坝、老二龙、龙洞、牛吃田进入湄潭县的水鸭子。

北至凤冈偏刀水。经黄土坎、班竹林、长田、三合场、龙坪、觉林、浪水河，而后到达偏刀水。

灵官场至十字路场。经大坟堡、火炭坑、干田湾、坪上、沙坝、长岗岭，而后到达十字路场。

灵官场至偏刀水。经白羊坝、状元桥、青杠垭、泥坝桥、石房子、沙子岭，而后到达偏刀水。

（六）公路

松烟境内的第一条公路（湄余公路）于 1951 年 12 月动工，1953 年 12 月，泥沙路面公路完工，正式通车。

二、古建筑物

（一）古桥

桥是架设在河流两岸便于通行的建筑物。因松烟境内有河流小溪近十条，长度共计 100 多公里，两岸互通靠跳墩和桥，又以桥为主，现存跳墩两处，坚固石桥近 50 座。20 世纪 70 年代前修建的桥梁有万寿桥（桥碑上刻文称马路河，又名马渡河桥）、凉桥、泥坝桥、宛转桥、状元桥、三合桥、坪桥、觉林村桥（又名中泥坝桥）、盛家桥、四平桥、银山石拱桥（又名寿嗣桥、上泥坝桥）、邱寨大桥（又称下泥坝桥）、六水桥、龙塘河桥、徐家桥、桥头、胡家桥等。

1. 宛转桥

宛转桥位于柳湖堤上，上有双梁，钱邦苣先生所建。若是现所见之桥，桥高 1.58 米，宽 0.91 米，桥上部为拱形。桥容几更，溪水顺淌；公路穿湖，鱼虾不惊。

2. 状元桥

状元桥位于友礼村西北五里，小江南北 300 米处。此桥建于清咸丰元年（1851 年）。石桥与桥头的"永垂万古"石碑犹存，碑文记录捐资建桥者姓名、银两数及立碑日期（清咸丰元年四月二十九日辛酉期立），但碑文并未记录何人组织建桥，建桥的背景及过程等内容。

访当地学者华端贵得知，1982 年 6 月 14 日，洪水毁桥，唯剩两礅，桥面折毁。政府和县文化馆资助，龙云华师傅至敖溪指挥择石，将桥原样恢复（四石为面，桥头各一，中间两石相并）。

复桥何不复碑？1964 年，大集体修青山林（距桥下游 400 米）水能泵（水利工程），群众拆桥头石碑，修水能泵作基石。2015 年 6 月由华旭（华端贵之子）聚家人，将此碑石从 4 米多深的基石中清出，碑顶残损，修复立于原处。

何人修此桥？传说此处河面原有四木并列为桥，是东西两岸百姓和商人来往的必经之要道。时值东岸石家一考生前往凯里（今凯里市）应试，连续三日大雨，河水翻岸，冲走桥木，人们无法过河，石家考生立东岸长叹许愿："此次前往如能中榜，建坚固石桥，造福两岸百姓。"石家考生绕道前往应试，最终如愿考中状元。不久，石桥建成，百姓取名"状元桥"。如今，远近不少学子来此许愿，如愿者，皆来此踩桥，放鞭炮还愿。

3. 万寿桥

万寿桥位于松烟镇境内最大的河流——马渡河上，它由湄潭的抄子屯流入松烟的境内，再过马渡河流入龙家镇的仙峰河。横跨马渡河的马渡河大桥（桥上石刻名曰"万寿桥"），距松烟集镇西南12公里。万寿桥屹立于马渡河百余年，南来北往的商人、百姓走古道，踏万寿桥，跨马渡河，络绎不绝。故人西去，桥道依存。今走荆棘古道，踏荒凉石桥，详端桥容，雄姿未改，容万水之气度未减，见桥石面黑白交错，桥顶斩龙剑未存，日落未见一影，唯潺潺水声不绝。桥头东的四方碑旁有"同结善缘"碑。碑文如下：

碑文：窃马路河者非余湄之孔道，实来往之要津。一水中流，两山对峙，难施舟楫，素乏舆梁。每当春水才添，山谷陡涨，此属知命。君子固多望洋兴嗟，而在白首狂夫难禁乱流而渡，所以厉揭者，旋作波臣礼祷告者，弗灵于河伯也。昔人悯马□安石磴，如步天梯，无之浪折沙崩频遭圮毁爱。集同人募化除道成梁，所幸盛举。赞助好施乐，善终能衾堪集胅化险为夷。高跨虹腰密排雁齿，从此扬鞭载道得得者，歌有骆而来。无须涉水，□匏贸贸□，致其鱼之汉矣。兹将善人名姓寿诸贞珉俾众，咸知永垂不朽，是写序。

总首：陆辉（巡检）　邹洪贵　王朝显

清光绪二十年（1894 年）岁次甲午仲秋月中浣日立

（四方碑碑面除"首总"内容外的内容和西桥头的两块石碑碑面内容均为修桥捐助者姓名及银两数，因人数众多，略书。）

"同结善缘"碑序言：马渡河万寿桥距今百余年，是方圆五十里内唯一的古桥，是百里内外南北必经之要道，因洪灾导致桥东基脚下沉，危在旦夕，当地有德者民众自筹资金，购材料，齐心协力，无偿投劳，将其恢复坚固，确保家乡与过往客人安全矣。

1965 年 1 月 18 日立。

（注：文中"□"，代表一个字符，因原文缺损模糊不能辨识，以此代之）

（二）军事营盘

军营就是军事营地，旧时称营盘。境内除了以下介绍的营盘外，还有先锋营、黑虎营、大坡营、御河营等。

1. 下堰坝军事营盘

明万历二十八年（1600 年）平播之战时，贵州巡抚郭子章把他的一支军队，设防驻扎在野猪窝（以前的下堰坝，今松烟村营盘组内，距白沙水乡西两里）防守待命，设立哨所，名野猪哨（一无史料记载，二因时间久远，因此，未查找到具体的地理位置）。郭子章设立营盘，建公署于其中，营盘位于白虎山东面，松余公路左侧的小山顶上，绕山顶垒砌的城墙东面残缺可现，城墙最高处 2.4 米，城墙宽 1.1 米，长约 120 米，营盘面积约 4000 平方米。哨军一边屯垦，一边屯防。平播之战后，屯田荒弃，后经教谕许之獬申请，巡抚陈诜批准拨入余庆学宫。此地因此而得名"营盘"。

2. 他山军事营盘

距他山西两里的大冲崖大山（或称放牛场），高约 300 米。东西两面悬崖峭壁，南北山脊长约 600 米，宽约 20 米，有小径通巅，山巅平缓，北低南高。立于巅，真有一览众山小之感。四面巅沿有断断续续的壕沟清晰可现，壕沟宽约 2 米，沿边石头垒砌成墙，高 1 米左右，不难推测，这是为防御外侵而挖筑的战壕。巅北东侧，石碉墙残存，石碉内空长约 5 米，宽约 3 米，残碉墙高低不一，东、北两面各有一个洞口（是瞭望口或是射击口）。此地的确易守难攻。

距他山西四里的凉风哨（或称凉风坳），现松烟至新台公路左侧的山，村民称之为大营盘，右边的山，村民称小营盘。大营盘顶未曾有人说过山巅有营盘痕迹。小营盘顶边沿曾有城墙、壕沟残迹，20 世纪 70 年代被当地村民开荒成田，城墙、沟壕被毁。

3. 屯山军事营盘

1864 年，朱明月以觉林大本营为中心，着力在方圆二十余里的大坡营（坪桥大院）、屯山营、青杠丫营（坪桥邱寨）、龙堡山营（坪桥）、人仙峰营、狮山营（施家寨）、御河营、营占窝营等地建造 48 个营盘或哨所。

屯山营盘位于觉林大本营西六里，现李家寨湖畔，松烟屯山陶瓷厂旧址后山顶上。山高独立成峰，四周陡峭，远眺数里，山巅平整面积约有六七亩，巅沿下数米岩穴泉水不竭，修筑营盘于上，的确是军事要地，易守难攻。传说朱王在此与明军有过一次激战。1886 年正月，由于湘军和川军的围攻，朱王失利，营盘废弃。

屯山营盘后曾有一个时期为僧人的活动场所，1958 年，清除迷信运动中，扫除"牛鬼蛇神"，和尚离去，建筑被毁，随后，此地被当地群众开垦为种植之地。现营盘无迹，虽有佛像神位立于其中，而敬香者稀。

4. 施家营盘

施家营盘位于友礼村施寨营盘坡山脊，山高 800 米，山脊平旷，林木数亩，林西有防御碉堡两个，防御墙 100 余米遗存。可见由北向南有一通道，宽 3.2 米，两侧石头砌墙，墙体厚 1 米，最高处 1.8 米。经过通道 40 米进入碉堡，碉体已毁，碉体处 90 度折转向西，修防御墙 50 米，又建一碉，墙碉痕迹清晰。临于山脊，俯视东面，白羊大坝、火石坡、狮子山；俯视西面，低山、丘陵、平坝交错，坪寨、三字坝、松烟、大松、二龙、觉林、偏刀水；远眺天际，横担山、三星山、六郎屯、望乡岩，尽收眼底；八面风吹草动，不用呼报，一清二楚。如有来袭，居高临下，易守难攻，乃兵家要塞。

（三）古寨

小水王氏古寨位于觉林村小水组，距觉林村村委会北 4 公里，占地面积约 1.5 平方公里。

据王氏家谱、入黔三世祖王试毓墓碑碑文记载，结合王氏后裔王少元（83 岁）和王校模讲述：川入黔始祖王伦仕，明朝崇祯十二年（1639 年）庚辰科举人，出任平越府湄潭县正堂，后继任石阡府教谕、封文林郎，敕赐"金鱼跃池"匾额（入黔之事在四川省綦江永丰乡本族分支王化江家老族谱有记），殁葬于石阡温泉坎上。

六世祖七位，分别是大天祖王琼璋（住朱村）、二天祖王琼琚（住青杠堡）、三天祖王琼瑶、四天祖王琼珍、五天祖王琼烨、六天祖王琼瑛、七天祖王琼玉（均住小水）。居于此，插木为界，土地方圆几公里，七位先祖或读或商或工或耕，各安其业，立守本土，家大业大，子孙发达，膠（大学）庠（小学）六七户，殷实（富裕、充实）八九家。因收购贩卖茶蜡、松树子发迹。依南北两山建两寨而居，方圆 4000 多平方米、房舍 100 余间，为防匪贼，两个寨内，各家四合院围墙皆用条石细錾凿面砌成。南面大寨，三重四合院呈阶梯状，下龙门和上龙门与四合院呈轴对称。北面大寨细錾龙门呈八字形，八字形中间是石梯步，进石门后分左右两边石梯斜上进入石天井家园。现有遗存物石围墙、石龙门、石院坝、石阶檐、石刻、石雕、镂空的花草、鸟兽、虫鱼等。

（四）古墓

1. 徐家林和尚石墓塔

松烟镇新台村的金凤山上，有两座石墓塔，即圆明和尚石墓塔和"活佛张大仙"石墓塔。

圆明和尚石墓塔，建于清光绪二十七年（1901年），为6棱3级塔。青石精砌，出檐上挑，通高4米，坐南朝北，塔座正方形，高0.2米，长2.1米。第一级周长5.7米，以上两级分别以0.1米递减收分，呈锥状，为宝珠形塔刹。全塔阳刻浮雕11幅，即"寿""香炉""书剑""瓶""凤凰展翅""三面大鼓"等。

"活佛张大仙"石墓塔，建于清光绪二十八年（1902年），6棱5级，红岗石料砌成，通高5.2米，坐南向北，塔座正方形，高0.15米，边长1.7米。第一级周长3.5米，其余各级均以0.1米递减收分，呈锥状，为宝珠形塔刹。塔第一级正面为墓志铭，除"活佛张大仙宝塔"几个阴刻字外，其余已模糊难辨。第二级正面有石窗一扇，塔内后壁石龛，龛上有字，全塔能辨认的浮雕共八幅，"二龙戏珠""花鸟草虫"较为清晰。

原有一活佛寺庙，立于两塔之间的悬崖陡壁上。《余庆县志》记载："活佛，佛名凤英……本王姓，余庆徐家林人。其父母避乱至滇，寄养于张氏，故姓张。父母回梓，女在张门，方逾破瓜，忽于是年（光绪七年）元宵请神、唱戏。不久，昏迷不醒，越岁月，女之全身不见。有云：迁在飞凤山桃源洞，好事者为之建寺塑像，住持将其肉身埋于石塔，称为'活佛'"[1]。每年农历六月十九日，祈祷者络绎不绝。"文化大革命"初期，此寺庙被毁，仅残存寺庙遗址，其鼓形柱础仍可辨。

1985年10月25日，两塔被列为县级文物保护单位。

2. 小水王氏古墓

王氏七世祖王治太姐妹石墓群，距王氏古寨约800米，东西错位相对。建于道光四年（1824年），占地约300平方米。墓体坐东向西，墓靠青山。

古墓由两重半圆拜台和长方形墓地构成。古墓第一层半圆拜台，高约1米，用毛石块砌墙铺面；古墓第二层半圆拜台用长方体细錾石铺砌。墙体用长方体细錾条石竖砌，上面用细錾条石横铺压牢墙体。主墓是王治太夫妇合

---

① 贵州省余庆县地方志编纂委员会编：《余庆县志》，贵州人民出版社，1992年，第784—785页。

葬墓,墓碑竖排五列,正中竖列最高,两侧分两级递矮,由碑帽、碑柱、碑坊、牌屏盖槛组成,碑柱阴刻碑联,碑屏阴刻碑文,牌坊雕刻侍女、舞女、梅花、鹿子、仙草、游鱼等。墓后用细錾条石砌成"椅子"形,围墙的主要用途防止山坡泥土垮塌至墓地,正中有长方形条石印合宅壁,壁阴刻"木本水源"大字,小字为碑记。主墓两侧靠围墙处各有一座圆形石墓,两墓皆有印合门石碑,墓地保存较为完整。

(五)寺庙

寺庙是宗教活动的场所,也是出家僧众修行之所在。寺庙是我国的文化艺术宝库之一,也是我国悠久历史文化的象征。寺庙完整地保存了我国各个朝代的文物,在国家公布的全国文物保护单位中,寺庙及相关设施约占一半。

寺庙文化渗透到我们生活的各个方面:天文、地理、建筑、音乐、舞蹈、绘画、书法、雕刻、文物、庙会、民俗等。各地一年一度的庙会如火如荼,不仅丰富了各地的文化氛围,同时促进了地方旅游业的发展。

《余庆县志》记载,余庆比较有影响的寺庙有七十多座,始建于清中晚期,松烟境内主要有觉林寺、僧振寺、铜鼓寺、响水寺、三教堂、万天宫、万寿宫、朝阳寺、小年庵、大错庵、金凤山寺、木鱼寺、梨树寺等,可惜绝大多数损毁于"文化大革命"期间。现在在原寺庙处维修改造恢复了"朝阳寺"和"金凤山寺"两座庙宇,正式成为开放的佛教活动场所,每年农历六月十九(香会),前往祈祷、敬香者络绎不绝。民间信仰活动场所还有中乐村永丰组的麻央洞、觉林村邱家寨组的邱寨、觉林村合村组的合村、觉林村石房组的小水、二龙村凉桥组的凉桥、松烟社区六小组的龙洞等寺庙。

1. 觉林寺

觉林寺位于松烟镇觉林村风雷村民组境内,距松烟集镇约 6 公里,距觉林村委会约 500 米。

觉林寺始建于明朝末年,老庙规模不大,香火不旺,直到民国 10 年(1921 年),一李姓和尚当主持后,地方善人捐房赠地,规模逐渐扩大,设施逐渐完善。其寺分上下两殿。上殿坐西向东,下殿坐东向西。上殿供有如来佛、观音老母、玉皇大帝、弥勒、燃灯、雷神、灵官菩萨、十八罗汉等佛像;下殿主奉"百子观音"像。百个小孩分布两侧,活灵活现、姿势各异、栩栩如生。钟鼓齐鸣时,雄浑绵绵,余音袅袅。传说:觉林寺扩建竣工,四川峨眉山上的一位僧人前来赠送刻有"觉林寺"的乌金香炉一个。中华人民共和国成立后，在破除封建迷信活动中，寺庙被捣毁，邻村村民将香炉盗走，当作废物出售，实在可惜。1947年寺庙改修为觉林小学，1978年，觉林小学搬迁到安村。

2. 铜鼓寺

铜鼓寺距松烟集镇东约4公里。位于友礼村委会后面两里的金狮山的山腰上。此山横亘三四里，高六七百米，遥望，像俯卧的一只雄狮。金狮山半腰向西延伸出一圆顶小山，高约300米，小山平缓向下200米，再水平延展，长约200米，宽约100米，前沿又凸起约4米高的小丘，像一只欲下山的狮子，人们称此山叫"下山狮子"。此处便是铜鼓寺庙旧址。站于此远眺，空旷几十里，山脉层层，峰顶上百；俯视，大小高低一致，好似圆宝的小山头层出不穷。前清县令庄鼎元曾题一联："山名金狮藉大吼一声悟到佛门宏旨，寺称铜鼓直上追千载永垂汉相奇勋。"[①]"下山狮子"前500米（友礼小学左200米处，觉友公路右侧）有一石林，靠公路的石林山堡较高大，往后的石林凹形，尾部又翘起，像一只欲上山的狮子（当地人取石烧石灰，狮头已毁），人们称此山叫"上山狮子"。"上山狮子"和"下山狮子"对视已久，原来是一对走散多年的情侣，正扑向对方相亲呢！

前辈所述，铜鼓寺建于明清时期。我们所见的寺庙坐东向西，四合院，正殿是和尚念经书的圣地，正中是三尊高大的菩萨像，前设案台，案台摆经书、磬、海螺等，左右两边是十八罗汉。正殿左右两边是经书房，左边厢房是厨房、烤火房和用餐房，右边厢房和下殿是和尚的休息室；正殿前有一棵碗口粗的石榴树，下殿门内外各有一尊菩萨神像。阶沿、中间场院是细錾凿面的条形和方形石砌成。下殿门外3米是钟鼓亭，亭内悬挂一铜钟（1962年，庙毁，友礼小学取走铜钟用于教学）。下殿外右侧开小山门，左侧的大山门向南而开，"八字形"高大雄伟。由山门下山百米，便是用四块大石板扣成的一口方井，井前是池塘，四周是一人合抱大小的柳树，春夏柳树成荫，好不凉爽；鱼儿在池中嬉戏，好不自在。寺庙后山七八米处，有一巨石，像张嘴吞食的蟒蛇。寺庙四周皆是上百年的银杏树，三四人合抱大小，1958年，大炼钢铁时被砍伐，最后一棵银杏树砍伐后用于松烟电影院的建设。

寺庙里有三个和尚，土地良田数亩。念经书，为保一方平安，避邪除恶，教诲孝道。附耕农作，自给自足。一老和尚病故，葬于池塘左下方100

① 贵州省余庆县档案局（馆）翻印：《余庆县志》，镇远县印刷厂承印，1985年，第9页。

米处。石墓塔毁于 1961 年，取塔石建粮库。姓袁的和尚死后葬于大坟堡，最后一个和尚姓耿，葬于小山门外。

1958 年，寺庙房屋被拆，神像被焚毁。2017 年，当地百姓筹集资金，计划逐步恢复铜鼓寺旧貌。

（1）钟鼓石。

金狮山脚，铜鼓寺庙下，距山体 200 米处，有尊独石，圆锥状，底座直径约 5 米，高约 5 米，顶部直径约 3 米，像一扑地石钟，敲击如鼓声，此石人们称钟鼓石，也有称铜鼓石的。石体东南面高约 1.5 米处，有一洞口，洞口呈三角形，碗口大小，入内渐大，深 1 米左右，内不见光，顶面光滑平整，因顶面有"铜鼓寺"三字，"铜鼓寺"由此而得名。"铜"字为繁体，非常清晰，"鼓寺"二字有些模糊。来往的游人好奇者甚多，到此都会用手去触摸，再涂墨印字。"铜鼓寺"三字是自然形成，还是工匠雕刻，不得而知，有待考证。

（2）石海螺。

距离铜鼓寺南 400 米的茂密丛林中，有一块貌似平凡的石头，石身已布满了青苔，高 80 厘米，石面光滑，整块石呈圆柱状，底部渐小，中下部增大，下方突曲折收尾。仔细端详，形如一个横卧的海螺。石头底部有一拇指大的圆孔，孔眼向上，曲折延伸石体不见底，据说对孔吹气，会发出螺号之声，声音响亮，可传两三里，但现孔内长青苔、塞杂物，吹螺不鸣。底侧有两孔，间隔 10 厘米，孔洞延伸石体不相连，孔眼向下，对孔吹气，能闻螺浑厚、清脆之声。神物，奇观！"石海螺"由此而得名。

（3）蛇王石。

据 1985 年版《余庆县志》记载："在城西南（北）一百六十里灵官场口，正殿有石如龙，口常流涎。多产小蛇，常在寺中游行，却不害人，见者多惧。后将石嘴折去，涎不流，蛇不现。山腰有石屹立，击有声如鼓，故名。"[①]

如今铜鼓寺庙无存，但距原正殿后山七八米处有一巨石，宽约 5 米，高约 4 米，像巨蛇张嘴吞食，上嘴腭已被人凿去，所凿石面，黄色液体已涸，石面黄色斑斑；栩栩如生，活灵活现，此状犹存。人们称此石叫"蛇王石"。

传说很久很久以前的一年春天，山蛇王怀孕在身，她出游观景，一为玩乐，二为活动孕体筋骨。3 月 3 日她游至金狮山上，俯视其景，妙、奇、绝！于是，跃过"下山狮子"尾部，骑于狮腰（铜鼓寺庙处）。此时身子疼

---

① 贵州省余庆县档案局（馆）翻印：《余庆县志》，镇远县印刷厂承印，1985 年。

痛不能动弹，越来越难受，蛇王痛苦地狂叫，分娩了。主持和尚闻其声，见其状，闭目，双手合一，喃喃曰："庙宇圣地怎可在此撒野？庙宇净土怎可在此生子？犯戒了犯戒了，善哉善哉！"主持和尚手执塵〔zhǔ〕尾，向前三摇，施法，口念咒语，蛇王更是难受，张嘴不能合，慢慢地变成了石头。主持和尚处罚它在此永久护守庙宇。但所生小蛇无过，已遍布下山狮子、古树上、洞穴里、庙宇内，小蛇十分顽皮，有时，和尚正在念经书，小蛇会从梁上掉于案台，晚上窜入和尚的鞋内。主持见小蛇实在过分，请来一石匠，准备凿去蛇王头，先凿蛇王上嘴腭，每凿一下，便流出黄色浓液，凿去上嘴腭，狮子山上的小蛇便踪迹皆无了。

3. 金凤山寺

金凤山寺现名"凉龙寺"，距松烟集镇北约五里。由松湄公路旁的金凤山的一条宽约三米左右的林间水泥路，徐徐上爬约一里到达山顶，山顶耸立着一尊高两三米不规则的石头，仔细端详，其外形像一头猛虎盘踞于此，聆听松涛声，俯视山下凉水井的动态，保护着凉水井的村民。虎腰处有一洞穴，宽 1 米，高 2 米，深 1.5 米，中间向上不封，洞内石壁正面向上三分之一处，有一拳头大的圆洞，水满洞口而不外溢，舀出一勺，马上又盛至洞口，舀不完又溢不出，水清香甘洌，人们称之"神水"，此景称为"老虎岩"。"老虎岩"下 50 米处，便是红瓦红壁白房边的金凤山主寺庙，寺庙建地面积五六亩，四周松林葱绿，寺庙内设施较为齐全。此庙宇是周边及松烟街上善男信女求神许愿的主要场所。据说此寺庙先后被焚烧过三次，只留有残碑残壁。1992 年由村民王春贤、王世俊等人牵头重新恢复修建金凤山庙宇。

2010 年，随着社会的发展，金凤山寺筹委会，请示松烟镇大松村委会，同意并决定将陈旧破烂的小庙改建，山路扩建，扩大佛教文化活动场地，现已建成佛堂七间，膳房三间，钟鼓楼两间，山神土地庙一座，塑佛像 28 尊，六百余斤重的铜钟一口，可供村民朝山拜佛。2017 年金凤山寺筹委会将"金凤山寺"改名为"凉龙寺"。

传说在老虎岩旁，生长着一棵一人合抱的桐子树，每年花茂果丰。1895 年夏天，武秀才毛芝贵（本地人）的母亲得了一种怪病，求尽远近医生，医治三年，病不愈，护理却无微不至。一天晚上，毛秀才在梦中见到一仙女从金凤山顶轻飘飘降于房前，对他说："你是大孝子，明天用盖头（红色的一块布）挂在金凤山顶的桐子树上，在桐子树旁的石洞里舀一碗水回来给你母亲喝。"说完后又向金凤山顶飞去了。第二天一早，毛秀才按"仙女"所说，在桐子树树枝上拴上盖头，在石洞里舀了一碗水，端回家中，又一勺一勺喂母亲，当天病情就有了好转，连喝三天，母亲的病就好了。邻居、亲朋好友知道后，一传十，十传百，周边的人凡是生病都到此拴盖头，喝神水，来一个，好一个。后来桐子树死后，由武状元毛芝贵、笔墨师爷毛林瀚等为了感谢桐子树和神水，就在"老虎岩"下 50 米处修建了金凤山庙宇。当时取名金凤山观音庙。观音庙三柱二瓜，内塑观音、财神、药王等菩萨佛像。人们就在庙里敬香、许愿来实现自己心中的愿望。

4. 响水寺

响水寺位于松烟集镇东面八里的中乐村龙洞湾村民组。《余庆县志》记载，在县西（北）一百四十里处，山腰有一石狮，口常出水，四时不涸，滴响清雅。寺后山高三丈余，蜿蜒若金线系葫芦，林木秀茂。泉水由鱼骨洞纡回流出二十余里，流向敖溪。

龙洞湾地貌恰似一把大靠椅，背靠着高大的"冯家大山"。座椅人不见其身，只现两腿，建寺庙一座于右腿之上。山腰处有一石洞如狮嘴，张口不能合，击石有钟鼓声。水桶粗的山泉水从洞口内六七米处，由下而上冒起，再涌出洞外，四时不涸，泉水能同时冲动三架碾米水轮，立于此，冬暖夏凉，响声轰鸣，震耳欲聋，身处枇杷岭或燕子岩都能闻其声。此处人们称"龙洞"，寺庙距龙洞 400 米，取名"响水寺"。

响水寺始建于清光绪十三年（1887 年），寺庙高大宏伟，庙柱一人合抱，正殿高出厢房一丈，正殿菩萨高三丈八。四合院庙，两山（厢房）左开大山门，右开小山门。各路财神、菩萨、神佛皆请于此。和尚众多，香火旺盛。中华人民共和国成立后破除迷信活动，和尚离去，寺庙被教学场所取代。

因寺庙较大，常有无居住地者聚此，当地村民张月廷也居住于寺庙。1947 年，一位四川逃难者，来到寺庙，张月廷接纳他入寺暂居，后抱继给张月廷当继儿，为其取名张元新。张元新常上山拾木柴堆于房旁。1954 年冬，房屋不慎失火，寺庙焚毁，学生停学。如今寺庙无存，旧貌无迹，旧址变桑田。

龙洞水流出迂回数里，穿过鱼骨洞。流入敖溪。1958 年，全国开展"大跃进"运动，大兴水利，在代家屋基（今跃进水库坝址处）筑坝成库，取名"跃进水库"，当时的大队也取名为"跃进大队"。如今，庙宇旧址临于碧波之上，立于旧庙前，湖光山色，龙洞水声潺潺，唯无庙宇钟声。

5. 朝阳寺

徐家林活佛庙原名金凤山，现改名朝阳寺，位于新台村蚂蝗沟。始建于清朝光绪年间，建筑气宇恢弘，是余、湄、凤三县信徒、八方游客祈祥观光之胜地。由于历史演变，几经拆毁，仅保存石塔墓两座，现已列入国家文物保护项目。1986 年，由八方善事者捐资捐物重建木质结构活佛庙一座，1997 年改建成混凝土结构，现有正殿六间，大小住房十间，厨房两间，饭厅一间，堆放杂物房等，占地约 600 平方米，寺庙初具规模，近年来，每逢宗教盛会，香客络绎不绝。

6. 石碉

（1）水淹凼石碉

水淹凼石碉，位于松烟镇南 2.5 公里。据说：王泽阶、王可君（原松烟区区长，地主、松烟小学校长）俩兄弟于 1902 年在横担山脚下，水淹凼一侧修竣住宅，为保家防贼，用细錾条石修龙门和院墙。1919 年，在院后两角和院前右侧修建形状相似的三个石碉，三年修竣。

石碉共四层，高 12 米，地下一层为暗室，上有三层，一、二层均为"六面六"（像豆腐干，六个面，长宽各 1 米，厚 40 厘米）细錾石砌成，每楼各面墙体中间凿有射击口（内大外小，内"八"字形，子弹打不进，易守难攻），第三层墙体以木料做架，石板装壁，以石为挑，房顶盖瓦，四面流水。石碉坚固难摧。

中华人民共和国成立后，石碉被拆毁，石料用于公路、水库、食品站和仓库的修建中。

（2）堡台石碉

堡台石碉，距松烟集镇西南 5 公里。清嘉庆年间前后，入黔始祖来到堡台，堡台地处横旦山脉之腰，土地平旷，林木葱茂，阳光充足，无人居此，安静无扰，立于此可一览众山小。于是在此插草为界，建房、开荒、种地、繁衍。勤劳节俭四世，开垦田地上百亩，收成颇丰，年年有余，后来，常有匪贼来袭，防不胜防。

1880 年前后，四世祖王二喜长大成人，出资组织修建石碉，防匪防贼，保家平安。石碉坐西向东。碉体长 6.7 米，宽 6.26 米，东西两墙有损毁，现高 5 米，左右墙顶呈三角形，顶尖损坏，现高 6 米。墙体用长 1 至 2 米不等，高 0.4 米左右，宽 0.5 米上下的细錾条形石并列两排砌成，墙体厚1.32 米。石碉有 3 层，地面下为暗室（已填石土），地面层高 2.8 米，3 个墙角处各有 1 个射击口，内大外小，射口（内）距地面高 1 至 0.6 米不等，长 0.8 米左右，高 0.5 米左右；射口（外）长 0.2 米，高 0.17 米。顶层 4 个射击口，分别在四面正中处，东西两墙射口已毁无存。顶部以石作瓦盖面（现无顶）。除石碉门（无存）处可进出外，另有暗道出入。石碉门厚 0.3 米，高 1.7 米，宽 1 米。如今，石碉墙体保存较为完好。

7. 贞节牌坊

贞节牌坊位于松烟镇大松村丰岩村民组，是松烟镇有名的历史文化遗物之一，也是湄潭、凤冈、余庆三县唯一的一座贞节牌坊。

贞节牌坊是李迎春（1820—1885）修建的奇迹建筑。李迎春是大松村丰岩坡数一数二的富豪，有谷千担的田园庄主，中年任联保主任，办事上赏下服，可惜他中年丧子，子逝，夫妇悲，茶不思，夜不寐。夫妇悲痛儿子去世外另有心事。

儿媳费氏，芳龄二十，花容月貌，结婚未满岁，年少亡夫，更是悲痛。见公婆心事，一天，费氏安慰公婆："吾女无才，不能替夫担当重任，但我能孝敬双亲，妾身怀李氏骨肉，是女，续弦孝硕，是男，终身育子孝硕。"公婆二人心病愈。迎春疑，费氏入堂屋，焚香发誓。迎春也对费氏许诺："你能为李家守孀育子成人，我待你如女，并向朝廷申请，为你立'贞节牌坊'……"费氏十月怀胎，果真如愿，李家香火延续。李迎春待费氏几十多年如一日，胜待家女。费氏忠贞孝敬，终迎儿子成人，成国栋梁。

费氏 45 岁那年，李迎春为了实现自己的诺言，向朝廷申请。当时是光绪帝执政，慈禧太后垂帘听政，慈禧太后是女人，她知道少妇守孀之不易，非常同情，那年全国为像费氏这样的尊老守道人物 13 人立坊。李迎春接金色圣旨，捧国赐金字"圣"和"贞节牌坊"，后选址于凤冈水河坝延伸至余庆乌江北岸止的龙脉龙背脊上（李家院门前）建造牌坊。

贞节牌坊选石为料。排列宽 9.3 米，中柱 2 根，高 9.3；檐柱 2 根，高 8 米；头川（连接两中柱的横石）两根，长 4.5 米；二川（连接中柱与檐柱之间的横石）4 根，长 2.4 米；柱、川整石，厚 1.2 米。为保证柱川边角无损，据说收集湄、凤、余三县生麻绳约两吨，绳缠满柱、绕满川、川穿柱，像木房排列一样排列，四柱六川 100 余吨，要立起来绝非易事。立坊吉日，余、凤、湄三县有看热闹的，更多的是帮忙者。人多力量大，推的推，拉的拉，石列牌坊平稳立起。据说，修此牌坊动用的人力，吃去谷四仓，立坊当日，杀猪四头。国赐"圣"镶嵌于二川正中，"贞节牌坊"镶嵌在头川，日后装饰，贞节牌坊竣工后，凡从此经过的人要虔诚三鞠躬叩首，文官下轿，武官下马。据说，此牌坊拆毁于 1956 年，石料被搬运到八大水库，用作涵洞石料。

8. 三合书院

三合书院位于松琊公路右侧，三合平桥下游200米处。传说清道光年间，三合附近的毛家上中下坝、青杠林、茶园、斑竹林、蜂岩坡、高枧、安家田、黄土坎等地人丁兴旺，入学适龄人数较多但教育成问题，毛家的老祖毛世洪看在眼里，急在心中。他把想办学的想法与堂弟毛世显商量，两人一拍即合。以本家出资为主，外援为辅，当地木料丰富，人力资源充足，用近一年时间，修竣书院。

三合书院坐南向北，规模雄伟，引人注目。一正两转，正厅高于厢房一尺五，正厅七柱六瓜，长五间，进深二丈四，前靓柱一排；厢房四列三间，下厅也是长五间，是一栋上下左右四房相连的四合院。青瓦盖面，沟壑匀称整齐；白边吊檐，檐边桃形、锯齿形、半圆形或月牙形装饰；窗花细琢，花草鸟兽，应有尽有；土漆涂面，好不亮堂。院内阶檐、院坝花岗岩石，细錾凿面镶砌；四周栏杆环绕，走廊相通。院外桂花、柏树、杉树四季茂密葱郁。溪水潺潺，环绕奔流，水轮旋转；碾子叽叽，书声琅琅，好不热闹。

三合书院开端管理者是毛世洪、毛世显，中继者不可稽考，调查得知后期几任负责人，分别是毛其模、毛林昌、毛磊安、李正帮、毛以俊、张锡光（蜂岩人）、罗锡光（凉水人）、韩自贵（三井坝人）等。

三、古物

（一）练武石

1. 朱明月练武石

2015年，李虎（余庆县敖溪镇党政办副主任，敖溪镇土司文化研究会副会长）在松烟镇觉林村丰雷组陈福明家房屋地基石中挖掘出土一石，细錾凿面，底部稍大（底长38厘米，宽27厘米），上面较小（长28厘米，宽23厘米），石高63厘米，前后两面各凿有一石洞（长13厘米，高15厘米，深10厘米），石重约150公斤。据分析推断，此石是1859年朱明月在松烟觉林寺建立白号军大本营时，练兵习武的"练武石"。练武石现存于敖溪镇政府内。

2. 李国仕练武石

清朝咸丰年间，丰岩坡的李氏是远近闻名的大户。李家有规模宏大的"贞节牌坊"，有众人敬重的武状元李国仕，人称"李大王"。他一生坚持习武，有一身好武艺。当年他习武的练武石，现有三碰较为完整保存在丰岩坡李氏老屋基，细錾凿面，上小下大，两碰练武石呈正方形，一碰上部长 27 厘米，宽 22 厘米；下部长 36 厘米，宽 32 厘米，高 46 厘米；前后两面中部各凿有一石洞，长 8 厘米，高 9 厘米，深 6 厘米。另一碰上部长 28 厘米，宽 26 厘米；下部长 37 厘米，宽 30 厘米，高 41 厘米；前后两面中部的石洞，长 7 厘米，高 10 厘米，深 6 厘米。

（二）旗杆石

旗杆石当地人称闸子。是用来固定旗杆而制造的一个基座。古代家族中如果有人通过科举应试获得功名。除了在祠堂大门或厅堂上高悬"进士及第""金榜题名"外，还要在祠堂或房屋门前题名。除了进士，凡举人、贡生、监生、秀长等有功名的人，都可以竖立石旗杆。根据所取得功名的级别高低和文武区别，旗杆的长度、底座的样式和杆身的雕刻都有区别。竖立的旗杆石相当于给举人、贡生、监生、秀才发的"荣誉证书"。有标榜身份、青史留名、光宗耀祖、激励后辈的作用。一个地方的旗杆石越多，就说明这个地方越是文风兴盛，人才辈出。

松烟境内现存三对旗杆石。三字坝保存有两对，都有残损；友礼村保存有一对，保存完好。

（三）石刻诗

小水王氏大院遗址中，一块雕琢精细的石板，长约 1.2 米，宽约 0.8 米，整块石板打磨平滑，四角雕有花纹，中间刻有一诗：

一泓春水色溶溶，中有玲珑碧玉峰。天影倒涵星数点，苔痕轻锁岫千重。

笑指飞云归树晚，闲看游鲤唼花慵。凭栏莫浮清如许，时挟风雷起卧龙。

岁甲辰 孟秋既望吉

（四）石磙子

石磙子现存放于松烟街道南，与湄潭至余庆 S204 省道交叉路口处。石碌子是用石头凿成的一个圆柱体，高 138 厘米，直径 108 厘米，上下圆心处各凿有一个正方体孔洞，边长 21 厘米，深 22 厘米，重约 2000 千克。据庹仕明、黄佩礼两位老先生讲，修建松烟铺街道时，打制这石碌子，作用是压平路面。石碌子的制作及使用方法：用长 50 厘米的两根方木，分别固定于石碌子上下两孔洞中，另一端削成长 8 厘米左右的圆柱体。再用长 100 厘米左右的两根方木，一端凿一圆孔，分别套在圆柱体上，使其可转动，再用一根长 200 厘米的方木，横置固定于凿有圆孔的两根方木的另一端，用多根绳子固定于横木上，用力拉绳，石碌子滚动便可压平路面。现在的压路机就是根据这一原理制造而成的。1951 年修建湄余公路，石碌子再次发挥了它的作用。

四、刻文

（一）他山摩崖石刻

距松烟镇西南约 2 公里，有个村名叫"蒲村"。1650 年，明末清初四川巡按右金都御使、著名学者钱邦芑，因拒张献忠余部孙可望的招降，隐居蒲村南面的山上，为此山取名"他山"，山下筑堤为湖，名"柳湖"。

沿柳湖南上约 200 米入林，入林处有一块醒目的水泥碑，长 100 厘米，宽 80 厘米。正面中间横刻"他山摩崖"，上刻"贵州省重点文物保护单位"，下刻"贵州省人民政府　1985 年 11 月 2 日公布　2014 年 8 月 28 日立"。

碑背面是他山摩崖石刻简介：南明永历八年（1654 年，时为清顺治十一年）四川巡按右金都御使钱邦芑，为避孙可望之乱，隐居松烟蒲村，钱氏隐居 11 年，自题"他山""梅仓""奇峰""九面峰""回岚穴""霹雳崖""留云峡""翠屏""云房""云归处""石帆峰""钱开少放歌处""留云""洞天""应接不暇""米丈""断烟""石浪""流云"计 19 处（注：碑文记录有误，在摩崖石刻中未发现"留云"石刻，摩崖石刻中的"藏书崖"石刻碑文中未记录）。

沿"他山摩崖"碑旁小路而上约 5 米，又有一块水泥碑，长 1 米，宽 80 厘米。正面中间横刻"他山摩崖"，上刻"余庆县重点文物保护单位"，下刻"余庆县人民政府　1982 年 12 月 10 日公布　1985 年 5 月 1 日立"。

碑背面的内容：他山为南明永历年间钱帮（邦）芑（时官为四川巡抚）隐居处。石林中有石刻多处，均为钱氏手迹。

顺"他山摩崖"碑前小路继续上攀 7 米，便到达第一处摩崖石刻，"应接不暇"石刻处，摩崖石刻所处的崖壁宽180厘米，高330厘米，"应接不暇"四个字为阴刻、楷书，竖刻。文字离地面95厘米。其中，"应"字长13厘米，高14厘米；"接"字长14厘米，高13厘米；"不"字长13厘米，高10厘米；"暇"字长14厘米，高12厘米。"应"字与"接"字的间距为4厘米，"接"字与"不"字的间距为5厘米，"不"字与"暇"字的间距为7厘米。"应接不暇"之意，就是说他山的美景奇石太多了，美不胜收。这是钱先生对他山风景的总的概括和评价。

"米丈"摩崖石刻位于"应接不暇"石刻左上的一块方整如室、四面陡峭不可登的独石上。"米丈"石刻所处的石头高320厘米，宽165厘米，"米丈"两个字为阴刻、楷书，竖刻。文字离地面160厘米。其中"米"字宽15.5厘米，高17厘米；"丈"字宽13厘米，高14厘米。"米"字与"丈"字的间距为5.5厘米。石上丛生冬青、萝薜，蒙缀如璎珞。"米丈"一词，有人望文生义，理解为量米的器具或储藏粮食的地方。其实，钱先生的家乡也有个地方叫"米丈"。他刻"米丈"二字在这里，流露出他强烈的思乡之情。

由"米丈"石刻处继续往上爬三四十步，便到达"他山摩崖"石刻群了，依次映入眼帘的石刻以下分段述说。

"洞天"摩崖石刻所处石头高220厘米，石头形成的洞口宽80厘米，高120厘米，"洞天"两个字为阴刻、楷书、横刻位于洞口之上。其中"洞"字宽10.5厘米，高9厘米；"天"字宽11.5厘米，高10厘米。"洞"字与"天"字的间距9厘米，"天"字的底离洞口30厘米。《他山记》说："石帆峰之右有一石洞高二尺五寸，可穿而过，上有冬青二株，根插洞门，最为奇古，曰'小洞天'。"[1]而实际洞门上只有"洞天"二字，没有"小"字。旧时佛道高人都爱寻找名山古洞隐居修炼，称为"洞天福地"，钱先生虽然在蒲村找到了这片奇石，但却没有找到像样的古洞，只有一个俯身穿越的石头小洞，他当然感到惊喜，命其名曰"洞天"，这既风趣，也流露了他的信仰。

"流云"摩崖石刻与"洞天"石刻斜对，相距500厘米。距离"他山"石刻约650厘米。所处的石头高许多厘米，宽90厘米，"流云"石刻两个字为阴刻、楷书，横刻。"流"字宽16厘米，高14厘米；"云"字宽14厘米，高14厘米。"流"字与"云"字的间距6厘米。钱先生立于此，看着"放歌处"说，我这朵飘浮不定的云要走了，要流到云南去了。钱先生真是诙谐，风趣。

"钱开少放歌处，永历丁酉春题"摩崖石刻，竖刻于"翠屏"石刻的左

---

[1]　贵州省余庆县档案局（馆）翻印：《余庆县志》，镇远县印刷厂承印，1985年，第205、206页。

棱边，"石帆峰"石刻之下 1 米，"云归处"右 1.2 米。总体看像"他山""翠屏"石刻这几个大字的落款。"钱开少放歌处"与"永历丁酉春题"并排竖列，"永历丁酉春题"位于"钱开少放歌处"的左侧处，这些石刻文字均为阴刻、楷书，离地面距离 168 厘米，"钱开少放歌处"与"永历丁酉春题"石刻行距为 9 厘米。

"钱开少放歌处"石刻的"钱"字高 9 厘米，宽 9 厘米；"开"字宽 8 厘米，高 7.5 厘米；"少"字宽 8.5 厘米，高 7.5 厘米；"放"字宽 11.5 厘米，高 8 厘米；"歌"字宽 8 厘米，高 10.2 厘米；"处"字宽 11 厘米，高 11 厘米。"钱"字与"开"字的间距为 2 厘米，"开"字与"少"字的间距为 1.5 厘米，"少"字与"放"字的间距为 1.8 厘米，"放"字与"歌"字的间距为 2 厘米，"歌"字与"处"字的间距为 0.5 厘米。"放歌"是"放声歌唱，纵情高歌"的意思。1656 年 4 月，李定国把南明永历帝从孙可望控制下的安龙迎接到云南昆明。这一局势的出现，让钱邦芑大为振奋，纵情歌唱，流露出了钱公此时极度振奋喜悦之情。他决计要去云南了。临行前，他审时度势，在拜石亭四周的奇石上留下了这些石刻文字。而且，多数题刻都富有诗情画意，表明他此时心情极为轻松舒畅。

"永历丁酉春题"石刻"永"字宽 6 厘米，高 5.5 厘米；"历"字宽 6.5 厘米，高 7 厘米；"丁"字宽 3.5 厘米，高 6 厘米；"酉"字宽 5.5 厘米，高 5.5 厘米；"春"字宽 6.5 厘米，高 7 厘米；"题"字宽 6.5 厘米，高 7 厘米。"永"字与"历"字的间距为 2 厘米，"历"字与"丁"字的间距为 2 厘米，"丁"字与"酉"字的间距为 0.5 厘米，"酉"字与"春"字的间距为 1 厘米，"春"字与"题"字间距为 1 厘米。

"永历丁酉春题"，钱先生特别注明这个时间是很有深意的。这一年是 1657 年。此时，全国大部版图已属清朝，清顺治皇帝定都北京已十三个年头，但钱邦芑绝不承认清朝，在他的心中只有明朝，只有明朝的永历皇帝，表明钱邦芑是永远忠于明朝，忠于自己的信仰的。"丁酉春"表面看是钱邦芑题刻的时间，其实是他离开蒲村踏上去云南投奔永历帝的时间。

"石帆峰"摩崖石刻竖刻于"翠屏"石刻左 8 米，"钱开少放歌处，永历丁酉春题"石刻上 1.2 米。三个字为阴刻、楷书，文字长 40 厘米，高 15 厘米，文字离地 225 厘米。因石腰有洞，曲透其背，其峰势横飞处，瘦薄而偏耸，状如船帆，钱公因势象形，命其名曰"石帆峰"。其实，这一个"帆"字，透露了钱公不安于隐居的思想，只要一有机会，他便要扬帆远去。

"云归处"摩崖石竖刻于"他山"石刻左侧 1.2 米，"石帆峰"石刻之下 1.4 米。阴刻、楷书，离地面 173 厘米。其中"云"字宽 13 厘米，高 18.5

厘米；"归"字宽10.5厘米，高12厘米；"处"字宽16.5厘米，高16.5厘米。"云"字与"归"字的间距3厘米。"归"字与"处"字的间距2厘米。三字极富诗情画意，让我们眼前有云蒸霞蔚的气象。过去称到处遨游行踪无定为"云游"（多指和尚和道士），由此推知，这个"云"是钱公称自己，三个字的意思是："蒲村他山是我这朵到处飘荡的云的落脚处"。

"他山"摩崖石刻两个字为阴刻，楷书，竖刻，文字离地面204厘米。其中，"他"字宽33厘米，高45厘米；"山"字宽22厘米，高38厘米。"他"字与"山"字的间距21厘米。"他山"石刻距右"翠屏"石刻4.2米，距左"云归处"1.2米。背后为"云房"石刻。

"翠屏"摩崖石刻两个字为阴刻、楷书，两字离地面157厘米。其中"翠"字宽11厘米，高14.5厘米；"屏"字宽11厘米，高14厘米。"翠"字与"屏"字的间距6厘米。横刻于"他山"两字右侧4.2米，于"留云峡""云房"石刻的背面。因该石形如屏障（长13米，高5.5米），整个石面有"钱开少放歌处""他山""翠屏""石帆峰""云归处"五处石刻，颜色苍翠，看似一幅是苍翠的屏障。当然，也可以这样考虑，钱先生当时是隐居蒲村，蒲村便成了钱先生的屏障。这个屏障风景优美，树木翁郁，山色苍翠，钱先生住在这里，感到非常惬意。

"留云峡"摩崖石刻背靠"翠屏"石刻，所处的石头高240厘米，三个字为阴刻、楷书，横刻。文字离地面76厘米。其中，"留"字宽11厘米，高13厘米；"云"字宽11厘米，高13厘米；"峡"字宽14厘米，高13厘米。"留"字与"云"字的间距为1.5厘米，"云"字与"峡"字无间距。

"云房"摩崖石刻背靠"他山"石刻，位于"留云峡"石刻右2.3米。所处的石头宽230厘米，高370厘米，"云房"两个字为阴刻、楷书，文字离地110厘米。其中，"云"字宽14厘米，高12厘米；"房"字宽11厘米，高15厘米。"云"字与"房"字的间距为2.3厘米。"石帆峰"峰背如堂，凹其中，可坐卧，这便是钱先生这朵有了落脚点的"云"的房屋，故曰"云房"。这云房风景是很优美的，"古柏、老梅、黄杨、青杉，前后掩映，奇郁森秀"。

"霹雳崖"摩崖石刻竖刻于"翠屏"石刻斜对面，相距6.5米的三角形石面上。石状如悬崖，高3.6米，奇险难及，故名"霹雳崖"。三个字为阴刻、楷书，文字离地面130厘米。其中，"霹"字宽15厘米，高21厘米；"雳"字宽19厘米，高25厘米；"崖"字宽14厘米，高20厘米。"霹"字与"雳"字的间距为9厘米，"雳"字与"崖"字的间距为6厘米。

"梅仓"摩崖石刻两个字为阴刻、楷书，竖刻。文字离地面210厘米。

其中"梅"字宽 15 厘米，高 15 厘米；"仓"字宽 14.5 厘米，高 13.5 厘米。"梅"字与"仓"字的间距为 1 厘米。"九面峰"石刻前左右两壁侧立，中虚处可容数十斛，先生植梅其中。因右壁有一穴，圆如磬口，梅干横生，从此穴口透出，钱先生为其取名"梅仓"。钱先生颇喜欢梅。他咏梅的七律就有 100 首。所谓"松竹梅岁寒三友"，爱梅就显出品格的高尚。他在他山不知种植了多少梅，给植梅的石穴命了名的，除"梅仓"之外，还有"梅困""梅舟"（两处石刻未查找到），都是根据地势形状命名，钱先生在《他山记》中有生动的叙述。

"九面峰"摩崖石刻。"翠屏"石刻之左有一石，高 3 米，上锐而中虚，斜侧怪异，随步换状，钱先生因势象形，命其名曰"九面峰"。钱先生是不是把自己比喻成高大坚硬而且眼观九路的山峰呢？"九面峰"石刻位居"奇峰"石刻左下，三个字为阴刻、楷书，竖刻。文字离地面 97 厘米。其中，"九"字宽 16 厘米，高 12 厘米；"面"字宽 12 厘米，高 12 厘米；"峰"字宽 16 厘米，高 18.5 厘米。"九"字与"面"字的间距为 3 厘米，"面"字与"峰"字的间距为 13.5 厘米。

"奇峰"摩崖石刻竖刻于"九面峰"右上，两个字为阴刻、楷书。其中，"奇"字宽 7 厘米，高 15 厘米；"峰"字宽 9 厘米，高 17 厘米。"奇"字与"峰"字间距 1.5 厘米。

"藏书崖"摩崖石刻竖刻于"霹雳崖"摩崖石刻之上约二十步；"回岚穴"石刻右两米；背靠"梅仓"，隐于深 320 厘米，高 350 厘米的小峡谷里，三个字为阴刻、楷书，离地面 137 厘米。其中，"藏"字宽 13.5 厘米，高 13.5 厘米；"书"字宽 13 厘米，高 14 厘米；"崖"字宽 8 厘米，高 11 厘米。"藏"字与"书"字的间距 1 厘米，"书"字与"崖"字的间距 0.5 厘米。钱先生取其名为"藏书崖"，他的书籍是否真的珍藏在这里，现在已不得而知。但他喜欢书，而且著书立说，著作颇丰，却是事实。

"回岚穴"摩崖石刻横刻于"藏书崖"石刻左上方。是藏书崖前的小穴名，钱先生给它这个很有诗意的名字。游览者一见这三个字，眼前便立即生起烟岚清雾来回飘荡的景象。"回岚穴"三个字为阴刻、楷书，离地面 248 厘米。其中，"回"字宽 11.5 厘米，高 8.5 厘米；"岚"字宽 12 厘米，高 7 厘米；"穴"字宽 10.5 厘米，高 11 厘米。"回"字与"岚"字的间距 4.5 厘米，"岚"字与"穴"字的间距 1 厘米。

"石浪"位于"他山"摩崖巨石之后，右前侧 15 米处，石高 1.6 米，背面（东南面）呈"凹槽"形，"石浪"两个字竖刻于"凹槽"之中，阴刻、楷书，其中，"石"字宽 14 厘米，高 10 厘米；"浪"字宽 14 厘米，高 15 厘米。"石"字与"浪"字的间距 3.5 厘米。山石就像大海奔腾的浪花一浪高过一浪，从"断烟"处起，低矮的石头逐渐高起至"他山"最高处，之后又慢慢矮下去，"石浪"石刻处于逐渐平静的浪尾处。故名"石浪"。形象地表达出钱先生那时难以平静的心情。

"断烟"摩崖石刻横刻于他山石刻群的最下面，石长 120 厘米，高 100 厘米。"断"字宽 13 厘米，高 11 厘米；"烟"字宽 14 厘米，高 11 厘米。钱先生常在这里思念家乡，眺望家乡，但望断云烟都看不到。另外，从钱先生一生忠于明朝看，也可理解为望朝廷，望他心中的皇帝，但就是望不到。钱先生把"望断云烟"缩写成"断烟"。

(二) 明统宗朱明月反清檄文诏书

朱明月，贵州遵义县新舟人。本名张保山，冒姓朱，取名明月，自称为明思宗十世孙。1859 年 4 月被拥立为大明秦王，沿用杨龙喜的江汉年号，顺时为江汉六年。《誊黄》系朱明月称秦王后，于大明江汉八年（1861 年）所发布的檄文诏书。诏书全高 1.5 米，宽 2.4 米，木版印刷，版面高 1.4 米，宽 2.25 米。纸张为印江合水出产的构皮纸。正文每字一寸见方，正文四周为群龙聚会及云水图案；上方正中是"龙首正位"，下方正中是"旭日东升"，上下左右表示东南西北四方，刻有"八龙拱卫"，是一幅构思精巧的艺术图案。正文尾的年号上盖有 20 厘米见方的朱红大印。1955 年，诏书在思南县胡家湾乡三台寺庙宇的楼上被发现，现作为国家一级文物珍藏于贵州省博物馆。诏书全文如下：

> 奉天承运，秦王诏曰：本御乃大明洪武之后裔，庄烈皇帝之十世孙也。追念列宗承绪，竞业维殷，罔敢失坠。抑越怀宗，惕厉忧勤，皇自敬德。面李闯犯顺，遂致吴三桂揖开门，调行觉罗胡羯，奸篡大位。御家累代越在草莽，二百余年矣。今儿玉玺呈祥，图书献瑞，天时人事，际会于斯。
>
> 当此胡虏无道，败坏纲常，忝灭伦纪，弑兄弑叔，天理何存；纳姊纳姑，良心安在；用夷变夏，衣冠类禽兽之行；隐姓称名，骨肉等腥膻之习惯，又以重旗不重汉，满相专权；顾利不顾名，诠衡暴虐。用是暴敛横征，庶民之脂膏已竭；卖官《誊黄》鬻爵，士子之诵读何庸。贪官污吏满尘寰，群惧豺狼当道；硕士良民遭荼毒，实畏鹰鹯逞残。所以饥馑濒临，干戈迭起。督团练、索军需，谁怜亡身败家之惨；发仓收、给功照，都是敲骨吸髓之谋。万民云涂炭已深，四海之毒痛实甚，是以天

厌胡德，佑我皇明，笃生御父王于滇池，号称江汉，御弟神武，建业江南，奄有三吴两广之兵，已具六合一统之象，而且南滇雄师，进取黔省；西川劲卒，将拔成都。今江滇俱已会合，凡忠义久有同心，前后并非虚言，中外敢云逖听。殊胡逆不明气数，未识机关，屡率不教之民，致遭无辜之戮，抗拒天兵，自取烧毁，御心悯之，且贤愚不一，贪廉杂居，或有奸掳等情，失我相民仰望，此已久怀忿怒，概谓法所不容。

本御即承天命，当顺天心，上祷皇天大帝，卜吉兴师；下谕率土众民，从兹勿畏，亲统六师，肃申大令，灭此胡党，宏我汉京。缅二百年之流风善政，自昔维昭；忆十七王之厚泽深仁，于今犹烈。凡我士庶，素食旧德，久服先畴，果能慕义投忱，断不准伤一人一卒；既已倾心归报，又谁敢掠一货一财，各安尔业，各适尔居，兵燹之后，煦以阳春，重为盛世良民，复睹新邦化日。所愿智者识时，达人知变，开诚纳款，格外之宠锡殊深；倒戈前徒，一时之愆尤尽释，但当悔过自新，定当转祸为福，顺天者存，逆天者亡，倘有首鼠两端，势必噬脐莫及，况本御心存康济，念切澄清，体上天好生之德，法古圣如伤之仁，只为吊民伐暴，不忍黩武穷兵，出斯民于水火之中，登斯于衽席之上。旋乾转坤，鼎新革故，搜尽匈奴支派，驱入蒙古要荒，是御深衷，臣民共谅，布告天下，咸使闻之。

大明江汉八年誊黄

（三）碑文

1. 麻窝洞红军遇难碑文

1934年10月，中国工农红军先遣队第六军团西征到石阡县甘溪场遭敌人埋伏，100多名伤员和战士被敌人搜捕。12月，红军主力进军余庆，伪县长王天生非常恐慌，急令龙溪、敖溪、松烟三个伪区长把搜捕的红军战士择地处决。12月27日下午，47名红军战士被押到二龙乡凉桥庙中。当晚，王天生把红军战士两人捆绑一起，拉到麻窝洞砍杀，其中一战士奋力挣断棕绳逃走，46名红军全部被砍杀后推下洞中。28日早上，有4名幸存的战士爬出洞口，被村民发现，藏在张、秦家养伤。村民们得知洞中还有人活着，用绳救起14名红军战士藏在凉桥庙中养伤。后来，有一个晚上村民悄悄送走在张家养伤的两名红军战士到湄潭跟随大部队。几天后，王天生得知群众救红军战士的消息，就派兵合围凉桥庙和秦家，将16位红军战士再次杀害于麻窝洞，麻窝洞中埋下了44名红军烈士的忠骨。

中华人民共和国成立初和"文化大革命"期间，当地政府将在洞中清出的烈士遗物，集中安葬在松烟烈士纪念塔处，后又迁往余庆烈士陵园。

余庆县人民政府

二〇〇九年十月一日

2. 革命烈士纪念碑及烈士陵园记

松烟革命烈士纪念碑位于松烟镇人民政府后山腰，沿镇政府旁的6级177步石台阶上攀而至。

"革命烈士纪念碑"占地约3000平方米，碑体位于坝左侧中央。纪念碑由瞻仰台和碑体组成。瞻仰台长9.48米，宽9.2米，高0.8米，由大理石砌边体铺面，石栏围边，围栏石内外刻有浮雕。四面六步或七步台阶均可登瞻仰台，瞻仰台正中为碑体，碑体底座边长2.67米，高0.35米，两级收分，边长、高分别是2.53米、2.07米、0.16米、0.91米，再延伸出檐边与碑座边长相等的碑柱台，碑柱边长1.08米，高7.8米。顶部两级伸出檐边，顶端镶嵌红色"五角星"。碑座正面收分处书"写""烈士陵园记"，碑体正面正中凹陷文字宽0.53米，高6.2米，深0.12米，黑底，金黄色楷书"革命烈士永垂不朽"八个大字。碑后一台阶，整齐排列八座烈士墓。

烈士陵园记

在松烟这片美丽的土地上，曾有71位革命先烈为了全民族的独立、人民翻身解放和祖国的建设献出了宝贵生命。其中，中央红军六军团西征时有44位红军战士被国民党反动派杀害于二龙麻窝洞；解放初期有14名官兵和一名地方进步人士在剿匪战斗中英勇牺牲；在抗美援朝保家卫国战争中有10名志愿军战士捍卫祖国尊严战死沙场；在社会主义建设中，有两名战士执行任务时，因公殉职。

松烟青山埋忠骨。烈士的鲜血染红了这片土地，浇灌着这里的一草一木。人民深切怀念，经几次清理，将红军烈士遗骨，遗物葬于公墓，后又移葬余庆烈士陵园，铭刻英勇事迹。现松烟烈士陵园有解放军墓七座，红军烈士合葬墓一座。

2009年，松烟镇人民政府对烈士陵园进行维修和扩建。2012年7月，再次对烈士陵园进行修缮，并树此碑。

英雄永垂不朽，浩气长存！丰功与山河共存，名扬遐迩！伟绩与日月同辉，光照人间！安息吧！为祖国捐躯的先烈们！

松烟镇人民政府

二〇一二年八月一日

3. 林友礼烈士碑文

老碑碑文：

（右）江西省向药县小地名黄塘甲寅年九月二十三日殁于公元一九五○年九月二十一日地名天堂坝后沟。

（中）烈士农协主席林友礼之墓

（左）余庆县六区松烟镇七村农协会全体建立 公元一九五○年五月吉日立

新碑碑文：

林友礼烈士墓 林友礼同志于一九一六年九月二十三日出生在江西上饶的一个贫苦农民家庭，少时勤奋好学，有远大志向。一九四四年九月辗转来到松烟灵官场，结识当地进步青年周均相，一同鼓励贫农与地主作斗争，受到中共川东特委的关注，成为该组织的联络员，开始秘密为党工作。新中国成立后，被选为灵官场村农协会主席，奉命监视伪区长王再明、伪保长严朝义等人行踪，遭到反动势力的无比仇恨，于一九五○年九月二十一日被反动派抓住并进行严刑拷打，他不屈不挠，英勇就义，年仅三十四岁。

余庆县人民政府

二○一五年六月立

注①：殁于时间（公元一九五○年九月二十一日）与立碑时间（一九五○年五月）矛盾。

注②：老碑上出生年（甲寅年是1914年）与新碑上出生年（一九一六年）不一致。

4. 梨树"党箭碑（指路碑）"

上横排："党箭碑"

下左至右竖排："长命富贵""左箐口""右龙家"

5. 二龙兴市兴校碑文

钦加同知御署理余庆县正堂庄邑侯甫君调大人德政

我邑司马庄大令济世才也，古之遗爱者也。来守斯邑，恩威并用，教养兼施，德政昭垂，更僕难数。维开通民智普及教育，兴设学校卅余所，里人悉被甄。陶爱赖家寨地，脊民贫兴学，支绌蒙恩，赏准兴市筹费，场名二隆，设立完全初等小学堂，弦歌雅化，道左共相竞，傅诗云乐□君子民。这父母恺悌君于德音不已。为君侯诵之，特集乌菟以勒贞珉。

教育分会议员毛肇桢　代撰

二隆场总甲贡生万兴仁　小学堂管理职员万兴镒　　同颂

扬绅耆士□等

宣统三年又六月上旬日谷旦

6. 小水王氏三世祖王试毓墓碑碑文

试毓王公族之高祖也。籍本江西，移西蜀，公之祖，明时仕于黔，受石阡教焉，殁葬温泉之上。公父择邻而处，始迁此地。朱村上寨惜其名无考。嗟乎！难追九族之亲矣！公有昆季二三，然皆散往别省，惜不能共守此土，独公未迁，有家于此，生高祖，号之才。弟兄数人又皆远移，子孙无闻，惟高祖之才，生平盛德，绵延笃生，特命祖昌大，而生琼璋祖等，此吾亲族之七位祖人也。耕承先业书□后裔各生于子辈公列膠庠，共六七户殷实，共八九至于曰字辈。为士为农各安其业，藉祖功宗德繁衍有庆矣。

7. 新台关田高碑修路碑文

从来积善之家必有余庆。此天道福善之理所固然也。顾济人利物，固为善事，即修桥补路亦无非善心，兹因地名冷水河，马落岩，横担坡，团仓石等处行路难，虽非过都越国之通衢，原属行场归市之要道，年深月久，渐觉崩颓乘骑者不无窄独狭之，叹负担者益有崎岖之嗟，其待修补也亟矣。爰辑善簿遍挂四乡，修砌成，功名流芳，特刊名数于左。

匠人：杨大　杨二　杨三

道光十九年　仲春月中浣日

8. 松十路石碑碑文

1940 年前后，通往各场所的交通闭塞，百姓行靠腿，运靠肩；商人官吏行骑马、运畜驮。当时，十字路场赶得热闹，交易火爆。松烟铺与十字路两地来往要道，途经松烟铺、筲箕湾、梅子沟、陈家坪、西山坳、麻烟洞、永丰桥、高家湾、盐井沟、田家水井、何二先生庙到达十字路场。一路崎岖，十分不便，常常过客呻吟。杨万春见此，捐所积蓄，得高汉祥和胡恒太鼎力相助，众好善者大力支持，积攒三千钞洋，九个月修竣两场间 10 余千米的要道，另修竣梅子沟山王庙。实现来往行者愿望，还满足善男信女心愿。

为铭记此事与积善者，在中乐村永丰桥与麻烟洞之间的半山坡上，立

"松十"方碑记之。碑呈四方体，高 150 厘米，边长 50 厘米。四面上端分别横刻"修路碑""永垂不朽""万古名标""福禄善庆"15 个大字，内容竖刻，正面为序及捐助者姓名和银两额，左右两面为捐助者姓名和银两额，背面为捐助者姓名、银两额、补序和落款。正面碑文如下。

碑文：

窃现时代民生主义的内容为衣食住行四大要端。这四者里，是我们人生的切身关系，并且是我们人生的生活问题，要必先解决这个四大问题，才算是做一个完人，又要不负现在新生活的礼义廉耻为准则。唯杨君万春过去勤劳辛苦，置田土修，房廊，加以清洁，整齐简单朴素，得以充分过活。二子绕膝，群孙问安以我旁观，堪称满足，则杨君不然。对于行的一项尚成恨事嗟叹。十松的道路一下一上，异常崎岖，一来一往的过客，呻吟蜀道艰难，惟此途尤甚。乃杨君早见及此，虽不惜巨资，但独力难支，幸有高君汉祥、胡君恒太，参加募化，一致进行，努力完成至二十多里的险道费三千余元钞洋，经八九月的工程，达亿万人的美满，和梅子沟山王庙一并创修竣工，此数行是以为序毛育光书并题。

补序：

乃好善虽众，功在一人，此路完竣，惟石匠冉君玉廷热心公益，劝募精工相勷成焉。特此补序。以为后世乐善好施者之鼓励矣。育光又□

落款：民国三十一年九月上浣吉旦

五、工业

（一）陶瓷厂

松烟陶瓷厂位于松烟镇二龙村的屯山，也称屯山碗厂，主要生产日用陶瓷品。迄今已 300 年左右。其建厂和建窑的地址先后为丁家沟→杨家湾→银子窝→窑罐厂→猫猫岩→马班塘→梨子台等屯山一带。中华人民共和国成立前有张、黄、李、郑、陆等多家大小陶瓷厂，从业者无据统计。

1952 年，刘向荣等 3 人组织陶瓷生产合作组，开始集体生产。1956 年元月 2 日，成立余庆县松烟陶瓷生产合作社，社员 68 人，主要生产日用陶瓷品和烟筒。1958 年该生产合作社过渡为国营，改名为"国营松烟陶瓷厂"，余凤湄三县合为湄潭县后改为"国营湄潭县松烟陶瓷厂"，再后来与狮子场的硫磺厂、碗厂合并，职工 97 人。1961 年转为集体，属县城镇集体所有制企业，正式职工 70 余人。1986 年前，产品由供销社直销，一直亏损。

1986 年后，产品自产自销，开始盈利。2000 年，产业结构调整，政府关停五小企业（小煤矿、小炼油、小水泥、小玻璃、小火电），2002 年停产解散。

（二）火力发电厂

1961 年，松烟建火力发电厂，地址大松泡桐湾。

（三）二龙红旗钢铁厂

1958 年的大炼钢铁运动，在此形势下，7 月 8 日，松烟二龙红旗钢铁厂建成投产。时云："二龙矿丰富，含量高，矿石面积广（40 平方公里，藏量 2 亿吨）。"[1] 因而土炉遍布二龙、新台。构成了三个炼铁分厂和一个炼钢厂，工人 7500 人，固定职工 809 人。因无矿石，12 月迁至龙溪。

（四）水泥厂

水泥厂位于松烟镇黄泥堡。该厂 1977 年建成投产，属县轻工业局国有企业。水泥厂设计年产水泥 5000 吨，1980 年停产。1985 年 7 月，县政府将水泥厂折价交松烟区公所接管，该厂由国有企业转为集体企业，县财政无偿投资 15 万元，借地区乡镇企业流动资金 5 万元，县农业银行贷款 61.19 万元，自筹 2.4 万元进行改造。1986 年 8 月 19 日竣工投产，设计年生产普通硅酸盐水泥 1 万吨，有生料、熟料、包装等车间，职工 112 人，占地面积 2.2 万平方米，建筑面积近 6000 平方米。然而松烟水泥厂自建厂以来年年亏损，不得已 1989 年松烟区公所将水泥厂转包。1992 年区委区公所研究，派一名干部专管，职工 102 人。1995 年技改，由土窑改为机立窑，1999 年投入生产。2000 年，中央提出了产业结构调整，政府关停五小企业，水泥厂关停。

六、水利

松烟镇水资源丰富，有水库七座（八大水库、九大水库、跃进水库、李家寨水库、晏家坝水库、玉河水库、凌云水库）；有山塘、山堰 58 口，堰、塘抗旱能力低，天旱而涸，现绝大部分干涸为田；有主要河流 7 条。乌江之水天上来，昼夜奔流不回头，河塘堰库依旧在，见证松烟大变化。

---

[1]　余庆县经济委员会、余庆县轻工业局编：《余庆县工业志》，1988 年，第 22 页。

（一）柳湖堤坝

柳湖堤坝在蒲村他山、宾山两山之间，柳湖面积数十亩，四周植柳数百株，中有数泉。钱邦芑先生隐居期间，与随从和弟子筑堤成湖。与友人放歌于此，今柳湖荡然无存。唯有维修后长 11 米，高 2.1 米的堤坝残存。

（二）两堰

1. 河西堰

河西堰位于今松烟镇友礼村长冲组，清代时期修建，面积为 3.5 亩的坑凼。两百年前属刘姓宗族清明会用地，后用石料砌成宽 2 米，高 1 米，长 15 米的堤坎，用以囤水，因坝在东，塘在西，故称河西堰，灌田 12 亩。1961 年，此凼放水改田。

2. 新台村新坝大堰

它是湄凤余灌区续建配套与节水改造工程审批实施项目，2009 年工程完工，有主干渠 1 条 10.5 公里，有效灌溉面积 1050 亩。

（三）七库

1. 八大水库

八大水库距松烟集镇北 1500 米。原名八股堰水库，1956 年冬开始修建，修建时正值召开中国共产党第八次全国代表大会，故更名八大水库。水库建成使松烟村、友礼村、中乐村和大松村群众受益，四村 300 余名劳动力筑坝，1957 年 5 月建成，坝高 19 米，库容量 203 万立方米，灌溉面积 1000 余亩。

2. 跃进水库

跃进水库距松烟集镇东 5000 米，坝址位于中乐村。原名响水寺水库，1957 年冬由原敖溪区投入劳动力 4000 余人修建，1958 年 4 月完成大坝修建。该水库因建于"大跃进"年代，因此更名为跃进水库。坝高 19 米，库容量 335 万立方米，灌溉松烟、敖溪农田 4000 余亩。

3. 九大水库

九大水库库址位于松烟镇水关村，原名水关水库。1966 年冬动工修建，1969 年建成，当年 4 月正值召开中国共产党第九次全国代表大会，因此更名为九大水库。坝高18米，库容量106万立方米，灌溉农田1200余亩。

4. 晏家坝水库

晏家坝水库位于新台村，1975年冬修建。1977年春大坝主体工程完工，坝高18米，库容量206万立方米，灌溉面积1200亩。

5. 李家寨水库

李家寨水库距松烟集镇北5000米，位于觉林、二龙、大松村交界处的马班塘，1976年建成。该水库坝高27.6米，库容量926万立方米，灌溉面积8268亩。该水库是松烟的第一大水库。

6. 玉河水库

玉河水库位于二龙村，坝高6米，国家投入0.35万元，库容量11万立方米，灌溉面积700亩。

7. 凌云水库

凌云水库坝高2.5米，库容量18万立方米，灌溉面积678亩。

（四）店子渡槽引水工程

店子渡槽位于松烟镇营盘村民组。1976年冬，余庆县政府抽调国家公职人员55人，组织松烟、敖溪区受益群众5000余劳力修成的钢筋混凝土拱形的店子渡槽，长367米，高20米，是余庆县内最高的渡槽。

（五）马颈坳人工河

松烟镇内最大的河流——马渡河，由北湄潭县的抄子屯向南流入新台村境内，经台上马颈坳，折绕向东约两里，弯曲环绕原台上公社折流向西奔涌约1000米，又折流向南，形成一个"几"字，直奔马渡河大桥，流进龙家镇的仙峰河。原台上公社、台上小学等被马渡河环绕像一座小岛。

河水绕岛环流约2000米，远眺像一匹马在俯首饮水，"马颈"处宽不过100米。1958年由台上、关田、暗家坝村民将阻碍河水的"马颈"高约50余米，宽约60余米的小山坳挖掉。每天投入劳动力上百个，经过半年时间的奋战，建成马颈坳人工河。

（六）晒楼水电站

晒楼水电站位于松烟镇新台村马渡河边。1990年由松烟镇新台乡组织投资 28 万元修建晒楼水电站，其中国家补贴 11 万元，群众自筹 17 万元，于 1992 年 11 月建成投产。电站引用马渡河水发电，装机容量 125 千瓦。1995 年 6 月该水电站被洪水冲毁报废。

（七）水井

"吃水不忘挖井人"。井水滋润着一片沃土，养育着一方百姓。改革开放前，山里乡亲长年累月，挑井水，吃井水，人井难分，井泉难忘。后因社会经济发展，环境污染，井水匮乏等因素，部分山民逐渐将附近山上的山泉或井水用塑料管引流到家中，改变了长期挑水饮用的问题。2005 年以来，政府实施"渴望工程"，彻底改变了挑水饮用的历史，每家每户都喝上了自来水。但是，曾经热闹非凡的水井旁冷清了，水井内外的卫生无人问津，部分水井被冷落荒弃，部分水井被掩埋。犹存者，井水依旧清澈甘甜。见井难忘挑水艰，见泉难忘饮甘甜，泉养我长大，难还井恩情。

第二节　自然遗迹

一、地貌

松烟地处余庆县北部，东邻关兴镇，南靠敖溪镇，西连龙家镇，北抵湄潭抄乐乡，东北与凤冈琊川镇接壤。地貌为低山、低中山、丘陵、平坝交错，最高海拔 1263 米，最低海拔 700 米，多地处于 850 米左右。地势低矮平缓，多呈小块状和独立馒头状。将地形分为海拔 1100 米、900 米和 700 米三个层面。海拔在 1100 米以上的有二龙佛仙顶 1263 米，新台横断山 1168 米，中乐长窗岭 1141 米；海拔在 900 米左右的主要为丘陵、山地，交错并存于松烟、大松、觉林、友礼等地；海拔在 700 米左右的多为丘陵地貌，主要分布在中乐、新台的一部分。自地貌形成之时起，这里的山就注视着松烟铺的发展，见证着松烟的变迁。

主要山川简述

他山：距松烟集镇西南约四里的蒲村南山，名他山。明末清初四川巡按钱邦芑避孙可望之乱，隐于其中，林深奇石，镌刻"他山"两大字于石上，又刻"钱开少放歌处　永历丁酉春题"于其旁，其他周边石头，均刻有字。山不见高，钱公刻石而得名；茅舍简陋，开少隐居而闻世。

宾山：在蒲村，他山对面之山。当地百姓以他山为主，故称此山为宾山。

穆姬山：距松烟集镇西南四里，俗名毛鸡山，山形如旗，绵亘数里，与六郎屯相距十六七里，东西对峙，相传杨宗保之妻穆桂英曾居其山。

横担山：斜接松烟铺、龙家坝，而横卧于新田、沙磊之间者曰横担山，广不过数里，绵延则数十里。中华人民共和国成立前，山腰处是松烟至龙家的必经之道。

金狮山：在灵官场（友礼），距松烟集镇东 4000 米，山不甚高，其形如狮，上有古寺一所，名铜鼓寺，寺前有一对联："山名金狮藉大吼一声悟到佛门宏旨，寺称铜鼓直上追千载永垂汉相奇勋。"

白虎山：在下堰坝，距松烟集镇南 1000 米，其山形如伏虎回顾松烟场。野猪窝、野猪哨、营盘古城堡在此山附近。

蟠龙会宝山：地名山茶，距松烟集镇东 4000 米。

三星山：在他山之北，其山之高，不知几千百丈，其下群山环拱，巍然三山排列，自远观之，有若三台星。登巅一览，众山皆小。

老虎岩：距松烟集镇北 2500 米，其形如虎，上有观音庙，每至三、六、九会期，入山烧香者络绎不绝。伫立余湄公路仰望，虎体容貌隐于葱绿松涛之中。

分水岭：距松烟集镇北约二十余里。"距县城 180 里，界连湄潭。岭之阳，瀑出一泉，流入湄潭，二水均不甚大，岭阳流入余庆之泉，至冈家窝汇绿塘沟下三丰水、丁家沟、大龙塘两汇水下屯军苗至泥坝桥，堰沟繁密，灌溉良田颇多，至石槽水，合凤泉属朱村之水下各口塘，与界溪、上坝之水合流。"①

二、河流

（一）马渡河

马渡河是乌江一级支流，发源于湄潭县屯子溪。流至窑堡后，与从右岸白脚山流下的小溪汇合而称马渡河，在新台村台上入境后，往南流到各口（亦称母猪塘），与从右岸流入的蒋家河沟汇合，称跳墩河。下游河段由杨先锋至岩上为余庆县与湄潭县界河，流经新台村、龙家镇和平桃村，在岩上从左岸注入乌江。

---

① 贵州省余庆县档案局（馆）翻印：《余庆县志》，镇远县印刷厂承印，1985 年，第 12 页。

（二）敖溪河

敖溪河是乌江一级支流，发源于松烟镇中乐村的龙洞湾，从中乐村至敖溪段有数处地下水出露补给河水流量。

（三）觉林河

觉林河发源于湄潭县麻坝，流经二龙、觉林、友礼。这段坡度小，地势平缓开阔，两岸耕地多，是水稻的主产区之一，故有"鱼米之乡"之称。

（四）毛家河

毛家河起于八大水库，止于柏杨坝。

（五）施家河

施家河起于九大水库，止于松烟中学。

（六）八滩河

八滩河起于凌云水库，止于文家坳。

（七）龙塘河

龙塘河起于凉水井，下高枧过鱼泉至各口塘，流向清滩（友礼水厂）。

三、景观

（一）星宿岩

松烟古景有语云："日游花山珍珠井，夜赏水关星宿岩。"星宿岩位于松烟集镇西2000米，九大水库湖畔右侧之上。星宿岩独立成峰，山高约50米，四周陡峭，遍山石头，各具特点。山巅三石并列立于顶端，巅南石头最大，巅北石头高6米，宽5米，石面中间有一穿孔洞，洞口高1.3米，上部宽0.5米，中间最窄处仅0.3米，与巅南石头相距5米，中间石头较小，与巅北石头相距1.5米。立于穿孔洞北两米正视洞口，只能见其居中石头石面，视线与穿孔洞中下部平行，斜观可见上下两个天空。位于巅北石下10米，平观巅南石下10米的又一石峰，又可看到一穿孔洞。立于距穿孔洞北约180米的山坳处的两个观景点，一个观景点可同时看到两个穿孔洞，像两只"眼睛"眨呀眨的；另一观景点只能见到一颗"星宿"还闪闪发亮。宿岩左侧还有一片石林，人们称"花山"。星宿岩、花山方圆约 30 亩。

星宿岩名的来历，还有这样一个传说故事。很早以前，星宿岩是没有名称的，整座山长有乔木，布满荆棘。一天晚上，一位山民在月圆之夜路经此地，爬上山坳，立于山坳口，远眺山巅，见山巅有一点亮光，一闪一闪，忽隐忽现，是"鬼火"，是"鬼"，遇见"鬼"了，这位山民撒腿就跑，跑了三四十步，又反身观看，又见两个亮点，吓得不得了，慌张地跑回了家。后来也有不少人在此遇见"鬼"，于是山民夜晚都不敢独行于此。很多年以后，有一山民在想："这个鬼有点怪，怎么就在山巅动呢？"于是邀约了几个胆大的人劈开荆棘去看个究竟，才发现山顶巨石腰部的穿孔洞，他们劈开穿孔洞前后的荆棘、乔木，再回到山坳口观看，石头是灰黑色，孔洞的另一面是天空，一眼望去，像星星，在一闪一闪的，闹"鬼"之谜从此被解开了。人们便为此山取名"星宿岩"。

因此景独特，本土诗人毛依选此景建设碑林。2012 年世界汉诗协会决定授予星宿岩碑林为"世界汉诗协会诗教基地"。在整个星宿岩山头和花山石林的石头上，镌刻中国当代著名作家、诗人、文艺评论家对毛依的爱情长诗《转经轮》的评论共 200 余处。星宿岩和花山之间有一闲地，约 4 亩，内立石碑 70 余块，里建长廊，镌刻爱情长诗《转经轮》于其上，镌刻内容长57.8 米，高 1.5 米。诗是中华之魂，民族之神。诗林文化内涵深厚。诗林的建设不但为此景增添了新看点，而且丰富了新内涵。

（二）三涨水

"三涨水"位于松烟镇新台村三涨水村，距离松烟集镇西约 5 公里。

三涨水奇景在山腰的山泉，泉井呈三角形，两腰依山，腰长 5 米，底宽 5米，水深约 1.5 米。山泉奇观，早中晚各涨水一次，涨水时，泉眼冒出一朵朵白色的水花，有碗口那么大，发出哗哗的响声，平静的泉水开始翻滚，慢慢地像一锅水沸腾起来，冒着水汽，升起浪花。浪花越升越高，井水越涨越大，奔腾翻涌，迅速将水井溢满，汩汩流淌。有时朝天喷涌成柱。季节更替，涌量变化。每次涨水持续 20 分钟左右。其状周而复始，该地由此而得名"三涨水"。

泉井四周山峦叠嶂，峡谷幽深，植被茂盛。井前公路车辆穿梭，慕名前来观赏者甚多。不管夏冬，每日三次，从未间断；无论春秋，天干地旱，泉井从不干枯。泉水保障农田灌溉，村民饮用，人们视为"神井""神水"。地因水而得名，水因涌潮而闻世。"三涨水"这一得名不知是从哪朝哪代沿用至今，无从考证。

第三章　松烟古镇（铺）遗文

第一节　他山文化

一、他山赋（钱邦芑）

瞻寰区之旷曼，信山水之离奇，乃黔地之荒僻，更耸异而嵚崎。既嶒崚而陡削，亦崝嵘而逶迤。余也，忘情尘累，遁迹遐陬，遘兹异境，心契神投。辟莱秽于巉岵，焚荆榛于坳邱。嵁岈高下而毕现，嗣宇前后而俱收。登椒巅以遥瞩，觉岘岮之奔投。烟云开阖以万状，气象变眩而莫求。若夫嵩岫嵚嵋以艰陟，洞穴合沓而阴寻。回溪潺湲而滂溃，大壑奔崩以怀灵。隐窥地轴之维络，邈测天柱之矗撑。至于丛柯伟木，干霄碍云，榕樟翘负以飞曳，柽栩楚捷而隐森。春花列绮于圻峴，秋叶经霜而换金。高霞华映于峨客，朱云采乱于岜岑。独是奇石魂磊，拔地插天：或颙屃而硈砠；或砧碨而屈鬐，或横仄而砭矶，或逆竖而倒悬，或龙盘而虎奋，或鹏举而凤轩，或蛟腾而鸿下，或狮怒而狂狻，或纛引而旗导，或羽展而翅翩，或云垂而烟断，或浪涌而涛旋。高者遏日，下者回岚，巨者藏谷，空者隐潭，皱者肤蹙，漏者窍含，瘦者骨削，薄者縠纟多，散者星落，簇者毛毦，仰者如啸，俯者如凝，立者如望，欹者如嬉，蹲者如怒，踞者如思，扬者如舞，抑者如企，端者如拱，斜者如窥，前者如待，后者如趋，联者如布，断者如亏，尖者如刺，利者如刲。既捘魋而巉崒，亦魂岩而磊峨。羁叶切鱼况龃龉而曲崤，又巧妙而因依。抑且松桧丛倚，柏杉掩映，篁筱疏密以相间，花卉参差而互衬，薜衣斑（班）蚀而皱苍，木根盘嵌而凸劲，玉膏涵毓而甘香，石髓凝结而精润。况复渊泉进涌，流浍成河，既汪洋以溷潇，亦激溅而回纡，兼曲汀而斜堵，更危屿而淤潴。加之高柳丛生于浩渺，枝柯披荫于洪渠，荇藻丝牵而带续，芹菭斜刺而剑舒，禽鸟间关于林杪，凫鹭游唼于蒲菰，连峰倒影于波底，悬崖插根于水隅。以至淌渐洞潒，石折崖回，穴鸣窍答，峦倾岫摧，鱼鸟腾跃而莫定，柯叶浮荡而横排，山因水而幽窅，水得山而纡回。维山有亭，名曰"拜石"。斫木（水）结茅，依林傍窟，据岇岸之咙炭，当珒矸之崒砑，砯砓拱待而碁罗，硌砩硱碍以陡律。况复塞烟仁岚，洗雨伴月，时探奇而入影，时伐虚而剔骨，云根倒洒夫珠泉，砥脚横穿乎木甲。协叶切吉维水有舟，名曰"恰受"，一叶浮波，清流独漱，漾沧漪而上下，掉苔萍而簇凑，溯轻漪而织影，荡素澜而波皴，涵嫩绿于霄光，挹柔碧于空秀，月水沉璧而耀金，雨痕涤沫而漂沤，候叶切鸟兰桡宛转而夷犹，布帆飘拂而邂逅。维山之阳，南望鳌溪，山幽水绕，泉石多姿，既岷峋而明丽，亦岭峇而舒徐。盼立钟而接招隐，望（空）洞鹅而访石鸡。登峰西眺，山曰五云，千崖峣竖，万壑峥深，蓁巢仰瞻而神悸，硐户俯瞰而骨惊，雕鹗敛翮而莫渡，狖猱援萝而惧深，非禅栖之修侣，孰道（追）级而遐登？厥峰之阴，山名佛顶，杉溪环带，清驶绝影，峡蚰累罪而难跻，岩嵁嶙峋而奚骈，名刹焜耀于危巅，钟鼓响传于绝畛，树驻曦而亏耀，峦障蟾而蹴景，石磊砢而层叠，泉瀑注而泻井。西南遐瞩，湄水如线，庵曰西来，塘名古练，当水转而山环，亦村古而林茜。幽人于焉结契，贤士或尔凭眷。环山百里，萃兹名区，龙潜风举，霞隐云游。朱叶切羊明哲晦迹而耕牧，英流韬采而渔枯。乃复深霄歌啸，诗酒欢娱，声林隔而遥答，气谷转而潜呼。于是雅尚相怜，沦落为友，朝夕过从，味亲兰臭，风雨无阻于昏冥，岁月虽赊而犹遘。时登高以遐想，或连袂而纡迟；时唧舸以（而）远望，或白眼而移时。当唱和之相得，每感慨而淋漓；何诸子之高尚，失肥遁以相期；况山水之可乐，奚荒寂以（之）自疑；且奇闻之共赏，质今古而无欺；复品行之修洁，实风流而可师。吾将托此以终老，造化于我其何私。

二、他山记（钱邦芑）

宇内山石之奇，无过川、黔、楚、粤，然幽遐荒险，车马不交之处，奇诡殆甚，而世或鲜知之。至川、黔、楚、粤之交，选第名山奇水，几以百计。而黎峨之鳌溪，幽丽为最。自鳌溪至湄水，约可百余里，幽岩深溪，堪怡玩者，何止数十，而蒲村为最也。村之上有柳湖，湖之阴为他山。山不半里，回曲斜抱，上多奇石，树多枫、樟、楠、梓。中一石最奇突，高不及一丈，名曰"翠屏"，外削而内空，直立斜卷，余镌"他山"两大字于上。石腰有洞，曲透其背，其峰势横飞处，瘦薄而偏耸，为"石帆峰"。峰背如堂，凹其中，可坐卧，名曰"云房"。古柏、老梅、黄杨、青杉，前后掩映，奇郁森秀。左一石，高八尺，上锐而中虚，斜侧怪异，随步换状，曰"九面峰"，峰前左右两壁侧立，中虚处可容数十斛，植梅其中。右壁一穴，园如磬口，梅干横生，从此透出，名曰"梅仓"。右稍前一石，高六尺（尸）四寸，外圆可围丈四尺而中空，至地如桶。下透一小穴，高一尺三寸，树梅其中，根从下穴出，枝梢花叶耸出于石之巅，干隐石腹，命曰"梅困"。稍上三十五步，一石横卧，长七尺三寸，中剖如船，腰际一窍，大逾碗口，植梅其中，有若帆樯，题曰"梅舟"。石帆峰之右一石洞，高二尺五寸，可穿而过，上有冬青二株，根插洞门，最为奇古，曰"小洞天"。梅仓之左，有崖高一丈四尺，奇险难即，名"霹雳崖"。岩稍上二十步有峡，深九尺寸，高一丈五尺，名曰"藏书峡"。峡前一小穴，名"回岚穴"。峡左一石，方整如室，高一丈二尺，四面陡绝不可登，石上生冬青、萝薜，蒙如缨络。前有樱桃一株甚古，后有绯桃、梧竹。此外，前后大石二十余处，离立作势，咸可坐踞。或蹲如猊，或奋如虎，如龙游凤翥，烟断云骞。大约皆瘦壮（状）、皱、漏、耸、削、龈、嵌，不可名似。中构一亭，六角茅宇，制甚朴拙，曰"拜石亭"。坐亭中，则诸石之奇，毕献于四周，而又回映杉、竹、花、树，朝昏烟霞，变现出没，给赏难遍。自拜石亭后上二百步，极他山之巅，四顾诸峰，环拱如儿孙。俯视柳湖，缠练带斜。拖耳钟声，隐隐出云峦间，盖"小年庵"也。此外，萦青缭白，攒簇点聚，苍碧围混，远与天地际，奇观哉！夫宇内名山巨川，载于经志者，宁可殚述。而是山之奇，迨未多逊也。乃千百年无知之者。余以逃名之故，远遁万山深处，始得遇此。然则世之奇伟名胜，隐匿幽遐而不复见知于世人者，又岂独此山也哉！

三、杨母白夫人寿叙（杨母即乡贤杨再亨之妇）（钱邦苣）

古天子重养老之礼。敬老为其近于父，所以教之也。男女一理，礼敬高年不及闺中者，非阙也。妇人德化不出闺壶，所以别内外也。然隐而愈显，久而弥彰。故凡家之绵远昌大者，非独其夫子之教先也，盖亦内德茂焉。辛卯春，余因孙氏之乱，避地余庆，得与杨氏昆季游。大杨世茂，醇谨博雅；小杨先茂，英忱卓直。二难哉！而诸子侄来从余游，彬彬然先后七人，皆孝谨友爱，读书循礼，有声黉序。邑人无不称其济美，余亦且讶之。岂黔南山川灵秀，独钟是门耶！及交订既久，讲通家礼，而后知其母夫人之德，培植其后昆者至深且厚者也。母夫人幼归杨讳再亨，相夫、子，事舅、姑，孝敬备至。后孀居五十载，训督诸子，必以义方。非礼之言不闻，非礼之行不见。用是大、小杨先后中明经选。大杨奉母隐山中不仕，小杨仕府祭酒，署马湖府丞事，有治声，以母老弃官归。一堂色养，怡怡愉愉，家门相化，达于闾里。甲辰夏，余归江东，过草坪杨氏之庐，拜别母夫人，时年八十矣，丰仪端谨，进退可则。余乃叹杨氏子弟彬彬礼法之盛，固母夫人之佑启者有素也。虞氏先观于《厘降》，周家种德于《关雎》。有以哉！有以哉！

四、蒲村老农（钱邦芑）

蒲村老农，隐者也。年五十余来居蒲村，蒲村故黔地，谷俭陋无文，老农安之。其地山俊而水驶，多深林大竹。两山之间夹一溪，可数十亩，溪流甚短，中有泉十余处，昼夜汨汨，故冬夏不竭。溪中有柳树百株，大可合抱。老农于溪边筑茅屋数间，伐木构一台曰"啸台"。环屋遍植野花杂果，题曰"假园"，取假年之意也。老农破衲戴笠，携琴一、蒲团一、蓑笠竹杖一，每风日晴美，则与门弟子辈策杖负蒲团坐古松流水之间，扫落叶烹茗，啸歌自适。或骑牛过邻叟，与樵、牧考晴雨，课种植。时或携一卷独坐溪边磐石上，焚香读之。人就视其书，盖《周易》也。问以易理，则曰不解。人曰不解何故读？笑而答曰：惟不解，故读耳。于是居蒲村，无有知者，赞曰：噫嘻！此其蒲村老农也欤！与木石居，与鹿豕游，泊然不惊，其天、其羲皇氏之遗欤！夫子曰："吾不如老农"。而老农远矣。

五、蒲村归田（钱邦芑）

生平寡世情，赋性耽闲逸。尘网一羁牵，举步成碍窒。
沉思本无味，忽忽如有失。一朝决去就，旷然深自得。
理我荷叶衣，拂我笋皮笠。逍遥田亩间，昂首看云色。
百物适自然，欣彼归飞疾。

六、咏他山柳湖并序（李文渊）

县城之西，蒲村之阳，有山焉，不甚高，而怪石嵯峨；有水焉，不甚深，而溪涧萦（溇）回。乃有四川巡按使钱公邦芑字开少者，明季丹徒人也，避世隐居，由绥阳分水坝流寓于此，依山为宅，上则于山半镌"他山"两大字。其余因形喝名，类皆毕肖。下则筑溪成湖，两岸植柳数百株。当绿阴浓翠时，与姬妓乘画舫，携琴书，放浪湖中。暇则教授生徒，绝口不言国事。因名"他山""柳湖"。我邑前清江内外书院命名，盖本于此。迨明社倾颓，削发为僧，更名大错和尚。凡小天台、云深寺各梵宇皆所创建。迄今数百年，沧桑屡变，石上字迹鲜明，风雨不磨。柳湖一带，虽成良田，而堤址半存。游览至此，偶成俚句，不无私淑之感云。

他山隐士是何年，大错先生称姓钱。石扫苍苔镌古字，湖垂碧柳映清泉。

放歌有处云留峡，对影无人月在天。我亦虚生逢世变，闲游感慨足流连。

怪石奇峰画不成，摩挲古迹字分明。梅仓贮月花含笑，米丈谈风谷应声。

书读半间茅屋稳，帆飞九面柳湖平。山中宰相归何处，题遍名山莫问名。

七、游他山觅开少钱先生遗迹（知县黎大柄）

山不甚高，数石丛立，各镌有字。先生放歌处，永历丁丑春题：他山、翠屏、洞天、云房、云归处、留云峡、梅仓、九面峰、米丈处、接不暇、藏书峡（岩）、回岚（风）穴、霹雳崖。《志》传古柏柳湖诸景，已杳无迹矣。所称永历年号，亦不知何指？

大错先生称姓钱，义取攻玉他山传。合铁不能铸此错，此错一成不复悛。我来踏遍谢公屐，摩挲古迹景遗贤。数石矗立平冈山，排列名山与大川。峰峰如望衡九面，面面古字深雕镌。云聚房兮风回穴，盘涡形似溜成穿（因其石扁而多穿故云）。几幅翠屏真如画，便是元章小洞天。云出崇朝将遍雨，云归空穴散轻烟。梅可贮仓米可丈，山中物阜纪丰年。今人如入山阴道，应接不暇足留连。藏书峡（岩）下读《周易》，蒲村子弟受陶甄。忽闻放歌歌高起，霹雳之声互相宣。参天古柏杳无影，柳湖一带成良田。世事沧桑多变改，错综无定数可铨。鬼神呵护石不泐，至今书院借名传。信乎？不必高山与深水，水之灵有龙而山之名有仙。

八、他山感旧（钱点）

山头谁种树参天，种树人今去几年。

树老逢春枝尽发，可怜人去不知还。

注：他山诸树，俱开少叔手植，今叔去为南岳僧，且十年矣。

九、咏他山（李光斗）

如何攻错借他山，预识兴亡抱隐患。溷迹名场空两袖，逃禅深寺锁双环。

醉题石壁拈花管，教授蒲村化梗顽。想像当年湖上立，不言国事泪潸潸。

十、柳湖晓烟（清溪杨玉润）

古貌苍髯两岸垂，烟霞久待帝王师。

莺歌燕语莫相问，怕使桃源世外知。

十一、蒲村除夕（王长德）

去国家何在？年华旧复新。日残将减腊，宵半欲添春。

归梦山川远，他乡岁月频。故园谁更在？应惜未归人。

十二、过蒲村吊钱开少先生（蒋深）

蒲村老农结隐处，翠微重叠山坳宽。首阳甘采薇蕨饱，五陵不种桃花看。

柳湖尽溷钓舟换①，苍崖剥落诗歌残②。鹤归华表衡岫渺，猿啼高阁枫林寒③。短衣匹马风雪里，椒浆（桨）聊且浇烟峦。

注：①大错庵有柳湖，今开堰，其钓舟亦无存。②石壁诗，今已无苔。③小年庵今改构佛阁。

十三、游他山俚语四绝（毛鸣凤）

湖山胜迹忆当年，沧海桑田几变迁。此日登临空想像，惟余峭石卧寒烟。

古迹苍凉几度秋，烟花三月赋来游。峰回九面云归冷，夕照荒烟翠欲流。

怪石嵯峨俯太荒，摩挲故迹辨微茫。斯人隐处诚高旷，千载犹留姓字香。

行尽山隈又水隈，无边佳境足徘徊。天缘有分留衰老，准拟携筇再奉陪。

十四、民国五年丙辰春，与黄县长菊圃游他山，粗成俚语一章（贡生毛鸣凤）

昔人已题石头去，此际空余几石头。题石人归石径冷，石头千载自悠悠。
羊肠几曲他山路，浓阴团结他山树。此日勾留贤尹车，异时移作甘棠赋。
钱公在昔何迂腐，挂冠廷阙来边土。当年不惜入山深，赢得芳名贻亘古。
樽酒叨陪极欢悦，归来向晚黄昏迫。道逢坑坎漫吁嗟，皎月当头常照澈。

十五、清丙申年中元后一日，与杨怀忠老师游他山，成七言六章（贡生毛去桥）

每披邑志缅舆形，艳说他山势建瓴。到此果堪资眺望，更于何处访坤灵。
一自钱公隐宦身，此间常住玩游人。更期胜赏相环接，莫似桃林少问津。
人生代谢似波澜，惟此江山尽可观。安得名偕山共寿，百年也作古人看。
早稻花飞雨乍晴，师生连步傍山行。双柑斗酒犹常事，雅听黄鹂树上鸣。
听说他山景甚幽，同人相与伴同游。从兹眺望还登极，千万峰峦一瞥收。
他山自古号名区，我辈相邀酒共娱。最爱羽禽差解意，声声也自唤提壶。

注：本节诗文均摘自陈志编纂民国二十五年（1936）版《余庆县志》

第二节　耕读文化

耕读，指既从事农业劳动又读书或教学。耕，其本义为犁地耕田，翻土松地，播种耕植等农耕之事。再引申亦可理解为养蚕织布等劳动。耕田可以事稼穑，丰五谷，养家糊口，以立性命。吃饱穿暖之后，思想上才会有新的精神需求。"耕"是"读"的基础。

读，本义即上学或读书。读，可以知诗书，达礼义，修身养性，以立高德。这里的"读"，当然是读圣贤书。读，不是为了做官，而是学"礼仪廉耻"的做人道理。一个"读"字，则满足了人们在温饱状态下的精神愿望和理想追求。在耕作之余，念几句《四书》，或读几句《三字经》《百家姓》《千字文》，或听老人讲讲历史演义。人们就在这样平平常常的生活中，潜移默化地接受着礼教的熏陶和先贤的教化。"读"促进"耕"的发展。

一、耕

生活是从劳动开始的，生活离不开劳动，"耕"是劳动的一种表现方式。

《余庆毛氏文史资料》记载：土司的建立，使汉人迁境定居人口增多，为了使人民的生活和农业经济获得长足发展，为了土司的稳定与管理，毛氏长官要求："农闲操戈练武，农忙开沟筑堤，开荒改田，以耕为主，大力发展农业生产。"[①] 广泛推广牛耕技术，采用先进的农事生产工具进行耕种活动。毛巴之远见，为经营好朝廷恩赐的分封土地，安抚好当地土民、跟随自己而来的亲戚和将士，他大力推广各种先进的农耕技术，从家乡中原引入高产农作物种子，命令那些懂得耕作的士兵种植。同时，还将那些会木工并能打制中原先进农耕工具的人集中起来，制龙骨车、水车、犁耙等先进的生产工具，并将良种和农具贷给当地已受招的土民，让他们开垦土地进行农事作业。玉米、洋芋、荞子、高粱、小米等是该区域较早的粮食作物，棉花、桐油、药材和茶叶等是主要的经济交易农产品。

毛氏世袭几百年，将先进的中原文明和耕种技术，传播到余庆司，并扎根松烟地。土司长官的上下联络，与周边土司之间的相互往来，盐商的出入，塘兵上下信息的传递，钱邦苣的隐居传教等不同时期的信息将丰富的文化、先进的技术等带入松烟。先民在此用智慧创造并使用工具，种植农作物，饲养畜禽。了解新事物，掌握新方法，大力发展生产，提高效率，改善生活，提高生活水平。先民在此繁衍后代，推动着社会不断向前发展。

《余庆县志》记载，康熙五十七年（1718年），知县蒋琛根据实际情况，拟《劝农条约》，劝农民开垦田土，保证开熟之后，永远属于自己所有。他教农民制长锄和镰刀，利于耕作，提高生产效率。他还教农民种棉织布、栽白蜡树、种油桐、凿池养鱼等。由此可见，此时的农耕，农民得到了政府的关心和重视。

（一）器具

1. 石器、木器

2013年11月，贵州省文物考古研究所派出考古技术人员对余庆土司衙署遗址进行考察，挖掘中找到正门石踏步，正殿西侧门等遗迹，发现大量瓦砾、瓷片和建筑基石、建筑残件等，说明土衙建设时就有了木匠、石匠、瓦

---

① 余庆县毛氏文史资料考察组：《余庆毛氏文史资料》第8页，内部资料。

匠等技术人员，为日后打制劳动工具和生活用具奠定了坚实的基础。如打制石槽喂猪狗，石碓舂、米麦之类，石磨加工米、麦、豆等粮食；打制休闲时坐的板凳、椅子、存储东西的柜子、箱子、橱柜、水桶、篁桶、猪食桶、粪桶、木盆、印子、印碗、衣柜等；打制劳动工具，如，犁具、木齿耙、连盖、风簸等；雕刻工艺品，如观音菩萨、窗花等。

2. 铁器

史料记载：明万历十年（1582 年）余庆就有了用铁、铜铸造的工艺精湛的铁钟、铜佛等工艺品。

《余庆县工业志》"铁器业"中介绍：锻打业称铁匠，城乡皆有，能锻造宝剑、马刀、魔术刀、火枪、单针枪等兵器。锻打的农具如锄、铧、刀、钯等，质量好，耐用。还介绍：铸锅、铸铧，全县只有三五家，松烟狮里的红岩历史为久，在红岩一带开过两百多年的铁矿，炼出来的铁，除锻成毛铁、毛钢外，多用于铸造。1956 年松烟镇成立铁业合作社。1958 年 7 月，余庆县红旗钢铁厂建成投产，厂址位于松烟区二龙乡，职工 899 人。因此处未挖出铁矿，12 月迁址龙溪镇。

（二）种植

种植是一种生产劳动，先民总结二十四节气规律，按时播种、锄草、松土、施肥和收割。在生产劳动过程中，总结出很多农事生产规律和经验。如，万物生长靠太阳；春种一粒粟，秋收万颗籽；惊蛰春分，翻土春耕；二月整地育苗，三月耕种地里忙等。还总结出很多农事谚语，如，人不知春草知春，桐子开花种花生；春分前后种瓜点豆；枣芽发，种棉花；板田点蚕豆，松田种绿豆；芒种忙忙栽，夏至不怀胎；立夏芝麻芒种谷；立夏一过，栽秧割麦；立夏到小满，种啥都不晚；立秋前早一天种，早一天收；头伏萝卜二伏菜，三伏种荞麦；高台种芝麻，矮台种棉花；庄稼一枝花，全靠肥当家；种田不用问，除了工夫就是粪；灯里无油灯不亮，田里缺肥苗不长，肥是农家宝，种地离不了；秋前播，秋后撒；庄稼活路三样狠，挖泥、打草、扯棉梗；修塘筑坝，旱涝不怕。

"粮食作物按季节俗称'大季'、'小季'，大季为春种秋收，以水稻、玉米为主，其次有大豆、红苕、绿豆、饭豆、高粱、荞子、小米等；小季为秋种夏收，以小麦为主，其次有大麦、洋芋、豌豆、葫豆（又名蚕豆）等。"[1]

---

[1]　贵州省余庆县地方志编纂委员会编：《余庆县志》，贵州人民出版社 1992 年版，第 347 页。

《贵州通志》记载："黔在万山丛谷中，土瘠而候愆，谷多秕，果多虫，不可以中州例也。瓮、湄、余皆近蜀，故气候微异。民不敷食，杂种苞谷、荞子、洋芋之属。"[1]

《平越州志》记载："余庆山土多种苞谷，早者二月布种，六月即可成熟。较好之高粱、小米、诸豆可早月余。"[2]

《余庆县志》记载：康熙年间，水稻有白露早、洗杷早、香禾米、早粘、杉板红班稠糯、猪毛糯等品种。民国时期，主要种植箐苞、九子苞等玉米品种。1955年前种植的薯类有红薯、白薯、香薯等。1972年前，种植的豆类有小黄豆、青皮豆、白水豆、黑豆等。洋芋品种有冬洋芋、白洋芋等。高粱品种有粘高粱、猪屎糯两种。1987年前，杂粮品种有大麦、老麦、回麦、香麦、燕麦、胡豆、豌豆、绿豆、饭豆、巴山豆、荞子、小米等。1941年余庆县引进美国"佛光"烟种植。1955年前种植白油菜、竹桠油菜两个品种。1967年前，晒烟品种有枇杷叶、铁杆烟、泡杆烟、团鱼壳、蒲扇叶等。另外还种植青麻、葵花、芝麻、苏麻、蓖麻等。[3]

康熙《余庆县志》记载：蔬菜的品种有"芥、韭、芹、菁、甜菜、菠菜、苔、莴苣、茄、王瓜、冬瓜、丝瓜、南瓜、苦瓜、刀豆、四季豆、萝卜、瓠、葱、蒜、蕨、芫荽、芋、菌、葫芦"等。民国《余庆县志》载蔬菜品种有："白菜、青菜、苋、莴苣、萝卜、葫芦、南瓜、瓠瓜、姜、葱、韭、薤、蒜、芫荽、芹木耳、大头菜、花椒、苕薯、鬼芋、蕨等"。[4]

各种农作物品种的不断引入，推动农业生产大发展，推进农业迈进新时期。从侧面也看到了"耕"的繁忙景象。

（三）养殖

养殖是生活和劳动生产的需要。养牛耕地，养马驮物拉物；养猪、羊、鸡、鸭、鹅等畜禽改善生活，还有积肥的作用。

明成化二十一年（1485年），播州宣慰使杨爱遣白泥正长官杨玉等人，向朝廷"贡马及方物"。明末清初，当地百姓饲养马、牛、猪、鸡、鸭、鹅等畜禽，逐渐成为农家副业。

据康熙《余庆县志》记载：古代余庆"椎结侏离，结茅为舍"，"男子计

① 贵州省余庆县档案局（馆）翻印：《余庆县志》，镇远县印刷厂承印，1985年，第119页。
② 贵州省余庆县档案局（馆）翻印：《余庆县志》，镇远县印刷厂承印，1985年，第120页。
③ 贵州省余庆县地方志编纂委员会编：《余庆县志》，贵州人民出版社1992年版，第367页。
④ 贵州省余庆县地方志编纂委员会编：《余庆县志》，贵州人民出版社1992年版，第369页。

口而耕，妇人度身而织，暇则挟刀操筍，以渔猎为业"。①

1938 年余庆全县有耕牛 7382 头，马 351 匹，山羊 696 只，猪 9045 头，鸡 17053 只。1950—1952 年，牲畜私有私养。养殖业的不断发展保障了劳动生产的需要，改善了人们的生活水平，增加了农民的经济收入。

（四）手工业

1. 陶器

《余庆县工业志》记载：松烟屯山碗厂，在松烟二龙屯山一带，始于苗子洞，做过两代人，故名"老碗厂"，迄今 300 多年，主要生产白陶碗、钵、坛、罐、灯台等。老碗厂一带先后建陶瓷厂大小 8 个，后主要生产日用品：罐、碗、盘、碟、烟筒和烟管等。

2. 编织器

松烟盛产竹子，有荆竹、慈竹、斑竹、苦竹、水竹等。因竹直、长、空，便用竹竿晾晒衣服等；以一竹节为单位，上空下有底，用来盛水或盛酒；制作吹火用具，等等。因苦竹枝多叶密，常用来打扫房屋高处的阳尘、蜘蛛网等。荆竹、慈竹、斑竹、苦竹、水竹的节长，有较强的韧性，划破划薄，编织生活用品。竹编艺人，俗称蔑匠，根据所需，可编制不同的产品。如晒稻谷、玉米、荞麦等农作物的晒席，装盛东西的背篼、包篼、油篓子、提篮、簸箕、箩筐、针线篓等，取暖的灰笼，遮雨避阳的斗笠，过滤筛选的炭筛、米筛、箩筛等，煮饭的筲箕、茅盖，休闲时坐的竹椅、竹凳，等等。

《余庆县工业志》记载，1951 年，余庆县与黄平、施秉县签订供销合同，成交竹席 5000 床，为松烟人民带来不菲的经济收入。

3. 布匹

明朝时期松烟就开始种植棉花。《余庆县工业志》记载：清代初期，余庆就有了土布，就近出售，但不能自足。民国元年（1912 年），创年产土布 10 万匹的历史最高产量。土布，又叫老粗布，是上千年来劳动人民世代沿用的一种手工织布工艺织出来的布。选用全优棉花为原料，纯手工制作，用脚踏木制织布机加工而成。但制作工序较复杂，从采棉纺线到上机织布，要经过大小七十八道工序，其中主要有十五道工序：轧花、弹花、整棉絮条、纺线、打线、染线、落线、整花型、整经做纬、闯杼、掏综、栓机、织布、

---

① 贵州省余庆县地方志编纂委员会编：《余庆县志》，贵州人民出版社 1992 年版，第 407 页。

了机、修布，一件成品才算完工。

随着布匹的出现，印染业也逐渐兴起。《余庆县工业志》记载：印染业分布于余庆城关、松烟、敖溪、龙溪几个场镇，以城关、松烟较为发达。松烟有李洪太、饶子云培养徒弟 10 余人，分布松烟、觉林、友礼。李洪太染师继承的民族蜡染手工艺，迄今 140 余年。尔后，松烟街上的娄必昌开办染房，生意经久不衰。

劳动推动生产的向前发展，"耕"促进先民的文明进步。人们在物质上得到了满足，在精神上就有了新的追求。

二、读

《余庆县志》"民族源流"中记载：余庆原为濮人之地，秦汉时苗民自武陵迁来，先与濮人杂居，后为主体。"读"无史料记录。

1985 年版《余庆县志》"苗蛮"一节里记载："余庆未设土官以前，苗民所在皆是。按《黔书》《通志》所载苗三十余种，今考余庆所居之苗，有五种焉，《蒋志》（为知州蒋瓒所修）记载：西苗、花苗、黑苗、水仡佬（仡佬族）和佯僙（毛南族）"[1]。在明朝及其之前，可能是东部方言、中部方言和西部方言苗族的交集地带。

唐乾符三年（876 年），毛巴住领余庆司后，毛氏成为居住在余庆司最早的汉族。至"平播"时，只有少数富人才能接受文化和教育，土民是没有条件入塾就读的。

明朝初年，朱元璋从"大一统"[2] 战略格局出发，着眼于统一云贵，巩固边疆，采取文武相济策略，一方面，对云贵地区元朝残余势力进行坚决军事打击；另一方面，对众多土司政权施行安抚、拉拢政策。洪武二年（1369 年）朱元璋提出土司治理方略，其中一大措施是加强文化教化，朱元璋提出"朕惟治国以教化为先，教化以学校为本"的基本国策，强调："移风善俗，礼之为本；敷训导民，教之为先"，"广教化，变土俗，使之同于中原"。命令各级官员立即在贵州兴办教育，建立学校，推广儒家文化。朱元璋谕令："今尔既还，当谕诸酋长，凡有子弟皆令入国学受业，使知君臣父子之道，礼乐教化之事，他日学成而归，可以变土俗于中国，岂不美哉！"贵州土司子弟入国学就学，此后成为各级土司的制度，即未入国子监就学卒业者，不

---

① 贵州省余庆县档案局（馆）翻印：《余庆县志》，镇远县印刷厂承印，1985 年，第 281 页。
② 张明：《土司文化峰会·中国敖溪》，团结出版社，2018 年，第 17~20 页。

得世袭土司之职。

雍正二年（1724 年），清王朝为了加强对西南一些少数民族聚居地区的统治，决定实行"改土归流"的政治改革。不少土司掀起叛乱。朝廷为平定土司反叛，追杀驱逐少数民族苗人，再把汉族人从江西、湖南、四川等地动员来贵州。《重修余庆学宫碑记》凡例说："黔之余庆，古播羁縻地……苗民从杂，产薄而户贫……"①《余庆县志》有述："余邑风土稍同于蜀，亦无异于全黔。"② 在汉族民间文化与少数民族文化之间，形成了似汉似苗、非汉非苗、又汉又苗的民间文化，但还是以汉族民间文化为主流。这些民间文化中，有四川汉族民间文化的特点，有湘楚地区民间文化的内容，有黔地原生文化的根基。这种文化主要集中在民间交流的方言土语、饮食习惯、拜神祭祖、生产劳作、集社交友、婚丧嫁娶等礼俗中。譬如，方言土语里面，有一些半苗半汉的语词，余庆方言"革腻"应是苗语"ghod nqid"的音译，专指身上生成的污垢，还引申为"油水""膏脂"。又如，民间事神的法事里，一些苗汉礼俗里夹杂着其相应的内容，名为"送菩萨"的"替死（土司民风民俗民情方术打替身）"；名为"冲傩"的"还愿"；给孩子"祛骇"的"泼水饭"等。

从明朝万历二十九年（1601 年）至 1949 年 11 月 12 日余庆解放，当知县者 175 人次，历史文化名人袁尚纪、蒋深就是余庆教育的拓荒者之一。还有韩任甫、孙炜、詹官、黎大柄、周叙彝、徐国瑜、陈铭典、徐奠欧等知县都给余庆教育做出了一定的贡献。

袁尚纪在余庆任知县期间做了三件大事：一修筑城池，保境安民；二筑堰兴渠，长久地使数千亩粮田旱涝保收；三上任的第三年（1603 年），慷慨解囊，捐俸修建学宫，兴办教育，这成为余庆县传授文祀礼乐的发端。

清康熙五十二年（1713 年），蒋深任余庆知县，目睹余庆文化落后，第二年倡捐修复学宫。还做出规定，在城义学之外，凡乡村场集，人烟辐辏适中之地，寺观神庙，设立社学。无论汉苗子弟俱入读书。其塾师馆谷，地方官捐俸，报明督抚，更加意作养，以兴文教，设法捐资镌刻五经全注、三传、周礼、孝经、小学、通鉴数十部。

清朝至民国初年，不少百姓居家设馆，私塾普遍。私塾是没有正规教室的，均设在乡村人居较集中的村寨、家堂屋或祠堂或庙宇里。私塾有以下三种办学形式：由数家人发起，集资聘请教师，选择堂屋、祠堂或庙宇为学习

---

① 麻勇斌：《土司文化峰会·中国敖溪》，团结出版社 2018 年，第 4~6 页。
② 麻勇斌：《土司文化峰会·中国敖溪》，团结出版社 2018 年，第 4~6 页。

场所，称散馆；一家单独或一族动用家族公款聘请教师教授自家子弟，叫家私；私塾教师在家或村寨借地设馆，学生自行入学，叫坐馆。学生入馆后，须烧香焚烛，一拜孔子，二拜塾师，师生关系自此确立，若触犯学规，受下跪等体罚。学生以识字为主，兼习毛笔书法，诵读《三字经》《百家姓》《增广贤文》等。

乾隆五十三年（1788年），詹官上任知县，倡导在县城建他山书院，在他山附近建柳湖书院，柳湖书院即现在松烟小学的前身。民国前，松烟镇本土教育场所，文史资料记载，唯有"柳湖书院"。

中华人民共和国成立初期，松烟镇私塾与民校并存，各乡村办起了民办和公办学校，盖了新校舍，村里适龄孩童，都能进学校读书。大山里的山民慢慢察觉到上学的孩子与没上学孩子有很大的区别，还看到很多读过书的孩子找到了满意的工作，山民的思想逐渐发生改变，暗下送孩子上学的决心。慢慢地，重视教育的思想，在山民心灵深处生根发芽。不管家庭光景有多艰难，也要供养孩子坚持求学，家长认为，孩子可以通过求学改变命运。

据了解，清朝至民国初年，本区域的大家族、大村寨均设有私塾。如三字坝毛氏私塾、毛羽丰团学（有文化、有经济实力、德高望重者组织办学校，并任塾师）。觉林马家寨马氏私塾，马炳清团学，聘张志祥（四川人）为塾师。觉林寺私塾，聘黄云亨为塾师，后徐守信团学，开办私塾于安村。觉林小水王氏私塾，王维栋任塾师。新台的龙洞私塾，聘周之德（四川人）为塾师。新台财谢坝（又名财消坝，现名财兴）私塾，聘皮先生任塾师。中乐的关家寨私塾，聘毛应堂任塾师。中乐的银上私塾，聘郑阶平任塾师。藏宝寨张氏祠堂私塾，张本模、张本贤团学并任塾师。老二龙老庙私塾，曾聘张锡光、万良诚、万良贤为塾师。还有松烟川主庙私塾、松烟中街私塾、三合场毛氏书院、响水寺私塾等。

毛异森老先生讲述：三字坝毛氏宗族非常重视教育。民国前曾在学堂堡、书房坡两地开办私塾，教化毛氏子孙。明清时期，私塾较少，学费较贵，入塾者少，有钱家庭子女才能入塾就读。

我七岁（民国18年，1929年）入私塾，塾师毛羽丰（堂伯，清末秀才，曾在湖南神州做过官）居家设馆，向外（田家寨等周边）招生，学生十多人，每年学费六担谷子，自带学习桌椅，学习《三字经》《百家姓》《千字文》《论语》《幼学》等，每天塾师教读，如："人之初，性本善。性相近，习相远。苟不教，性乃迁。教之道，贵以专。昔孟母，择邻处。子不学，断机杼。窦燕山，有义方。教五子，名俱扬。养不教，父之过。教不严，师之惰。子不学，非所宜。幼不学，老何为……"并逐字讲解其意，次日必须背诵。除此之外，还要学习书法。后由毛伯瑞续教私塾，1947 年转入新学（国立学校），学制六年，乡村开办短期学校（学制四年）。

韩自贵老师回忆：1944 年，自带书桌方凳入塾于响水寺，塾师先后有周之德、殷仕海先生，学费为大米一斗，还有油、盐、茶、辣椒等。随后转为国立学校，学生逐渐增多。其间私塾与国立学校并存，学习《三字经》《百家姓》《论语》和《国学》等。其间培养有袁明道、韩自贵等优秀学生。

苏正一老师介绍：我是 1946 年入私塾，蒲村苏氏居家设馆，苏吉仁、苏吉安团学，先后聘塾师毛羽丰、汪先生、王万忠，学生十余人，主要是苏氏子女及姻亲子女，每年学费一担谷子。

黄佩礼老师讲述：我是民国 35 年（1946 年）入私塾，就读于松烟川主庙私馆，塾师先后有谭云丰、陈光华、任明光（四川人），学费由油、盐、柴、米、布匹等充抵。学习内容有《三字经》《四书》《杂文》等，后私塾迁至高石尖，继续读《诗经》《易经》。黄老师还讲到毛廷涣在松烟中街（今中国农业银行对面处）居家设馆，聘刘泽之为塾师；毛以云居家设馆（现镇政府广场处），聘王明光为塾师。其间学业有成者王德佩（曾任余庆县组织部部长）、毛依（诗人）、林世贤（曾任余庆县教育局局长）、陆德昌（余庆中学高级教师），还有黄明先、钟宝林、张明德等优秀学生。

马家寨马昌元老先生介绍：马氏宗族对子女的教育一直很重视，早在明清时期，马氏就居家设馆教育马氏子孙。后经战乱，清朝中期，马氏第一位秀才马开风修复祠堂，教育子孙后代。

我是民国 29 年（1940 年）入私塾，堂公马炳清聘张志祥（四川逃难学者）为塾师，私塾办于马氏祠堂，入塾者马氏子孙及邻村寨子女，学费谷子六斗。学习内容有《三字经》《百家姓》《天地物》《论语》《孟子》《大学》《中庸》等。

1940 年 1 月，浙江大学西迁湄潭，湄潭县立初中与浙大附中合并为国立浙大附属中学。曾就读于国立浙大附属中学的有陈福孝（教师）、罗兴模（教师）、韩贞祥、王永祥、李纪明等优秀学生。

三、"耕读"成就

（一）他山"耕读"成就

1650 年，明末清初四川巡按、著名学者钱邦芑，隐居松烟蒲村，买下了蒲村右侧的小山及山下的百余亩土地。带领随从白天建茅屋，筑湖堤，垦荒地，种庄稼；夜晚研《易经》，阅古籍，撰诗文。钱邦芑隐居蒲村的消息一经传出，四方隐者纷纷前来投奔，大家一起耕种劳作，一起探幽揽胜，谈古论今，把酒话诗。他与门人开设学馆，招收当地弟子，常常居无闲室，还接纳百里之外的不少青少年，仅白泥草坪的杨世茂、杨先茂兄弟就先后将七个孩子送到蒲村拜他为师；更有千里之外慕名而来的傅尔元、刘斯汇、杜鼎黄、许振露、李花荣等人，本地山民争相前来拜师求学。主要学习内容有《三字经》《千字文》、"四书"（《论语》《大学》《中庸》《孟子》）、"五经"（《诗经》《尚书》《易经》《礼记》《春秋》）之类，或练字或作文。每天除了与随从、门人、弟子、山民读诗书，练书法外，还必须参加耕种，接受劳动技能培训。他们一边耕一边读，掌握耕种技能，总结耕种方法和劳动经验，劳逸结合。钱邦芑在他山生活期间，留下了《他山·易诗》（二十四卷）、《他山赋》《诗话》《随笔》《长歌答友人》《蒲村归田》《蒲村老农》等大量诗文。钱先生开馆办学，开启了松烟教育的先河，为松烟日后的文化教育发展起到了重要的作用。

乾隆五十三年（1788年），余庆知县詹官为继承发扬钱邦芑在他山勤谨治学和乐于传道授业的传统，分别在他山脚下和余庆县城开办了柳湖、他山两个书院。那个年代是没有专职教师的，也没有专职读书的学子，师生都承担着"耕"和"读"的任务。两书院230多年教育的学子，对余庆的经济建设和社会发展起到了巨大的作用，对周边地区起到了不可估量的影响。

人们常言："余庆文化在江北。"此美名是先民得益于土司文化和他山文化的熏陶，黔北沙滩文化的陶冶，浙江大学西迁湄潭的感染的影响。他们遵循"忠、孝、仁、爱"的传统，以农为本，勤俭持家，辛勤耕作，刻苦学习，无论耕作多么繁忙，也动摇不了他们读书的意志。松烟又以毛、张、马姓居多，人才济济，也最为有名，在松烟形成了三姓耕读并立之势，为不断地发扬光大本族的家风、族训，扩大本族对外的影响力，由三大家族前辈的功名成就可知当时读书的浓厚氛围。

（二）毛氏"耕读"成就

松烟居住者毛氏居首，毛氏子孙世袭于余庆土司，在此繁衍生息。

民国前有语曰："三字坝的鼎子"，意思是三字坝戴鼎子（当官者）的人多。据《余庆县志》《余庆毛氏文史资料》《毛氏墓碑碑文》等各种文献统计，清朝有功名者达百余人。

1. 进士 3 人

毛邑，原名毛之邑，字万候，毛邑自幼聪明过人，天赋极高，在平越县学读书，博闻强识，尤善诗文。康熙五十三年（1714 年）甲午科乡试举人。雍正五年（1727 年）丁未科殿试中三甲九十在名进士。雍正十三年（1735 年）至乾隆八年（1743 年）任山东章丘县令，有政声，后升云南楚雄府知府。

毛有信，字心一，号循之。嘉庆十四年（1809 年）清仁宗五旬己巳恩科进士，三甲六十九名。广西天河县知县，陕西米脂县知县。陕西《石泉县志校注》记载："毛有信，贵州进士，性慈祥，常出劝农，携赏物以奖农夫之勤。民或讼，则曰：'乐辈须凭天理良心，勿相争'。因书'天理良心'四字县于二堂。时道光三年癸未也。"[1]

毛有猷，字壮其，号观鸿，一字念庵，出生于松烟三字坝。嘉庆二十一年丙子科（1816 年）举人，嘉庆二十五年（1820 年）庚辰科三甲二十一名进士。道光三年（1823 年）至道光九年（1829 年），任陕西兴平县知县，陕西神木县知县，陕西泾阳县知县。他办事果断，廉洁自律，甘于清贫，深得当地绅民爱戴。道光十三年（1833 年）在泾阳知县任上去世，竟一贫如洗，无钱返乡，当地绅民自发筹集资金，他的灵柩才得以返回家乡余庆。《泾阳县志》记载："毛有猷，余庆进士，性敏果断，廉静自守，尊贤礼士。殁之日清贫如寒，素绅民醵金助赙，柩始还乡。"[2]

2. 举人 7 人

毛之燕，乾隆十五年（1750 年）庚午经魁。乾隆四十三年（1778 年）至乾隆四十七年（1782 年）任广东省阳山县知县，任职期间，用慈爱之心治理百姓，对待他们如同亲人，深得百姓爱戴。末代榜眼朱汝珍在《阳江县志》中给予很高的评价："毛之燕，贵州余庆人，乾隆四十三年以举人知县事，慈爱治民，节俭持己，听讼不事刑求，惟反复劝谕，使两造感悟，乃有被其教诚至泣涕失声者。岁终封篆日，凡未结签票悉销之，俾胥役不敢舞弊。平居服食粗粝自甘待民如子弟，民至今思之。"[3]

---

① 贵州省社会科学院，余庆县敖溪镇人民政府：《"土司文化峰会·中国敖溪"论坛论文集》，团结出版社，2017 年，第 318 页。

② 贵州省社会科学院，余庆县敖溪镇人民政府：《"土司文化峰会·中国敖溪"论坛论文集》，团结出版社，2017 年，第 319 页。

③ 贵州省社会科学院，余庆县敖溪镇人民政府：《"土司文化峰会·中国敖溪"论坛论文集》，团结出版社，2017 年，第 321 页。

毛缙，乾隆十八年（1753 年）癸酉科，亚元。

毛凤产，乾隆三十年（1765 年）乙酉科。

毛冠群，乾隆四十九年（1784 年）甲辰恩科，江西东乡知县。

毛有谟，嘉庆十二年（1807 年）丁卯科，第四名定番州学正。

毛凌遴，嘉庆十八年（1813 年）癸酉科，玉屏县训导。

毛肇开，光绪八年（1882 年）壬午科，第四十八名。签四川直隶分州州官、省溪（今铜仁万山）县长。民国 16 年（1927 年）参与编写《余庆县志》，等等。

（三）马氏"耕读"成就

马氏族人居住在位于余庆、湄潭、凤冈三县交界处的觉林村龙坪和穴塘两个村寨，距他山七八公里。马家寨背靠一小山丘，方圆两平方公里左右。因驻扎于此的马姓居多，当地人称马家寨。马氏家族特别重视教育。马开凤是马氏家族的第一位秀才，马开凤把两个儿子马琼林、马瑞林培养成秀才。因战乱，马瑞林到四川习武近十年，回到贵州后在省里考中武举。战乱结束后，马开凤带着两个儿子回到马家寨修复祠堂，团学教化马家子孙。马琼林的一个儿子和孙子也先后考中秀才，马瑞林的一个儿子考中秀才。

马瑞林的三儿子马运德极富传奇色彩。马运德出生于清光绪八年（1882年），时人称之"小三爷"。他三岁丧父，十岁丧母，十一岁背井离乡，转投湄潭县永兴场胞姐门下打工度日。他天资聪颖，精打细算，两砣棉纱创家业；勤劳俭朴，一双草鞋奔市场。十五岁回到家乡后，承祖志，设绛帐，呕心沥血为桑梓育才；继传统，乐善施，殚精竭虑扬善良家风。马运德尊师重教，复建了马家寨私塾，可容纳学子二十余人，延聘良师教诲自家儿女和乡邻子弟，贫困子弟免费入学。他对子女要求十分严格，告诫他们万恶淫为首，百祸赌为先；施惠勿念，受恩莫忘；居家戒争讼，处事慎多言。20 世纪 30 年代，其长子马光炯毕业遵义旧制三中，次子马光灿就读贵阳土木工程学校；20 世纪 40 年代，三子马光灼、四子马光煌均以优异成绩考入国立浙江大学。

马氏家族从十一代"光"字辈开始人才辈出。在国内成就最大的要数马光煌、马费城。在他两人的引领和鼓舞下，涌现出园艺研究员、戏剧作家、空军上校、高级工程师、教授、高级检疫师、高级茶艺师、高级经济师、记者、注册会计师等人才。已登记在册博士 8 人，硕士 9 人，11 人留学美国，3 人留学英国，1 人留学法国。由此马家寨被外界誉为"博士寨"。

马家寨有尊师重教的传统，"博士寨"有重视教育和家风的美德。这种耕读文化根植于寨，潜移默化地影响着马氏后代及毗村邻寨，因此，"博士寨"名声远扬。

（四）张氏"耕读"成就

张氏始祖落居藏宝寨 400 余年。藏宝寨土地平旷肥沃，阳光雨水充足，是松烟有名的鱼米之乡。张氏世代勤耕苦读，安居乐业，繁衍后代。民国前后，藏宝寨考取功名、享用国家俸禄的文人较多，政府在此立了不少闸子。据张氏族谱统计，从清朝康熙年代的五世祖思载公伊始，至第十二世"锡"字辈止，八代人中共有举人四名，邑廪生八名，国子监太学生、国学生各二名，贡生、邑增生各五名，邑庠生二十六名，邑武生三名，总计四十八人得到学位，近百人取得文林郎、修职郎和登仕郎名位。

1. 张氏代表人物

张象乾，嘉庆十八年（1813 年）中癸酉科举人，进京参加殿试，中二甲第 80 名进士。曾任云南禄丰、乐次、南宁等县知县，鹤庆州知州。清代毛玉成等纂修的《南宁县志》，把张象乾列为名宦，说："字果囿，贵州余庆人，进士。道光初权知县事。持己廉洁公恕，案无剩牍，狱无怨民。以父忧去官，去之日士民奔走泣送者绵三十余里。至今称之曰张青天云。"

张觐光，字秋展，国子监太学生，二十岁时由国子监太学生中乾隆丙午科亚元，获第二名。

张拟芳，字素芬，生于康熙庚辰（1700 年）七月二十八日，恩科①举人，浙江龙头场盐大使，历任余姚上党、定海等县知县。

张集庭，名习，生于雍正癸丑（1733 年）十二月二十七日。十三岁应童子试，二十八岁中乾隆恩科举人，任广西临川、荔浦、永康等县知县，署宾州知州，升任左州知州，由左州署镇安府知府，以军务办理粮台卓异，钦赐花翎，升任泗城府知府，未到任而殁于镇安府署，时为乾隆己酉（1789 年）七月二十一日。敕授奉直大夫，例授朝议大夫。

张象恒，字一亭，生于乾隆癸丑（1793 年）三月初八，是道光乙酉（1825 年）科拔贡，到北京读太学，改名张象衡，三十三岁时在京城参加科考，中道光戊子（1828 年）科举人，钦取为内庭景山满汉教习官。教习数

---

① 恩科，顾名思义，是于常规科举考试之外，因皇家开恩而举行的考试。恩科首开于宋代，当时对于屡试不第又有些才能的考生，允许他们在皇帝策试时，报名参加附试。不过恩科并不经常举行，比如，中国于 1904 年所举行的最后一次科举考试，便是因为当年慈禧太后过七十大寿所开的恩科。

年，甚有功德，道光帝亲赐黄旗四面、黄伞四柄、高脚牌四块、写有"顺天举人满汉教习"八个大篆字的金书匾一块。该匾悬挂在藏宝寨张家宗祠，那时，凡族人大小喜事，均以黄旗开道，气象自是非同一般。金匾直挂到1958年才被毁。张象衡卒于道光十二年（1832年）二月十四日。

2. 粽蘸墨香

民间流传着张氏粽蘸墨香的动人读书故事。张如珪，友礼藏宝寨瓦房子人氏。乾隆年间国子监生，年幼时厌学，识丁无几，成年憨厚勤耕数载。

不惑之年，张如珪亲戚毛氏操办喜事，张如珪准备送银贺喜，苦于不能书写，求伯父，伯父以挑谷到高枧碾米代换，碾米回来，伯父以饭后书写推诿，饭后，伯父又叫如珪劈完柴后再来取，如珪无奈，只得服从。张如珪拿着礼书一路思考，出力求人无妨，但受人摆弄，晦气！下力下贱，非读书不可。如珪归家，将其事其志告诉母亲，母亲说："儿既如此，母等竭力支持，卖田卖屋不惜。"就这样，张如珪读于任先生门下，食宿于一田相隔的宗族祠堂，从不返家，发愤攻读，如此三载。次年端午，妻送粽来，张如珪边读边食，盘墨蘸干，满嘴墨迹，盘碟中豆面如旧，丝毫未动，妻返见惊，张如珪恍悟大笑曰："豆面香，墨也香，攻书食墨墨更香。"

张如珪43岁之年，赴越州（今福泉市）应考，中庠生。人近老年，三载专一，愤读苦攻，名列清儒林，如珪的毅力、精神值得青少年学习。以上人物是耕读的产物，是耕读的代表，更是耕读的传承者。

耕读孕育了众多的人才。我们应当继承和发扬古人耕读的精神，"耕以养身，读以明道"，保持终身学习的习惯，做有知识有情怀的现代公民。

（根据《张氏族谱》整理）

第三节　民间习俗

一、婚俗

（一）婚俗名词

中华人民共和国成立前，松烟封建婚俗重在"明媒正娶，门当户对"，遵从"父母之命，媒妁之言"，严格遵循周公六礼，三书礼节程序。

"三书"是结婚过程中所用的文书，是古时保障婚姻的有效文字记录。分别指：

聘书：定亲之文书。在纳吉（男女订婚）时，男方家交予女方家之书柬。

礼书：在过大礼时所用的文书，礼书内详细列明过礼的种类和数量。

迎书：迎娶新娘之文书。是迎接新娘过门时，男方送给女方的文书。

"六礼"是结婚过程的六个礼节程序，分别指：

纳采：古代汉族婚姻风俗，即男方家长请媒人向相中的女家送彩礼求婚。得到应允后，再请媒妁正式向女方家纳"采择之礼"。

问名：在女方家长接纳求婚后，男方的媒人问女方的名字、生辰。女方家长将女儿的年庚八字书写，媒人带返男家。

纳吉：男家收到庚帖后，便会将庚帖置于神龛前或祖先案上请示吉凶，判断双方年庚八字相生、相冲或相克情况。当求知双方并没有相冲相克之征象后，方可进入下一程序。

纳征：又称过大礼，男家把聘书、礼书和聘礼送到女家。

请期：又称乞日，男家择定结婚的良辰吉日，并征求女家的同意。

亲迎：又称迎亲，在结婚吉日，穿着礼服的新郎与媒人、亲友亲自前往女家迎娶新娘。新郎到女家神龛前行拜大礼，之后提前回到家门外迎候。

（二）婚俗流程

中华人民共和国成立后，提倡"自由恋爱，婚姻自主"，反对包办婚姻，礼俗一般有"说媒""放话""插香""开庚""过礼"和"迎娶"等程序。

1. 说媒

说媒是自古代流传下来的一种民俗，到今天依然在一些地方存在。封建社会曾有这样的俗语："男女授受不亲"，强调的就是"天上无云不下雨，地上无媒不成亲"。男女双方若要"结丝罗""谐秦晋""通二姓之好"，一般都要经人从中说合，这种说合，就叫"说媒"。新中国成立之后，"说媒"曾一度改称为"做介绍"，做这种工作的人，人们通常称为"月老"，俗称"媒人"，后来改称为"介绍人"，称女性媒人为"媒婆"。凡子女到了婚嫁年龄，一般由男家请媒提亲，男家相中某家女子，便请亲朋好友中与女家父母兄嫂熟悉的人或专请上门提亲的人做媒人。男方备糖、酒或茶等礼物到媒人家，请她为男方相某家闺女为偶，或撮合男方看中的某家闺女，叫"请媒"。

　　"月老"是"月下老人"的简称。关于月下老人流传着这样一个故事。古代有个叫韦固的读书人，夜行经过宋城，碰上一位老人靠着一个大口袋，坐在路边休息，在月光下翻看一本书。韦固很好奇，问老人看的是什么书。老人回答说，这本书是天下人的婚姻簿，韦固又问老人那大口袋里装的什么，老人告诉他："口袋里装着红绳，是用来系男女的脚的，只要把一男一女的脚系在一根红绳上，他们就会结成夫妇，即使远隔千里之外。"这就是我们所说的"千里姻缘一线牵"的由来。

　　"红娘"是媒人的另一个雅称，在唐代元稹的《莺莺传》中，塑造了一个聪明活泼的婢女红娘的形象。她巧设计谋，最终撮合成张生与莺莺小姐的婚事。在元代王实甫根据这个故事写成的《西厢记》中，我们发现其中的红娘被塑造得更加聪明可爱。后来，人们便以"红娘"代称媒人，这一称呼明显能够感受到人们对媒人的重视和友好。

　　媒人在说成一桩媒后，可以得到一些钱财，这些钱财被称为"谢媒礼"，通常用红包包好，称为"红包"或"包封"，这笔钱一般由男方支付。在成亲的前一天，这笔钱和送给媒人的谢礼，比如鞋袜、布料、鸡等物品，一起送到媒人家。媒人在第二天就要去引导接亲，这就是我们通常所说的"圆媒"或"启媒""发媒"。

　　在旧式婚礼中，在男女两家对婚事取得基本一致的意见之后，媒人要引导男方去相亲，代双方送换庚帖，带领男方过礼订婚，选择成亲吉日，引导男方接亲，协办拜堂成亲事宜。

　　媒人的作用就是在男女双方间跑腿、联络、协调、撮合结婚，直到"新人进了洞房"，才把"媒人抛过墙"。

　　2. 放话
　　男方请媒人求某家第几女为第几子之偶，媒人将此意转告女家，叫放话。女家无异议，则回告男方可以择日看人了。

　　3. 看人
　　媒人安排聚集地，择日约男女双方和双方的直系亲属在某家，或赶集时在某地远望对方。双方无异议，女方择日看家。

　　4. 看家
　　择好吉日，媒人带女方赴男家，叫看家。并在男家共餐，女方出走时，男方给女家打发钱，一般给媒人再给女方。如果不接受打发钱，表示看不起这个家，或看不起所居住的地方等，不同意这桩婚事；如果女方接受打发钱，则表示无异议。

5. 打信茶

男家备白糖、茶、酒等礼品双份，由媒人送到女方家，打听女方家信息，称打信茶，收到打信茶后媒人再回告男方女方家的信息。

6. 三封书

三封书俗称"书子"，有"头封书""二封书""三封书"之说。

一封书又名攀书或称头封书：男家备布匹、糖果、酒、面条、肉等礼物，由媒人带往女家。

二封书又名"恩书"，其礼仪与一封书相同。

三封书又称"允书""榨书""插香"或订婚。榨书较为庄重，男家必备礼品有：大小红烛各一对，香二炷，鞭炮两圈，红纸钱两帖，猪膀一对，荤素若干，衣料等。分装几架彩盒（抬盒），由媒人带领帮忙的"力夫"抬至女家。女家堂屋设香案。点烛、烧香、烧纸、燃爆竹，男家在案前跪拜天地、祖宗、父母、长辈，并改口叫女家父母为亲娘（岳母）、亲爷（岳父）。女孩给男方父母敬茶，改口叫爸爸、妈妈。礼毕，爸爸、妈妈给茶钱（红钱），也给前往者敬茶。前往者吃饭后返回。女家回礼主要有针绣、鞋袜，文房四宝一套，泡粑、米花等，如此的礼仪即为正式订婚或称"下定书"。从此，女家准备木料，打家具，陆续筹办嫁妆。

7. 开庚

开庚，又称"讨庚"。开庚就是了解男女双方的出生年月日时（生辰八字），男方择定吉日，准备礼品，庚书一封，上题"鸾凤和鸣"，内有男方生辰于右，托媒人前往女家，向女家索讨待嫁姑娘生辰八字写于左，托媒人带回，叫"开庚"或叫"讨庚"。媒人把男方的生辰八字送到女方，女方的生辰八字送到男方。然后双方把生辰八字放到祖先牌位或佛像前，如果三天内双方家里没有发生盗窃、生病之类的事，就同意婚事。有些迷信的父母会拿着双方的生辰八字，请算命先生推算，看看是否冲突，如果不冲突，就同意婚事，如果冲突就立即回绝。

8. 请期

成婚的日子关系到男女双方一辈子的幸福，必请卜算占星者，根据双方年庚八字，选择吉日，然后报往女家，无异议，婚期遂定，这一程序也叫"请期""看期"或"择期"。

9. 过礼

迎娶新娘的前一日，男家备猪一头，酒两瓶，衣服 6 至 12 套，毛巾、鞋袜，女方日常用品（五色花线、梳、篦、头绳、手镯、戒指、耳环）等彩礼，抬盒若干，送往女家。

10. 开脸

迎娶新娘前一日下午，男家女主人备红柬一封，上书"谨具素函，敬乞安人整容"，并备肉一块及梳洗用具送至女家。晚上，必请儿女双全的妇女用两根线相互绞合拔除脸上的汗毛，俗称"开脸"。然后梳头或叫"上头"，进行梳妆打扮。

11. 哭嫁

古时候，出嫁的姑娘在出嫁前几天就开始"哭嫁"，到出嫁的前一天，昼夜不眠，由亲朋好友中的姐妹陪同哭嫁。哭的内容有哭祖先、哭爹妈、哭兄嫂、哭姐妹、哭朋友、哭邻居、哭媒人，再哭自己。母亲、姐妹，亲属要陪着一起哭，而且哭得越伤心越好，以示不忘父母的养育之恩。如果出现嫁而不哭，新娘就会被别人嘲笑甚至歧视，被人瞧不起。哭嫁的内容还被编成歌曲，歌的内容一般都是诉说父母养育之恩、兄弟姐妹的深厚情谊和亲朋邻居离别之苦，或者是表达自己对未来生活的一种担心等。哭的形式则是以歌代哭，以哭伴歌。唱词有流传下来的，也有聪明姑娘触景生情的即兴创作。

出嫁的前一天，亲朋乡邻都前来祝贺。这时有一位传话人，高声宣告某位亲朋到，传话人马上进屋告知出嫁姑娘，出嫁姑娘开始哭，传话人又去告知这位亲朋，出嫁姑娘在请你了（哭你了），会哭者会陪哭一段，然后再给哭钱。哭嫁的高潮在出嫁当日。主要表达即将离别父母，离开故里之伤心。以下哭嫁歌由三井坝黄继珍提供。

开声：

损坛子，破炉缸。敲就响，磕就昂。各人的爹妈舍，大声喊来细声应，喊你几声不答应。别人的爹妈舍，细声喊来大声应，喊他几声不答应。

新打剪刀新开剪，女儿开声声又浅。先打镰刀后安钢，女儿开声又怕脏。先打锄头后套笼，女儿开声脸又红。当门有笼金竹林，金鸡开声闹沉沉。女儿开声惊动人，怕的惊动外头人。

哭娘（妈妈）：

新打剪刀新开剪，女儿开声声又浅。当门有个金鸡屏，哪个金鸡离得林。后头有个金鸡山，哪个金鸡离得山。当门有口放鱼塘，哪个女儿离得娘。

正月里来是新年，抓把花籽撒后园。二月里来是春分，去望花秧生没生。三月里来是清明，去望花秧正出林。四月里来是立夏，去望花秧正发叉。五月里来是端阳，红花绿花开起闹热娘。六月里来热忙忙，红花绿花谢了冷淡娘。七月里来谷打泡，别个三弟四兄比谷挑。八月里来谷黄烂，别个三姊四娌比手段。九月里来是重阳，别人三姊四娌比陪娘。十月里来十月半，别人三姊四娌比茶饭。

鸡叫五更天要亮，冤家开声先叫娘。我娘抚我一十八，冤家要走无办法。水有源头树有根，生我抚我是娘亲。天下只有我娘好，娘的恩情比海深。

一上龙门十二台，婆家轿子当门来。父母喊把香烛点，叔娘喊把衣服穿。身穿红衣要离娘，脚穿红鞋瓦阁蹬。婆家轿子要起身，一踏阶檐十二步，步步都是离娘路。一踏龙门十二台，脚上穿的离娘鞋。（出门前哭词）

母亲回哭：

成人要出嫁，妈妈嘱咐几句话：一要孝公婆；二要敬丈夫；三要姊娌多和睦；四要心细贤，茶饭要均匀，火烛要小心，炒菜要洁净；五要起得早，堂前把地扫，贵客来到家，递烟又递茶；六要学裁剪，免得求人不方便，切莫贪玩多，日后穷了靠哪个。

哭爹（爸爸）：

三根杉儿并排栽，铁打门闩我难开。开开门闩就是我，多抚兄弟少抚我。抚我兄弟受田地，抚我冤家讨怄气。

天上无云太阳明，贫家请来讨庚人。客人进来吃了茶，媒劝爹妈把庚发。年庚八字开起去，贫家便把年月定。看好年月定好期，哪管女儿依不依。你把女儿抚出头，女儿起身无人留。自从今日离爹去，女儿婆家兴家业。

哭嬢嬢：

桐子开花爪对爪，嬢嬢有钱打金花。金花打起二钱八，拿给侄女头上插。插到婆家有人看，说是嬢嬢又能干。

哭哥：

十四十五月团圆，喊声哥嫂听妹言：哥哥生的男儿命，万贯家财你受尽，你随父母一平生；妹子生的女子命，妹受福财放宽心，你要尽责孝父母，侄子长大孝你们。

太阳出来喜洋洋，照起哥哥去赶场。哥哥坐在花灯上，问你妹子差哪样，七十二样都不差，只差绫罗配细纱。

一把筷子十二双，兄弟六双我六双，我的六双我不要，拿给兄弟买田庄。

哭嫂：

一碗冷饭梦里争，蜂糖打水口里吞。白天姊妹团圆会，夜晚姊妹点明灯。高点明灯进绣房，嫂在房中把我笑。笑我妹子要离娘，五月六月天气长。嫂在房中歇阴凉，脚上百花来插上。五色鞋底来镶上，妹子还情不再忙。

哭吃酒人（贺喜人）：

水井坎上栽夜蒿，又会写来又会挑。挑的花来花又明，写的字来字考人。一笔写起梁山伯，二笔写起祝英台。男子读书高官做，女子读书有秀才。金盆打水映花台，你算书中女秀才。三从四德记得清，山高二姓记在心。左手拿把漏密梳，梅花镜子正工梳。身穿绫罗四下飘，朵朵梅花现得高。身上穿件荷花绸，绫罗百扣绣两头。新打皮箱包四角，绫罗绸缎几抬盒。一架抬盒深又深，百两银子压当心。前头打的龙凤鼓，二十八宿两边分。一股仙风吹进场，龙凤起起色色清。不是妹子夸奖你，你娘婆二家有名声。

哭帮忙人：

葛藤开花一大串，忙又帮来情又送。父母安排讨桌子，桌子讨起三五张。板凳讨起三五堂，手端茶盆拦油汤。拿回家去嫂嫂洗，嫂嫂会洗又会晾。晾在后院花树上，又会洗来又会折。中间折起人字路，两边折起万字格。

哭裁缝：

白铜烟杆颠打颠，裁缝进屋哥装烟。细亮杯子抹两抹，裁缝进屋哥倒茶。八个盘子九个碗，裁缝吃了就开剪。开头一剪领套领，第二一剪桂花裙。第三一剪抱件粗布来下剪。粗布剪起纱对纱，细布剪起花对花。裁缝师傅手艺高，头上戴把好剪刀。裁缝师傅手艺深，头上戴根绣花针。

哭过礼先生：

过礼先生来得早，来到后头吃青草。知书不知礼，支个叔伯来过礼。知礼不知书，支个叔公大伯来押夫。

哭媒人：

走到半路捡根柴，你丢了又转来。走到龙门捡根线，你又转来把父母劝，父母劝得心欢喜，年庚八字开给你。

猪圈板上绊两绊，想吃人家猪脚杆。猪圈板上缩两缩，想吃人家猪耳朵。

12. 嫁妆（陪娘）

嫁妆是指姑娘出嫁时，从娘家带到丈夫家去的鞋、袜、衣、帽，床上用品，厨房用品和家具等。新中国成立前，松烟镇富裕女家陪嫁全套嫁妆是用木料、竹料各打制一套大小桌子、凳子、柜子、箱子等，一般人家陪嫁半套嫁妆，是用木料或竹料打制的一套家具。

13. 发亲

迎娶之日，男家择四名未婚男青年抬花轿，帮忙者由催亲者（过礼先生）和媒人辰时出发至女家。催亲者先向女家投一红柬，上书"敬乞义方早训"等语，女家摆酒席招待。随后由房族中福寿双全的夫妇（女称福寿婆）点香烛，福寿婆从闺房扶姑娘于神龛前跪下，父母忍泪为女儿解开衣领，意在"改名换姓和改德性"，并教以孝顺公婆，尊敬丈夫，勤俭持家，和睦邻里，乖巧为人等传统美德。再向祖先行礼，向父母泣别，父母封赠，福寿婆牵扶姑娘起，姑娘手握一把筷子，从头顶扔到身后，以示从此自食其力。再由姑娘兄弟背上花轿抬走，称"发亲"。姑娘的亲兄妹或侄男侄女或亲戚朋友陪同前往，陪同者称"送亲客"。

14. 新房布置

新房布置又叫"铺房"，俗称布置房间。婚礼前一日，邀请福寿婆夫妻为新人的洞房进行布置和提前做好铺床准备。次日，迎娶队伍到了男家，速将床上用品送入新房内进行铺床。铺床的过程有叠被、扫床、撒帐等流程。"撒帐"是将花生、桂圆、莲子、枣子等干果铺撒在婚床上，寓意"早生贵子"。在铺床过程中，一边铺，一边说吉祥话，祝福新人平安顺利、幸福如意。如："新房新床接新娘，夫妻恩爱永久长。从此夫妻俩相爱，明年生对状元郎。"或"铺床铺床，儿孙满堂；铺被铺被，荣华富贵。一个枕头四只角，生个娃娃上大学。"新房布置过程拒绝无子女的已婚夫妇帮忙，新房布置好后，以亲信女子看守，不准外人进入房内。

15. 发烛

花轿至男家门前，福寿婆夫妇于堂前，面向祖龛，男右女左，先将一对小烛点燃，然后用燃烧的小烛去点燃大烛。点烛男人念："一张桌子四角方，张郎高下鲁班装。四方雕起云牙瓣，一对金烛插中央。一发天长地久，二发地久天长，三发荣华富贵，四发金玉满堂。自从今日发烛后，荣华富贵大吉昌。"这一程序称作"发烛"。发烛完毕，发烛夫妇进新房点香燃烛，为圆房做准备。

16. 拜堂（周堂）

花轿到男家堂屋门前停下，由福寿婆启轿门，扶出新娘，迎进堂屋，新郎（右）新娘（左）两人站立。新郎新娘在司仪（主持婚礼者）的引导下，举行"拜堂"仪式。司仪："内外肃静，新郎新娘就位，结婚典礼开始，鸣炮，奏乐。"鸣炮奏乐毕，"新郎新娘跪拜天地。跪，一拜天来天至今，叩首，叩首，再叩首，起"。待新郎新娘礼毕，司仪："跪，二拜地来地久长，叩首，叩首，再叩首，起。"待新郎新娘礼毕，司仪："跪，三拜高曾远祖，叩首，叩首，再叩首，起。"后来拜堂等旧的习俗被彻底革除，拜堂礼式改为向毛主席像三鞠躬。20 世纪 80 年代，拜堂仪式简化为，司仪："内外肃静，结婚典礼开始。今天是个好日子，全家老幼喜洋洋，亲朋好友同祝贺，新婚男女来结拜。一拜天地，二拜祖宗，三拜父母和夫妻对拜。"

送新人入洞房，司仪高唱："伏以，乾坤宫天日月光，窈窕淑女放鸳鸯。蓝田种玉成佳偶，红叶题诗配凤凰。今朝两姓结婚后，寿比彭祖八百长。男才女貌亮堂堂，好似梁鸿与孟光。东方一朵红云起，西方一朵祥云开。红祥二云相结彩，云中现出新人来。桃之夭夭配凤凰，之子于归正相当。牛郎织女鹊桥会，夫妻双双入洞房。"

迎接送亲客，男家择懂礼节男女数人，分别迎接女方家送亲者，盛情款待；第二天宴毕，送亲客辞行。20 世纪 80 年代后，婚礼午宴毕，亲客辞别返回。

17. 圆房

提前准备桐子、花生、桂圆、枣子等干果，酒一瓶，酒杯两个，小烛一对等物放在新房内。周堂完毕后，由福寿婆夫妇将新郎新娘引入洞房，常常出现新郎新娘抢入现象，有"谁先入谁当家"之俗。待新郎新娘跨过火盆，进入洞房，男左女右坐于床头（俗称坐床），新娘脱下坐轿衣、踩轿鞋，露出婚服，由福寿婆用木梳在新娘头上梳三下，以示改名、改姓、改德性。福寿公酌酒，由福寿（公）婆分别将酒递给新郎新娘，并说祝福语。

喝了一巡酒，天长地久（待新人交臂饮尽，再倒，依次进行）。

喝了二巡酒，地久天长。

喝了三巡酒，桃园三结义，三星在户。

喝了四巡酒，东西南北中，四方来财。

喝了五巡酒，五子登科，早生贵子中状元。

喝了六巡酒，六和园春，全家和睦万事兴。

喝了七巡酒，七仙共灶，永不分家。

喝了八巡酒，八大发财，八发又大财。

喝了九巡酒，久长又久远，夫妻白头到老。

喝了十巡酒，金玉满堂，全家福禄，万事如意。

或：我请新郎新娘喝杯圆房酒，百年好合到永久。

我请新郎新娘喝杯酒，儿也有来女也有。

我请新郎新娘喝杯酒，金也有来银也有。

我请新郎新娘喝杯酒，恩恩爱爱永相随。

我请新郎新娘喝交杯酒，天长地久，地久天长，荣华富贵，儿孙满堂，夫妻恩爱，永远吉祥。

如果福寿公（婆）想使坏，让新郎新娘多喝几巡，就多说几句吉祥话，一对新人就会醉倒。

18. 赐衣饭碗

在祖龛前，父母用新碗装满米，上放一双筷子（上下部，各箍一道红纸条）。筷子下，各压喜钱若干（数量一般为双数，如四、六、八、九、十、十二，寓意吉祥）。司仪："新郎新娘之父母高堂就座，新郎新娘就位，跪拜父母三叩首：一拜父母生育之痛，叩首，叩首，三叩首；二拜父母养育之恩，叩首，叩首，三叩首；三拜父母成全之美，叩首，叩首，三叩首；四拜父母，孝敬父母一辈子，叩首，叩首，三叩首。"父母待儿子、媳妇跪拜完毕，一边将其扶起，一边赐予衣饭碗，一边赠祝语"百年好合"或"长福长寿"等。

19. 请拜

请拜又叫讨拜，俗称受头，指新郎新娘向前来参加婚礼的亲戚，一般按外祖父母、舅父母、姑父母，或家族及亲友长、平、近、疏顺序行礼。凡参加婚礼、送礼者等接受"受头"必说吉利语，给"拜钱"，这一程序叫"请拜"。

20. 闹新房

闹新房俗称"闹洞房"或"打新房"。为了回避娘家送亲客，打新房均在安顿好送亲客之后进行，新娘进家，有"三天不分老幼"之俗，亲友不论老幼都可闹房。闹房前，新房门紧闭，房中安设二至三张大方桌，周围放好凳子。桌上摆放娘家陪嫁的俗称"新人鲊包"或"新人茶"，有毛栗、葵花籽、花生、核桃、米花、提饺、炒米等。葵花籽、花生都不能炒熟，喻一家和睦，不吵架；吃生的，意思是"要生的"，祝福一对新人早生贵子。闹房者要在外高唱闹房诗（四言八句），如："踏入洞房来，荷花出水开，要看新娘子，都跟我进来。""一进新房抬头望，三亲六戚坐满房；新郎新娘对面坐，富贵荣华万年长。"直到守门人感到满意才开房门。入房后，新郎出面邀请客人说四言八句入席，新郎再向新娘逐一介绍客人，并介绍称呼，每介绍一人，新娘则递上一支烟、一杯茶。客人故意不理，并出一些让新娘难于启齿的话题为难新娘。只有新娘按他们的要求作答了，他们才会抽烟喝茶。闹新房的高潮是新郎新娘表演戏谑性节目，常见的节目有"穿草心""姜太公钓鱼""双龙抢珠""挟泥鳅""水底捞月"等。"穿草心"是用两支大小不同的空心稻草，新郎新娘嘴上各衔一支，新娘坐着，新郎站着，将嘴上的稻草穿进新娘嘴中的稻草，由于闹房者在周围起哄，新娘口衔的稻草不停地抖动，新郎的稻草要穿进去，确是颇费功夫的。闹房环节通常到三更夜静，宾客才散去。

从 20 世纪 90 年代起，闹新房由传统的成亲当夜改到新郎新娘拜堂之前，名为逗乐打趣，实为"整治"新郎新娘。接亲车临近新郎家就被强行拦住，将新郎新娘"劫持"下车，"强令"新郎背或用人力板车拉新娘进屋拜堂。

21. 复席

结婚次日早上，族人、亲朋或邻居一起共餐，称复席。父母带领新婚夫妇向复席的族亲、朋友、邻居敬茶递烟并介绍其称呼。接烟茶者必赠礼钱或礼物，俗称"拿茶钱"或"改口钱"。

22. 回门

婚礼后的第二天，送亲客辞行后。男家要备礼物往女家拜见岳父母、尊亲，俗称"回门"。女家设宴席迎接新姑爷。回门必须是当天去，当日返回。20 世纪 80 年代后，结婚当天便回门。

23. 谢媒

新婚夫妇回门后，男方备"媒鞋""媒膀（猪腿）等礼物"亲自送至媒人家去感谢媒人，俗称"谢媒"。至此，全部程序完成，叫"完婚"。

随着社会的发展进步，人们思想观念的转变，婚姻逐渐发展为自由恋爱，自主婚姻。20 世纪 50 至 60 年代，婚事从简，少收聘金，简办嫁妆，不坐花轿。20 世纪 80 年代，托媒提亲风气逐渐淡化，多为自由恋爱，在临举行婚礼前请男女双方亲朋充当媒人角色，俗称"安媒人"或"安介绍人"，过去媒人的"穿针引线""三回九转"习俗也日益淡化。

24. 改名改姓

新娘过门后，对外一般不用名，则用其夫姓加妇姓，合称某某氏为新娘姓名。如：夫姓王，妇姓杨，称王杨氏。新中国成立后，男女地位逐渐平等，这种称谓被取消，妇女用自己的原姓和名。

25. 耍九

新娘过门的第九天，娘家人来接姑娘回娘家耍九天，俗称"耍九"，第九天新郎亲自接返。新中国成立后，农村还有这种风俗，但不一定是过门第九天才接回娘家耍，回娘家也不一定是耍九天。

26. 做背袋

新媳妇怀孕（俗称有喜）后，母亲来接回娘家做背袋，也做婴儿用的鞋、袜、衣、帽、披风等。做好后，存放在娘家，待到给小孩做满月酒或百日酒时，由娘家人热热闹闹地用抬盒抬到男家。

27. 送茶（俗称送祝米、讨茶、月米酒）

新媳妇生第一胎，在一月内择日或孩子百日时举办庆贺仪式，俗称"办月米酒"。庆贺当日，女方母亲或哥嫂出面，邀请至亲好友，称"约客"。前往女儿家送钱或物祝贺，称吃"月米酒"或"送茶"。

二、建房

住宅是人们的安身之所。中华人民共和国成立前，松烟境内有石砌房、茅草房、土坯房，更多还是木房。修建木房，除请风水先生择吉地外，还有伐木、奠基、排列、立房子、上梁、钉门等重要程序，均要择吉日，举行仪式。重要的仪式必备香烛酒果等祈神庇护，掌墨师和会说祝福吉祥词的客司诵祝福，以求家宅安宁，人丁兴旺，子孙贤达。

（一）木房结构

建房就是修建房子，修建房子还得先从房子的结构说起。木房以排列柱子多少来分，可分为硬三柱、三柱二瓜（不落地的柱子）、五柱四瓜、七柱六瓜、九柱八瓜等；以房子进深来分，可分为一丈五、一丈八、二丈四等；以开间来分，可分为一丈二、一丈四、一丈六等；以房子的格局来分，可分为独栋（四列三间、长五间、长六间）、三合院、四合院；以中柱尺寸来分，可分为一丈六尺八、一丈七尺八、一丈八尺八等，尾数不离八，取"要得发不离八"之意。房子正中的一间称"堂屋"，堂屋两侧称"小二间"，正房两端连接建房叫"偏厦""落敖"或厢房。

（二）起列

起列俗称立房子，即起房列，是建房的第一阶段。起房列的前一天将建房材料排列整齐，将地脚枋（落檐）固定好，待次日鸡叫头次时起列，以确保天亮前立正。起列前，主家备盛宴，掌墨师祭仙（鲁班师傅）后，帮忙者共进盛宴，俗称"吃鲁班饭"。餐毕，掌墨师来到房列前，站在列子的中柱上，手拉黄龙索唱："伏以，日吉时良，天地开张。鲁班到此，大吉大昌。天上金鸡叫，地上雄鸡啼。鲁班来到此，正是主家立柱时。前有文官拉金带，后有武官送检杆。三亲六戚各出力，立起华堂万年长。福祀已毕，立柱大吉，起——"众人齐应："起——"房列便在众人的一齐努力下慢慢直立起来。立起右边，再来到左边，掌墨师站在中柱上，手拉大绳唱："伏以，立起这边立那边，请了文官请武官。文官请来写对子，武官请来立检杆，文官武官齐请到，众亲出力在中间。主家富贵从此起，起——"

中间两列立起后，众亲朋随掌墨师的指挥立两山。掌墨师唱："伏以，立起中堂立两山，出了文官出武官。文官提笔安天下，武官提刀逞英豪。今日立房吉又祥，主家世代状元郎。福祀已毕，上上大吉，起——"众人齐应："起——"立完左列，来到右列旁，待亲友全部进入指定位置后，掌墨师唱："伏以——立起这头立那头，立个走马转角楼。东都府，宰相楼，主家世代出公侯。福祀已毕，上上大吉，起——"在锣鼓和鞭炮声中，四排房列均立起后，亲朋好友及木匠师傅齐心协力，抬的抬，拉的拉，动用大木槌，上好楼辐、檩子和闩子。这时，天色大明，红日初升，正应"紫薇高照"吉言。

（三）上梁

上梁是建房的第二个阶段。房子上的梁，分为大梁和小梁。架在堂屋中柱上的梁，称为大梁。架在厅口（堂屋门前凹进的部分）彩柱（从外往里数的第二棵柱子）上的梁，称为小梁。

房列立好后，众亲友这才将大梁抬到中堂，小梁抬到厅口来，架在木马上。掌墨师负责加工大梁，位居其次者负责加工小梁。大梁中央绘太极图，钉梁心（即用一尺八寸见方红布一块，用小钱四角钉固定），然后在红布正中，即梁心位置，钉上一枚大洋。小梁一头绘佛手，一头绘葫芦，表示"福禄绵远"，并书"福禄寿喜"或"荣华富贵"等字。梁成，主人备香烛纸帛、雄鸡、刀头、酒礼、青布（三尺六）等，桌上放置曲尺、墨斗等，掌墨师祭毕，与主人同饮鸡血酒，意与主人同心求上梁吉利。祭祀毕，开梁口，男主人跪地背对开梁口处，反手牵起后衣襟，掌墨师手执斧头、凿子唱："伏以，斧头凿子拿在手，我给主家开梁口。梁口开起一寸三，主家儿孙做高官。梁口开起一寸五，主家儿孙做知府。梁口开起一寸八，主家儿孙大发达。自从我今开过后，人也发来财也发。"掌墨师边唱边凿，凿出来的木屑跳进男主人的后衣兜里。掌墨师先开大梁，开完一头，再开另一头。梁口开完后，就该上大梁了，上大梁是立房子最为隆重的环节，俗称玩梁。玩梁的一方是女主人的娘家，另一方则是邻居。双方都各挑年轻力壮者，有的负责扛，有的负责接应，有的负责干扰对方。这时掌墨师手拉大绳唱："伏以，一根绳子长又长，好比黄龙来缠梁。左缠三转生贵子，右缠三转状元郎。状元坐在北京城，富贵荣华万万春，福祀已毕，上梁大吉。起——"两边早就铆足劲的抬梁人，随着一声"起"，下顶上拉，攀柱而上，竭尽全力先达顶。同时，鞭炮声声，鼓乐阵阵，气氛达到了极点。

梁安稳后，就进入搭梁、抛梁程序。这一程序有趣的事是听掌墨师与客师说伏事和抢抛梁粑。掌墨师一边点梁一边说福，说完一则，另一端的师傅接唱，两位师傅一边唱，一边把亲友送来的搭梁布展开，从左右两边抛下，搭在檩子和梁上，以增添喜庆气氛。搭梁结束，开始抛梁。两位师傅边唱边把切成一寸见方的粑粑（糍粑）抛撒下来，众亲友纷纷捡拾，以图吉利。

建房过程中由木匠师傅和客师（会说祝福吉祥的人）诵唱的祝福歌，叫建房歌，俗称"说福祀"。

以下建房歌，由中乐村银上组夏煜光先生提供。

1. 登梯说吉
掌墨师

伏以：日吉时良，天地开张。鲁班到此，大吉大昌。天上金鸡叫，地上雄鸡啼。某年某月某日某时到，正是主家上梁时。我的两脚忙忙走，得罪众亲与朋友。我双脚来到华堂内，主家发富又发贵。来到华堂就说起，忙向主人来道喜。恭喜你来，恭喜你，富贵荣华就从今起。心想要把云梯上，又怕说我福祀长。心想不把云梯上，主家请我来抛梁。三根梭罗造架梯，搭在华堂分高低。左边云梯十二步，右边云梯十二梯，夫子温良恭俭让，我今就把这头上。走到云梯脚，就把云梯说。头步云梯搭得雄，说篇文章与《中庸》。二步云梯搭中间，《论语》只有十二篇。三步云梯搭通头，战国孟子会王侯。

始皇大帝镇天下，一统山河得到头。伸手摸柱脚，儿孙世代做台阁。伸手摸头川，儿孙世代做高官。上一步，一品当朝。上两步，双凤朝阳。上三步，三元吉利。上四步，四季发财。上五步，五子登科。上六步，禄位高升。上七步，天上七姊妹。八上神仙吕洞宾。九上知府打黄伞。十上太子坐龙廷。十一二步登上梁，富贵荣华久久长。双腿骑上黄龙背，主家发喜又发贵。乘骏马，须抢头，我今要坐大梁头。先到为师师为美，太白金星坐梁尾。自从我今上梁后，主家儿孙高中举。福祀已毕，上梁大吉。

客师

伏以：远看青山起祥云，近看青山府衙门。我的两脚忙忙走，得罪众亲与朋友。一不慌来二不忙，三跨两步到中堂。走到中堂打一望，两架云梯搭两旁。左边云梯十二步，右边云梯十二双，十二步来十二双。我今要把云梯上。手把云梯摸一摸，问你云梯梭不梭？手把云梯摇两摇，问你云梯牢不牢？手把云梯审一审，问你云梯稳不稳。作揖拱手把罪告，细听愚弟说根生。三亲六戚莫吵闹，听我愚弟把梁抛。三亲六戚请坐到，手扳仙枝摘仙桃。一上一步登科子，好比圣驾坐早朝。十八学士朝圣驾，钦赐排鞭出早朝。二上二步两朵花，金口玉牙把主夸。要问主家姓和名，松柏常青是他家。三上三步三元中，送子娘娘把子送。早送贵子早到此，早点状元在朝中。四上四中四方财，荣华富贵一起来。来到主家大门外，主家拱手接进来。五上五步五子科，五子登科子孙多。天天在朝陪銮坐，细吹细打闹鼓乐。六上六步六合春，主家修屋贵子兴。前面又修逍遥府，后面又修雪花厅。七上七步七子连，紫微高照照得全。问你紫微照好久，要照主家万万年。八上八步八发财，国舅洞宾抬匾来。福禄寿喜写上边，字字行行写得全。九上九步九长运，久长久运点状元。自从状元点过后，桅杆立在大门前。十上十步十上全，文官武官列两边。主家儿孙坐朝堂，天天夜夜陪君王。十一十二掌到川，主家儿孙做高官。十三十四上通梁，五洲四海把名扬。一匹马、玉星求，陪伴师傅坐梁头。尹主捎到师为贵，师傅坐头我坐尾。福祀已毕，上上大吉。

2. 抛梁说福

伏以：一不早来二不迟，正是主家抛梁时。说起抛梁真抛梁，主家修座好华堂。前修双龙来抢宝，后修双凤来朝阳。左有青龙来恭贺，右有白虎镇四方。自从今日抛梁后，荣华富贵永久长。

伏以：太阳出来喜洋洋，要把华堂说明详。中柱造成一丈八，世代儿孙多发达。二柱造成一丈五，世代儿孙做知府。檐柱造成一丈一，世代儿孙点翰林。瓜筒做成三尺三，儿子儿孙做高官。

伏以：华堂高上在抛梁，主家修起好洋房。万丈高楼从地起，发富发贵发吉祥。金马玉堂三学士，状元榜上黄花郎。

伏以：修得华堂正八方，八仙拜寿到中央，又有狮子又有象，又有双凤来朝阳。自从今日抛梁后，荣华富贵与天长。

伏以：坐在梁头举目望，主家立座好华堂。前头立起状元府，后头立起宰相堂。状元府内生贵子，宰相堂内出公王。

伏以：一上梁头看四方，千人百众望团圆。文官犹如包丞相，武官好比杨六郎。脚踏一步青云现，好比王子去求仙，自从今日抛梁后，主家发财万万年。

伏以：太阳出来绿洋洋，照见主家立华堂，远看好似皇宫院，中堂点灯放芒光，照见小姐绣针线，照见相公写文章。大的相公做知府，小的相公坐都堂。

伏以：四根中柱现四方，一张桌子在中央。文武百官齐来贺，员外尚书来搭梁。儿孙满堂合家欢，众亲老幼齐来贺。有朋自远方来，文曲星官来进财。众亲老幼来进宝，儿孙世代做阁老。

伏以：众亲老幼来送布，主家是个大财户。各位尊卑送对联，人发财兴万万年。

伏以：不提修造由之可，提起修造有根生。我今不问别一样，修造根由说我听，自从盘古开天地，何人说起把屋兴？墨斗曲尺谁人制，锛锄斧凿哪人兴？修造高楼并大厦，后代人民乐享成，从头一二说我听，抛梁过后万代兴。

伏以：锣鼓火炮响沉沉，各位先生听原因。盘古开天人穴处，先朝皇帝把屋兴。墨斗曲尺鲁班造，锛锄斧凿鲁班兴，修造高楼并大厦，后代儿孙乐享成。我已从头分清楚，抛梁过后世代兴。

伏以：紫微高照挂高堂，三星在此你莫忙。你是谁家亲弟子，谁人叫你来抛梁？

伏以：凡间火炮闹沉沉，师傅你且听根生。吾非凡间想请我，我是福禄寿三星。鲁班叫我来抛梁，来与主家送金银。前送金银与财帛，后送多子又多孙。三星今日来拱照，富贵荣华万万春。

伏以：鲁班仙人道法高，云端站立把梁抛。福禄寿喜前行路，荣华富贵后来朝。代代为官登金榜，脱去烂衫换紫袍。今日抛梁恭贺后，世代儿孙坐皇朝。

伏以：一进华堂把礼参，抬头就把四下看。一参堂前修造主，二参云中大鲁班，三参师傅墨法好，百般手艺不非凡。

伏以：赐你一个抛梁粑，天下财帛第一家。赐你两个抛梁粑，高中状元与探花。赐你三个抛梁粑，世世代代享荣华。

抛梁结束，轮到男主人接糍粑了。主人跪在中堂地上，反手牵后衣襟，坐在梁上的师傅说福后将一个大糍粑抛入主人的衣襟中，寓意"接宝"。至此，上梁礼成。

（四）钉门

钉门是建房的第三个阶段。经过几年的准备，木结构的房列已干透，主家就对房子进行装修，俗称装房子。装房子是建房的最后一道程序，钉大门是装房子的最后一个工序。

主人择吉日钉门，凌晨于堂屋设香案酒礼，掌墨师祭鲁班后，发锤钉门。钉门时，掌墨师边做法事，边钉门，边说福。钉好门后，即关闭大门，举行开门仪式，俗称开财门。掌墨师在屋内唱："伏以……"门外，由熟悉财门、财神和鲁班规矩的人（称三星）与掌墨师盘根问底，一问一答。问也好，答也罢，图的是吉利、喜庆，并非真要把人难住。最后，众人齐唱："人之初，性本善。我开这扇，你开那扇。"财门大开，钉门礼成。至此，主家华堂才算真正落成。

钉门伏事歌（钉门）

伏以：天上金鸡叫，地下紫鸡啼。一不早，二不迟，正是弟子发锤时。一颗钉子四个棱，我与主家钉财门。左钉一扇金鸡叫，右钉一扇凤凰鸣。自从今日钉过后，人也发来财也兴。钉了左边钉右边，富贵荣华万年春。

伏以：一步一步踏金阶，主家财门还未开。手提黄金银担子，才来为主门开起。一不早二不迟，正是主家钉门时。钉门正遇黄道日，上梁正逢紫微星。自从今日钉门后，富贵荣华万万春。（咚咚咚，开财门，开财门）

开门（内问外答）

伏以：三才者，天地人，门外来的是何人？手提金锤打财门。

伏以：三光者，日月星，门外来的是三星。

伏以：门外来的是三星，我今问你有根生，文曲星君哪一个？财帛星君哪一人？老寿星君甚何字？紫微星君甚何名？几个星君同路走？有请先生说分明。小匠开门迎接你，主家福禄几千春。

伏以：门内师傅问三星，听我从头说分明，文曲星君包文正，财帛星君赵公明。老寿星君白鹤翁，紫微星君太白星。福禄寿喜同一路，快开财门贺主人。

伏以：你是天上文曲星，文曲原来有根生。头戴甚何帽，身穿甚何衣，腰拴甚何带，脚踏甚何靴？

伏以：头戴乌纱帽，身穿紫罗衣。腰拴紫荆带，脚踏粉底靴。

伏以：门外来的财帛星，就向财帛问分明。家住何州并何县，他今姓甚叫何名？一母所生人几个，他的排行第几人？个个习的何样法，又是何时上天庭？你今说来小匠听，果算财帛下凡尘。小匠开门迎接你，主家荣华万万春。

伏以：我今开言说一声，木匠师傅听原因，家住四川峨眉县，我名就叫赵公明。父母所生人一个，无兄无弟独一人。学习福禄据为本，常与主家进金银。仙山传我义法先，商纣三人上天庭。这是财帛星出处，主家富贵万事兴。

伏以：门外来的老寿星，来与主家开财门。又是何时先有你？何时才有你的身？何时山下把道练。何时与你共同名。何时才学长生道？何人封你老寿星？先生说来小匠听，开门迎接老寿星。

伏以：师傅要问老寿星，听我从头说分明，三皇五帝就是我，盘古年间有我身。昆仑山下把道练，日月同路又同名。洞中七日长生道，永乐封我老寿星。快把财门来打开，寿如彭祖八百春。

伏以：门外来的是何人？你与主家送金银，左边站的哪一个？右边站的哪一人？手中执的是何物？又在何处会八仙？你今说来与我听，开门迎接老先生。

伏以：我是天上紫微星，来与主家开财门，左边站的文曲星，右边站的武曲星。手中执的摇钱树，八仙桥前遇八仙，我今一二说明白，师傅快快开财门。

伏以：外面来的是三星，我今问你有根生。你从山路来，还是水路来，山路来有好多弯，水路来有好多滩？

伏以：山也来水也来，山管人丁水管财。山路来，烟雾尘尘不见弯；水路来，河翻水涨不见滩。三星骑上猛虎背，吾与主家送宝来。

伏以：门外站的是先生，听我从头问根生。他父名叫甚么字，家住哪州哪县城？他的母亲谁家女，孔子又是何年生？生于哪年哪一月？几岁高上入学门？攻书取名甚字，又是何人为师尊，又在何处设学馆，教化门徒有几人？何人设下春秋祭，春秋二季祭何人？先生逐一说出来，本是孔圣门下人。

伏以：门内要问孔圣人，木匠听我说原因。他父名叫叔梁纥，母亲颜氏老夫人。家住鲁国曲阜县，昌平乡内有名人。姓孔名丘是他字，十五岁上入学门。骑马闲游遇师友，郯子就是他师尊。设教杏坛化门徒，三千七百有余人。哀公二年设下祭，春秋二季祭圣贤。

......

开门（外问内答）

伏以：我今开言问一声，掌墨师傅听原因，你是鲁班几弟子？师徒得艺有几人？他是住在哪山下，叫甚名字哪国人？削的什么飞天去，飞去几日下天庭。你把缘由说与我，才算鲁班门下人。

伏以：掌墨就是小师门，说与先生得知闻。我是鲁班二徒弟，师徒得艺有三人。他是住居南山下，名叫公输鲁国人。白虎山下把道练，历山之下成了仙。削个木鸢飞天去，飞了七日下南天。这是鲁班真出处，水有源头树有根。我今缘由说与你，开门进宝贺主人。

伏以：门内师傅听原因，听我从头问根生。两扇财门齐钉起，缺少一个什么星？取得什么吉星到，迎接何人钉财门？

伏以：新钉财门是鲁班，一根香木在南山。鲁班提斧砍倒地，将来造作两扇门。能高能低有志向，取甚吉星由主人。一请紫微高照屋，二请天官赠福临。三请三元多富贵，四请贵人下天门。诸位星君齐来到，庆贺主人开财门。

伏以：师傅在内听原因，听我从头问根生。鲁班家住哪一府，何州何县何乡村？何年何月何日生，几岁开始学手艺？首教师傅是何人，何人封为平义士，何人封为鲁国师？师傅分解说与我，才算鲁班门中人。

伏以：我今开言说一声，门外三星听原因，若问鲁班根由事，听我从头说你听。公输名班真奇巧，玉帝敕令降凡尘。云头又落鲁国地，山东滕州是家门。定公三年甲戌岁，五月初七午时生。十五岁上学手艺，道既行来艺也精。洪州得道三十六，替父报恩造木人。我今行行说清楚，门外三星信不信。

......

伏以：左撞弯弓秋月样，右撞银牙箭排行。我是天上文曲星，玉帝差我把财门。一踩财门春季旺，二踩财门月月新，三踩财门进五谷，四踩财门六畜兴。五踩财门登科早，六踩财门级上升，七踩财门家兴旺，八踩财门吕洞宾，九踩财门张果老，十踩财门出公卿。文曲星君踩过后，主家世代出公卿。

伏以：新钉财门喜洋洋，主人坐定好华堂。左开一扇金鸡叫，右开一扇凤凰鸣。金鸡叫凤凰鸣，自从今夜开门后，主家人兴财发万万春。

四、岁时年节

（一）春节

春节是中国的传统节日，俗称"新春""新岁""岁旦"等，又称"过年""过新年"，时间是农历正月初一，一年的第一天，这是中国所有节日中最隆重的节日。春节的历史很悠久，它起源于商朝，是年头岁尾的祭神祭祖活动。正月初一古称元日、元辰、元正、元朔、元旦，俗称年初一。民国时期，改称公历的 1 月 1 日为元旦，农历的正月初一叫春节。

据《史记》《汉书》记载，正月初一为四始（岁之始、时之始、日之始、月之始）和三朝（岁之朝，月之朝、日之朝）。在中国古代，人们在这一天迎神祭祖，举行各种娱乐活动，占卜气候，祈求丰收。春节的活动内容大致有以下几项：除夕，俗称大年，这时家人团聚，吃团年饭，进行守岁；贴门神和春联（汉代的习俗是在门户上画鸡、悬苇或画神荼郁垒二神于桃板上），意在驱逐瘟疫恶鬼，后演变为门神和年画；正月初一，人们走亲访友，俗称"走喜神方"，互致祝贺称为拜年，另外，各地还要放爆竹，以驱祟迎祥。

传统意义上的春节是指从腊月的二十三或二十四的祭灶起，一直到正月十五，其间以年三十和正月初一为高潮。初一凌晨开门，燃放爆竹，陈果供神，具香烛，拜天地祖宗，然后向东南方行走，叫"出行"，以示辞旧迎新。逐拜尊长邻舍戚族，互贺新年，见面说吉利话。全家老小，皆换新衣，聚于村寨集镇欢乐游玩，当天忌走亲访友。初二，多为女婿向岳父母拜年。初三四及以后，各家各户到亲戚朋友家拜年，至正月十五，春节结束。

（二）过年

过年一般指春节。农历一年的最后一天，一般是农历腊月二十九或三十日，故称年三十，或叫过年。过年是本土最重要最隆重的传统节日，为成人重视，孩子盼望。通常家家户户提前十天半月就开始准备：杀猪，做香肠、腊肉、血灌粑，做黄糕粑，煮甜酒，推绿豆粉，推豆腐，推汤粑等。当天，张灯结彩，贴春联、年画，下午于祖龛前摆设香案，献供酒肴、烧香磕头、燃放爆竹、祭祀迎接祖宗回家，全家吃团圆饭，尽情欢饮，俗称"过年"。年的最后一天叫"除岁"，当天晚上叫"除夕"。入夜灯烛辉煌，旺烧炉火，彻夜不眠，俗称"守岁"，长者赐幼者"压岁"钱。

（三）除夕

除夕，又称"除日""除夜""岁除""岁暮""岁尽""暮岁"，俗称大年夜（除夕的前一天为小除，称小年夜，除夕为大除），旧称"年关"，是农历岁末的最后一晚，即大年三十，是中国的传统节日，除夕的"除"是"去、易、交替"的意思，除夕就是"月穷岁尽"的意思。

相传古时候有一个猛兽叫"年"，每到岁末就出来吃人。一次偶然的机会，人们发现年害怕红色的东西、火光和巨响，于是每到年末，人们都穿上红色的衣服，燃放鞭炮，吓得年再也不敢出来了。人们互相祝贺道喜，张灯结彩，饮酒摆宴，庆祝胜利。后来人们逐渐把穿红色衣服演变成贴红色对联。过除夕，北方人包饺子，南方人吃年糕。水饺状似"元宝"，年糕音似"年高"（一年比一年高），都是吉祥如意的好兆头。除夕之夜，全家人都要吃"团年饭"。吃团年饭时，桌上一定要有"鱼"，象征"富裕"和"年年有余"。饭后，长辈要给晚辈发"压岁钱"，接下来就是全家人守岁到凌晨，大年初一去走亲访友。

（四）元宵节

元宵节也称上元节、小正月、小年或灯节，是中国传统节日之一，时间是农历正月十五日。由于正月是农历的元月，古人称夜为"宵"，正月十五是一年中第一个月圆之夜，所以称正月十五为元宵节。早在西汉汉文帝时，就已经下令将正月十五定为元宵节。汉武帝时，"太一神"的祭祀活动定在正月十五。东汉明帝推行佛教，因佛教有正月十五，僧人观佛舍利、点灯敬佛的做法，他就下令在正月十五这一天夜晚在皇宫和寺庙里点灯敬佛，并下令民间也都挂灯，后来这种佛教节日逐渐形成民间的节日。

随着时间推移，元宵节的内容不断变化，唐玄宗时规定观灯为三夜，元宵夜出现杂耍技艺，北宋延长到五夜，出现了猜灯谜活动。明朝时规定正月初八张灯，正月十五落灯，并增加了戏剧表演。元宵节的这一重要的活动就是吃元宵，南方一般吃汤圆，北方一般吃饺子，汤圆有团团圆圆之意，一般认为元宵节是春节活动的结束。

（五）清明节

清明节又称踏青节，是中国传统节日，也是重要的祭祀节日，一般是在公历4月5号前后，清明节最早只是一种节气的名称。

清明节大约始于周朝，已有2500多年的历史。因清明与寒食（民间扫墓禁火）的日子接近，晋文公把寒食节的后一天定为清明节，后两者合二为一，寒食从此成为清明的别称，也成为清明的一个习俗。清明那天，人们不动烟火，带着祭祀供品和酒食、纸钱等物品到墓地，将供品摆在亲人墓前，清扫坟墓，焚烧纸钱，给坟墓培上新土，插上几枝嫩绿的新枝，叩头祭拜。

其后清明变成祭祖和扫墓的日子，借此出去郊游。家家备酒馔、香烛、纸钱、爆竹等，祭扫祖坟，同时用白纸錾钱，形如幡，悬挂在坟上，叫"挂清"，寓挂念逝去亲人之意。

2006 年 5 月 20 日，文化部申报的清明节经国务院批准列入第一批国家级非物质文化遗产名录。

（六）端午节

端午节也称端阳节、重午节、龙舟节等，俗称五月节，中国民间的传统节日，时间是农历五月初五。

关于端午节的起源，流传最广的是纪念爱国诗人屈原。楚国大臣屈原遭奸臣陷害，被流放到汨罗江一带。公元前 278 年，楚国郢都被秦军攻破后，屈原听闻，悲痛万分，自沉于汨罗江，以身殉楚国。江边的人民怕鱼吃屈原的尸体，就向江中投米，并划龙舟驱散江中的鱼，后世逐渐演化为吃粽子和赛龙舟活动。除了吃粽子和赛龙舟外，端午节的习俗还有佩香囊（避邪驱瘟）、悬挂菖蒲、艾叶，喝雄黄酒，挂荷包和拴五色丝线，挂钟馗（kuí）像等习俗。

当地各家还有于大门侧悬菖蒲、艾叶，吃粽子，蔬菜、肉食必佐大蒜，用雄黄酒擦童额、腮、足、耳窍，以此避疫、蚊，并以蒜渣和雄黄末调水洒屋前后以避蛇、虫等习俗。当天，有的上山采药，有的往拜师长，未婚夫婿拜岳父母。农历五月十五为大端阳，但礼俗没有初五隆重。

（七）中元节

中元节，是道教名称，民间世俗称为七月半。七月半是民间初秋庆贺丰收、酬谢大地的节日，若干农作物成熟，民间按例十三日祀祖，皆用纸钱封包，面书祖宗名讳，备酒馔、新米饭等祭供于堂中，接待祖宗，向祖先报告秋成。它是追怀先人的一种文化传统节日，其文化核心是敬祖尽孝。

（八）中秋节

中秋节是中国传统节日，又称月夕、八月节、仲秋节、八月节、追月节、拜月节、女儿节或团圆节，时间在农历八月十五日。这天正是一年秋季的中期，所以称为中秋节。中秋节与元宵节、端午并称三大传统佳节。农历把一年分为四季，每季又分孟、仲、季三部分，所以中秋也称仲秋。八月十五的月亮是一年满月中最圆、最亮的，所以中秋节又叫作"月夕""八月节"。中秋节习俗在两汉时已经出现，但时间是立秋日。唐朝时，中秋节的活动日益增多，出现了观月、赏月、饮酒对月等活动。北宋宋太宗把八月十五日定为中秋节。中国一直是一个农业社会，而八月正是农作物的收获季节，庆祝丰收、祝贺团圆便成了中秋节的主题。每当夜幕降临，明月东升，人们献月饼、瓜果以祭月，这种风俗一直延续到今天。八月十五，人们仰望夜空中的明月，期盼家人团聚。他乡的游子，也会寄托自己对故乡和亲人的思念，所以中秋节又称"团圆节"。

新中国成立前，各家在农历八月十五日晚，备香烛、月饼、瓜果，待月亮升空时，全家再分食月饼瓜果，品茶，摆传说故事，畅叙天伦。当天晚上，亲友为婚后久不生育夫妻送梓童观音像乞求赐子。如次年生子，则酬谢宾客。新中国成立后，此习俗逐渐改变。

（九）重阳节

农历九月九日为重阳节，又称为双九节、老人节、茱萸节，是中国传统节日。

《易经》认为九为阳数，两个九为"重九"，两个阳为"重阳"，古人认为这是个值得庆贺的吉利日子。九九重阳，因为与"久久"同音，九在中国古人的观念里是个最大的数字，所以有长久长寿的含意，而且秋季也是一年收获的黄金季节，所以人们对重阳节有着特殊的感情，历代文人也有不少庆贺重阳的诗词佳作。

重阳节起源很早，在战国时的《楚辞》中就已经提到。屈原在《远游》里写道："集重阳入帝宫兮，造旬始而观清都。"三国魏文帝曹丕在《九日与钟繇书》中描写了重阳节："岁往月来，忽复九月九日。九为阳数，而日月并应，俗嘉其名，以为宜于长久，故以享宴高会。"[①] 到了唐代，重阳节被正式定为民间节日。明朝重阳节时，皇帝要亲自到万岁山登高，皇宫里要一起吃花糕以庆贺。在重阳节这天，人们登高、赏菊、插茱萸、放风筝、饮菊花酒、吃重阳糕等。

---

① 矫友田：《中国传统节日》，济南出版社，2018年。

（十）冬至

冬至是我国的传统节日之一，也是农历中一个非常重要的节气，现在我国不少地方仍有过冬至节的习俗。冬至俗称"冬节""长至节""亚岁"等。

我国古代对冬至相当重视，曾有"冬至大如年"的说法，而且有庆贺冬至的习俗。冬至过节源于汉代，盛于唐宋，沿袭至今。经过数千年的发展，冬至形成了它独特的节令食文化。很多地方把馄饨、饺子、汤圆、赤豆粥、黍米糕等作为过节时的食品，一些地方还流传着冬至不吃饺子会被冻掉耳朵的传说。

现在，不少地方在冬至这一天有吃狗肉和羊肉的习俗。因为冬至过后，天气进入一年当中最冷的时期，中医认为狗肉羊肉都有壮阳补体之功效，所以民间有冬至进补的习俗。

五、乞吉习俗

所谓乞吉，是人们对某事物的崇敬、崇尚、信仰，乞求赐予吉祥、平安的一种民间习俗。比如人们在堂屋设立神龛，供奉天地君亲师、各路神仙、历代高曾祖，来表达对他们的崇敬之情。

松烟流传着如贴门神、担金银水、赶香会、吃斋、找保爷、算八字、掐时、吃素等多种乞吉习俗。

（一）送灶神

灶神又称灶王爷，灶君，灶神星君。是保佑百姓"五谷丰登，财源广进"的神君。

农历十二月二十三日夜，人们在灶台摆上汤圆、麦芽糖（麻糖）等供品，口念："上天言好事，下界降吉祥"等语，送灶神回天庭，目的是希望灶神享用了这些甜点后，在玉皇大帝面前多说些好话，少打小报告。

传说灶神姓张，和天上的玉帝同姓。从前，他每天要到玉帝面前报告人间善恶，让玉皇大帝听后再作赏罚。所以百姓为了让他在玉帝面前为自己说好话，就给灶神"好处"。一次，因言事失真，被雷神打聋了耳朵，玉帝知道后，只准他每年农历十二月二十三日夜上天。

送走了灶神之后，家家户户便可大扫除以便迎接新年。因灶神平时得不到什么供奉，上天后拼命吃喝，因酒力发作，昏昏沉沉，直至除夕方醒。

正月初四人间又摆香案将其迎回家中，继续履行神职。

送灶神，寄托着乡民避邪除灾、迎祥纳福的美好愿望。

（二）打阳尘

每年十二月二十三日是灶神（又称灶王爷）的生日，在镇上和乡下，家家户户都要在这一天给灶神烧纸敬香，然后清沟排污，扫院除草，刷屋抹窗，把屋前房后、里里外外打扫干净，俗称"打阳尘"。清除的垃圾，倒在路口街头，任践踏叱骂。"扬尘"与"阳春"谐音，便认为吉利，预示来年风调雨顺，寄托着人们吐旧纳新或除旧迎新的良好愿望。

（三）送粥米

送粥米也叫"送祝米""送月米"。十月怀胎，一朝分娩。呱呱坠地的新生儿为父母及家人带来欣喜与希望。有生男为大喜，生女为小喜之说，怀孕叫"有喜"，生了孩子叫"得喜"，去告诉亲友叫"报喜"。

头胎分娩后，女婿要亲自去岳父母家报喜。报喜礼物除面条、糖、酒之外，生男孩还得提公鸡一只，生女孩提母鸡一双，岳父母只要一见公鸡或母鸡便知女儿生的是男孩还是女孩。女婿与岳父母商定送祝米的日期，由娘家邀约家族及亲朋好友，备糖、鸡、蛋、肉、大米、稻谷、花布及新生儿用品，送往女儿家，女儿家设宴款待，称吃"月米酒""满月酒""弥月酒"。村子里只要有人生了孩子，左邻右舍、远近亲族都要来送粥米。

传说很久以前，有个寨子里住着一户人家。夫妻两个勤劳善良，恩爱和睦。男的每日上山砍柴干活，女的在屋里养猪看狗，煮饭洗衣。有一年，老天爷久旱无雨，地上水干草枯，田里颗粒无收。百姓们刨树皮、挖草根，日子过得很苦。在这特困的日子里，妻子生产了。因没有东西吃，月婆子（产妇）身子虚弱，娃娃没奶吃，饿得哇哇叫。寨子里的人知道了，都在替她想法子。想来想去，想到了竹子上结的米籽。人们从山上摘回竹米，送给这家月婆子煮粥吃。月婆子吃了大家送来的竹米煮成的粥，身体慢慢地恢复并强健起来，奶水也多了。有了奶水，娃娃也不哭闹了。从那以后，只要有人家生了孩子，各家各户上山采摘竹米籽，回来就给月婆子"送竹米"。后来有了粮食，就送新米去给月婆子煮粥吃，既补身子又发奶水，叫作"送粥米"。随着时代的发展和社会的进步，"送粥米"这一习俗，逐步由大家对月婆子的问候宽慰，演变为对生小孩人家的祝贺，再后来在文字表述中也有写成"送祝米"的。

（四）说春

农历十月至次年正月，说春人（俗称"春倌"）手拿竹竿和刻板印的春联（上有二十四节气、春牛、几龙治水等内容的红、黄、绿纸）走村串寨，逐家唱送，办喜事者，请其说古道今，抑恶扬善。

说春人为民间业余艺人，他们见多识广，口齿伶俐，见一物说一物，见一事说一事，出口成韵，入情入理，嗓音洪亮，态度和谐，很有感染力。说春有如下程序。

开财门：春倌到大门外，说吉祥祝福话，如果主人接待，主人开大门，春倌再说吉语进堂屋。进屋后说的内容有："打鱼、砍柴、耕作、读书、天文地理、历史兴衰、古人故事、济世劝善，祝福主人吉祥、人丁兴旺、财源广进，待人忠厚，善理家务"，等等。

辞神：春倌离去前，要说辞别香火和门神的祈神祝福语。

辞主人：感谢主人家热情接待和祝福，祝福主人吉祥如意。

说春词是民谣的一种，见子打子即物起兴，多为七字句，句数不等，押韵上口。选录部分说春词如下。

1. 开财门

（遇主人家门关着时） 走了一湾又一湾，来到主家把门关。你把财门来打开，儿孙后代做高官。儿孙后代高官做，赛过前朝公卿侯。这些闲言我不表，请把财门来打开。你把财门打开了，送财之人进财门。送财滚进不滚出，滚得主家满堂屋。

（遇主人家门开着时） 三才子，天地人，来到贵府开财门。跟你主人说实话，要把财门四季开。上开日月与星斗，下开八卦锁乾坤。春季财门春季旺，夏季财门日月兴。秋季财门进五谷，冬季财门进金银。四季财门我开启，日月星倌送财来。左开一扇金鸡叫，右开一扇凤凰鸣。两扇财门齐打开，春倌一步进屋来。

（进门） 一进门来二进厅，红漆龙门双点灯。金爪立佛排成队，龙凤化成两边分。二十四个莲花灯，马蹄脚下马嘘声。左手推开门一扇，右手推开两扇门。双双脚儿齐跨进，万两黄金滚进门。金银滚进不滚出，滚得主家一堂屋。

（进堂屋） 一进屋来朝上望，主家住的好华堂。前有朱雀来摆尾，后有双凤来朝阳。门前栽的摇钱树，屋后说是聚宝盆。摇钱树来聚宝盆，早落黄金晚装银。初一起来捡四两，初二起来捡半斤。初三初四不用捡，斗大黄金滚进门。

（**参神**）送财之人来参神，要唱神圣得知闻。一参天地君亲师，二参长生土地神。三参文昌与孔子，四参福禄与财神。五参堂上老父母，六参脚下贵夫人。参拜年神便转身，参拜门神二将军。左门神来秦叔宝，右门神来胡将军。你是天上二员将，玉帝差你把门神。你把门来好好把，莫等邪魔入家庭。若有邪魔估倒进，把它押到九霄云。

（**参主人**）说主人来道主人，参拜主人得知闻。上穿绫罗下穿纱，堂前还有美貌妻。拿把椅子堂上坐，老人家来老人家。老汉白头又转青，牙齿落了又生根。彭祖寿高八百岁，果老二万七千春。

2. 说渔樵耕读（见子打子）

（**说烟**）这家主人好大方，进屋就把烟来装。不提烟来由之可，提起烟来有根生。顺治老王坐北京，那时才把烟来兴。百姓才把烟来种，正月盘芽二月生。正月二月撒烟籽，三月四月去栽烟。五月六月去打尖，七月八月去割烟。手提钢刀去割烟，藤藤晒来索索牵，一头一个犁圈圈，天晴堆在太阳坝。落雨堆在屋檐边，百露百晒成了烟。我今吃了主人烟，我把主人表一番。丢丢烟，掐掐烟，掐了两头留中间。中间拿来主人吃，两头拿来待客人。我今吃了主人烟，主家财富发万千。

（**说茶**）吃了烟来又倒茶，茶在青山未发芽。主人去把茶来采，清明时节采春芽。这家主人真贤惠，粗茶办成好细茶。今日春倌吃主茶，要谢主人年年发。

（**说酒**）我今吃了主人酒，不提酒来由之可，说起酒来有根生。说酒醇，道酒香，造酒原来是杜康，一要千年灵芝草，二要万年巴岩姜。造的酒，酒又香，那时才来请杜康。酒祖杜康手艺好，天天就把酒来烤。头一杯，敬天地，二一杯，敬主人，三一杯，敬同行，四一杯哟送财神。喝了主人酒，荣华富贵样样有。

（**说二十四节气**）正月里来是新年，雨水相连节气多。昼夜算来一百刻，十二时辰又一冬。二月惊蛰与春分，百草盘芽往上升。百草盘芽往上长，春倌又报一年春。三月清明谷雨淋，百亩田中谷芽生。一籽落地生万籽，万籽落地养凡民。四月立夏小满天，农夫欢喜去耕田。勤耕苦读为正本，春倌奉贺太平年。五月芒种夏至忙，五伏六谷过端阳。家家门前挂青艾，户户门前大吉祥。六月小暑大暑炎，农夫难过三伏天。何人等得秋风凉，各人田中各人忙。七月立秋处暑来，牛郎织女两河间。家中斗起仓和屯，五谷丰收进门来。八月白露与秋分，梭罗树下月光明。牛郎织女重相会，一家老少笑盈盈。九月寒露与霜降，菊花酿酒满屋香。家中酿起重阳酒，家家户户过重阳。十月立冬小雪下，寒天数九冷气升。立冬过后才数九，五九头前又打春。冬月大雪与冬至，人人笼手过南墙。有钱之人多买卖，无钱之人把手抄。腊月说春去一年，轻去轻来闲又闲，恭贺主人热闹年。

（遇建新房）抬头举目来观望，主家今日建新房。黄道吉日已选上，紫微星君坐中堂。基脚下得多稳当，每层又在做圈梁。后头来龙千百丈，前面金鸡对凤凰。左右青狮配北象，还有玉兰和海棠。新屋落成好志向，子孙房房状元郎。文官赛过包丞相，武官赛过杨六郎。新房修得多漂亮，内外又要搞装潢。进屋就把鞋换上，带进灰尘地板脏。我今不必再来讲，好好坐下把酒尝。

（遇祝寿）抬头举目来观望，各位来宾请端详。××二老把福享，老人越活越健康。今年已满九旬上，红光满面气昂昂。生成是个发财相，膝下几个好儿郎。一辈更比一辈强，祝您二老把福享。

（走进生意人家）今日财神来贵府，送财童子送进屋。您家又把生意做，粑粑发得胀鼓鼓，又杵红来又杵绿。昨天卖了一千五，明天要卖二千六。银钱多了没放处，银行就是保管屋。财神辞别走别处，明年春节到你屋。

（遇办丧事）财神送了多一阵，来到灵前敬亡人。亡人生前很正直，人又贤淑又公平。勤劳一生把家想，家庭搞得样样新。堂前儿孙很孝敬，孝顺儿女一满门。任你享福多恭敬，忽然得病又深沉。千个医生药不信，灵丹妙药都不灵。树老空心不转嫩，人老不能转青春。该当亡人大寿尽，忽然一焚上天庭。你在天堂乐逍遥，保佑后代几家人。保佑家家样样顺，财源大发人也兴。送财之人把亡敬，金银财宝滚进门。

3. 说辞别

（辞门神）提起脚来慢起身，辞别门神两将军。左门神，秦叔宝；右门神，尉迟恭。白日把门人出进，夜晚把门进金银。

（辞主人）满堂客人我不敬，车身转来辞主人。吃主茶，谢主茶，主人财发人也发。吃主烟，谢主烟，主人把财进几千。吃主饭，谢主饭，主人一天进几万。叫声主人你请听，道谢主家要出门。辞别主人我才走，道谢主人我才行。多谢财呀道谢财，一文去了百万来，恭喜主人发大财。

（五）送财神

送财神这种古老的民俗文化，从春节子夜开财门起，就有送财神的，送财神者身穿红袍，头戴纱帽，嘴上挂着假胡子，身上背着一个收钱的黄布袋，手拿着木刻板的财神像在门外嚷着："送财神爷的来啦!"这时屋里的主人，为了表示欢迎财神，开门迎接，送财神者当然免不了要说一大堆吉利话。例如"金银财宝滚进来""左边有对金狮子，右边有对金凤凰""左厢堆满金银库，右边财宝满屋堆"等，直到说得主人欢喜地接过那张红纸财神爷像，将其贴于门上或香火下，拿到赏钱，送财神的方才离去，再逐村逐家唱送。

财神像为英武威严的赵公明骑虎执鞭。传说赵公明曾是"五鬼""五瘟"神，后来改邪归正，被上天封为"四官财神"。每年年初，下到民间，保佑百姓丰衣足食，财源广进。送财神像的人被人们视为吉祥的化身，以茶饭招待，以物相送。

（六）担金银水

正月初一凌晨，人们要带上香、纸、烛和供品，来到井边供奉水井，然后担水回家，以求全家一个安康，俗称担金银水。

担金银水要比谁去得早，谁都希望是第一个，以示新年比别人都好。于是，正月初一凌晨常常出现数十人在井边坐待时辰的景象。

（七）赶香会

每年农历二、六、九月的十九日为香会，但以六月十九日最为盛大隆重。当天，善男信女前往当地名山的观音庙朝拜，许愿、烧香、吃斋饭，祈求吉祥。

（八）找保爷

有些家里的孩子常常生病，于是家长担心孩子养不大，人们信奉给孩子找个"保爷"（干爹），以求平安。找保爷有多种方式，或将小孩寄拜给石头、古树、水等，将它称为"干爹"或"保爷"；或打碗水放在香火上，第一个到家来的，且辈分相符，就请他把水倒掉，认他为干爹。现在给孩子找保爷的迷信色彩已逐步淡化，人们找保爷多为联络情感。

（注：本节内容摘自《我的家乡在余庆》，已编入《松烟镇志》第484-496页）

第四节　民间戏剧

民国初期，狮子灯传入松烟，开启了松烟民间文艺的历史进程。随后，龙灯、花灯、蚌壳灯、钱杆舞、锣鼓、唢呐等相继传入松烟，形式多样的娱乐活动丰富了人民群众的文化生活，深受人民群众的喜爱。

1960年，松烟镇治安主任陈国忠承头组织成立松烟民间戏剧俱乐部，主要成员有娄义东、陈兴淮、陈兴华、旷庆芳等，主要表演川戏和玩耍灯戏。

20世纪80年代前后，民间戏剧俱乐部主要负责人是娄义东和陈兴淮。每逢重要节日或大型表演活动，俱乐部便承头组织活动，或与周边的龙家、余庆、草塘、湄潭黄家坝等地交流表演。每年春节，组织狮子灯、花灯、龙灯、蚌壳灯和川剧表演，活跃松烟铺及周边村寨的节日气氛。松烟民间戏剧俱乐部在周边民间文艺队伍中有极强的影响力，并与他们结下了深厚感情，深受群众的关注和喜爱。

2005年，松烟民间戏剧俱乐部改名"夕阳红"，主要由谭成云负责，以花灯、狮子灯、钱杆舞等表演为主，常出现在乡镇组织的文艺活动中。

一、戏曲

（一）川剧

川剧，俗称川戏，起源于四川，长期流行于四川、云南、贵州等几个西南省份，是人们喜闻乐见的一种地方戏曲。

明末清初，有大批各地移民陆续进入四川，各省移民纷纷建立会馆，全国各地的剧种也相继传入四川各地，这些剧种在长期的发展过程中，相互融合，相互借鉴，又结合当地的风俗、方言以及各种民间戏曲，逐步形成了一种具有四川特色的剧种，这就是川戏。

川剧的声腔主要由昆曲、高腔、胡琴、弹戏以及灯腔等声腔组成，其中，除灯腔发源于四川本地以外，其他四种腔调都来自外地。这五种声腔再加上各种乐器的伴奏，形成了形式多样，曲牌丰富而又风格迥异的川戏音乐形式。

1942年，川剧传入松烟，哥老会老大毛介福和毛泽厚承头组织成立川戏班，主要成员有但坤伦、陈明清、徐泽三、潘少华等。主要由毛介福出资，街坊好善者捐资，购置服装、道具（锣、鼓、钹、丁锣、刀、枪等），常于万天宫戏楼上表演，也常组织到周边的龙家、湄潭、黄家坝、余庆、草塘等地交流演出。

（二）阳戏

阳戏，是一种流行于中国西南诸省的地方戏剧种。在重庆、湖南、贵州、湖北等地农村广泛流传。民间把傩戏分为"阴戏"和"阳戏"。以酬神和驱邪为主的叫"阴戏",以娱人和纳吉为主的叫"阳戏"。阳戏分为内坛和外坛,内坛主要是作法事,外坛主要是唱戏。

阳戏分生、旦、净、丑诸角色,均不戴面具,以脸部化妆和相应服装作饰。表演时,念、唱、做、打兼用,锣鼓伴奏,可单独搭台演出,常演的剧目有赐福戏、贺寿戏、婚娶戏、送子戏、逗乐戏等。

二、灯戏

(一)狮子灯

狮子灯,亦称舞狮。民国初年传入松烟,由娄银清(绰号"娄狮子")承头、出资、组织狮子队,主要成员有毛子文、陈治贤、李绍文等。多在春节期间组织表演,走村串寨,以贺节贺年,也常出现在大事小务场中。狮子灯风趣的表演给观众带来无穷的乐趣。

灯具。人们用竹篾、皮纸壳扎制狮头,狮口能张能合,狮眼能睁能闭,狮皮用布缝制,下缀的流苏为麻线、棉纱,细布条上色作狮毛。

角色装饰。二人合披狮衣,扮狮子,"猴子"与"笑和尚"各一,均由青年男子扮演。"猴子"穿紧身衣裤、系腰带,拿金箍棒。"笑和尚"手执蒲扇或蚊刷,舞狮子灯程序如下。

1. 拜五方或拜门户。在屋外表演拜五方,屋内表演拜门户。叩首、燃烧纸钱,以求平安。

2. 表演逗乐。玩法:场坝处用大方桌搭台(7至12张桌,呈"一柱"形),锣鼓声起,"猴子"与"笑和尚"挑逗狮子,表演圆场动作有抖毛、发怒、跳跃、小憩等,"猴子"与"笑和尚"攀上桌台,逗引狮子上台和穿台,直至最高层。其间,或扑或跌,或翻或滚,或立或卧,"猴子"的刁顽,"笑和尚"的憨态引人发笑。两位舞狮者,协调一致的攀台动作令人惊叹,至顶层的玩技是舞狮的高潮,有老鹰闪翅、倒立、打加官、踩斗、拜五方等。

3. 辞别香火或主人。新中国成立前后,正月出门到周边的关兴、龙家、余庆、草塘、翁安、湄潭、虾子等地交流表演,二月归家。1957年,狮子队在黄平县表演,得到黄平县县长的高度好评,并发给每人一块大洋的奖励。

（二）花灯

1. 传统花灯

传统花灯，又称老花灯。根据伴奏乐器的不同，又细分为锣鼓花灯和丝弦花灯两类。

锣鼓花灯以锣鼓为伴奏乐器（锣、鼓、钹、丁锣各一），丝弦花灯以二胡、三弦、胡琴等拉弦乐器为伴奏。松烟以锣鼓花灯表演为主。

灯具。用竹篾、皮纸扎糊 7 只灯笼，牌灯为首，形如庙貌（亦称“玉皇灯”）；6 只花灯形似花篮，或四方、六角、八面，或盆、钵状，四周贴彩色剪纸，下缀流苏，灯中燃烛，竹竿高挑，俏丽鲜亮。

角色装饰。唐二（丑角），一般由男扮，脸不涂色，鸡毛粘眉，木炭画须，戴烂草帽，反穿羊皮袄，一手拿蚊刷，一手执蒲扇；幺妹（旦角），一般由男子扮，脸涂脂粉，头戴假发，彩裙艳服，一手拿扇，一手执巾。

音乐结构较为单一，唱腔通常为一段体，分节歌形式，旋律平缓、流畅。音域不超过 8 度，以 5 度为多。曲调粗犷自由、节奏鲜明，具有民间情调。有“五更出灯”“开财门”“五点红”“梳妆调”“采茶调”“辞神调”等调子。

舞蹈动作简单，只有几个基本动作，如四方步、碎步、稳步、大门斗、犀牛望月、岩鹰闪翅等。

玩锣鼓灯的时间一般为正月初二开始，主要程序：盘灯—开财门—打唐二—参神—贺主人—采茶—辞神—扫殿—辞主人等。锣鼓灯祭祀成分浓厚，且说唱兼有，间插嬉笑戏谑情节。“采茶”是玩锣鼓灯的高潮，唐二、幺妹、茶头、土地都上场，富有戏剧色彩。以下为传统花灯唱词选录。

（1）**盘灯**

盘灯是主家将堂屋门关闭，屋内出题盘诘灯头或唐二，如能对答如流，主家开门，方可进屋演唱

问：天上金鸡叫，地下花灯到。打的是哪家锣，领的是哪家号？

答：天上金鸡叫，地下花灯到。打的是唐家锣，领的是太宗号。

问：早不来，迟不来，主家关门你才来。前门加了九把锁，后门加了九捆柴。前前后后无门路，看你从哪点钻进来？

答：来是来得早，来在路上耽搁了，张家请我喝杯茶，李家请我抽杆烟。喝杯茶，抽杆烟，耽搁时间大半天。唐二挖的是羊叉，幺妹揣的是钥匙。幺妹钥匙开你锁，唐二羊叉撬你柴。开你锁，撬你柴，要从前门走进来。

问：锣声声来鼓声声，玩灯先生听原因，不将哪样来问你，就将财门问根生。两扇财门何人造？八颗门钉何人兴？四个门包哪样木？四个门条哪样根？门包又有几寸长？门条又有几分深？从头一二说分明，我才给你开财门。说不清，道不明，背起锣鼓转回程。

答：锣声声来鼓声声，盘灯先生听原因，不提财门由之可，提起财门有根生。两扇财门鲁班造，八颗门钉老君兴。四个门包梛椤木，四个门条梛椤根。门包又有一尺五寸长，门条又有三寸二分深。从头一二说与你，你今与我开财门。

（2）开财门

东方财神东方开，木德星君送财来。南方财神南方开，火德星君送财来。
西方财神西方开，金德星君送财来。北方财神北方开，水德星君送财来。
四方财神四季开，四季财神送财来。左开财门金满堂，右开财门满堂金。
左右财门齐齐开，斗大黄金滚进来。财神来到你家门，一年四季进金银。
堂前有棵摇钱树，屋内有个聚宝盆。我们花灯来祝贺，一股银水往屋流。

（3）打唐二（扯笑谈）

吠——喂！唐二出来本姓万，年年都把花灯办。初一不办初二办，初三初四玩团转。一直玩到十五夜，眼睛熬得稀巴烂。回家来，爹也吵，妈也念，婆娘骂的还没算。唐二对天发个誓，过了这回万不干。忽听对门锣鼓声，草鞋鼻子抓翻转。

（4）参神

主家香火四角方，天地君亲坐中央。天地君亲中央坐，七曲文昌排两旁。
土地龛龛四角方，长生土地坐中央。长生土地中央坐，招财童子坐两旁。
主家堂屋四角方，花园姊妹站中央。花花灯笼高高挂，看灯之人在两旁。
主家大门四角方，开门大吉在中央。开门大吉中央在，门神二将站两旁。

（4）贺主人

一进堂屋四角方，众位星君坐两旁。老寿星君当堂坐，听我灯师说端详。
中央桌子四只角，众位星君听我说。说贤才，举贤才，把你主人请拢来。
花灯今日来贺你，多招吉利广招财。多招吉利广招财，主人加官又加财。
说你发，你就发，富贵千年与荣华。花灯送你一锭金，门口买齐北京城。
花灯送你一锭银，后代儿孙管万民。老寿星，贺主人，主人福寿八百春。
财帛星，贺主人，朝朝日日进金银。文曲星，贺主人，世代儿孙攻书文。
紫微星，贺主人，子子孙孙有功名。天地日月轮流转，世代儿孙坐朝廷。
说你兴，你就兴，荣华富贵万万春。说你快，你就快，子子孙孙万万代。
好好好，大家好，主家儿孙做阁老。说你有，你就有，奉贺主人我就走。

正月里来正月正，各位先生听分明。我今不颂别样事，颂个寿星万年春。

二月里来是春分，寿星大人万事能。哪州哪县都走过，万事万物记得清。

三月里来是清明，寿星平生会为人。内亲外戚赞你好，三朋四友夸你能。

四月里来四月八，寿星诚恳不虚华。百姓赞你品德好，官家夸你最合法。

五月里来是端阳，你对儿女最善良。既怕冷来又怕饿，时时刻刻挂心肠。

六月里来热茫茫，你送儿女上学堂。望儿读书登金榜，望女聪明又在行。

七月里来谷成林，你为儿子选爱人。省吃俭用办彩礼，操心费力接进门。

八月里来谷叨黄，寿星一片好心肠。外面进来不隔外，媳妇当成亲姑娘。

九月里来重阳节，你对儿女最严格。光明磊落走正路，遵纪守法好品德。

十月里来小阳春，儿女成家你操心。劳你奔波吃了苦，子孙后代不忘恩。

冬月里来冬月冬，全家心愿都集中。愿你寿星长年好，望你像棵万年松。

腊月里来得一年，唱得寿星笑开颜。今年高龄八十八，祝你长寿一百年。

（6）采茶

采茶程序较复杂，一般包括"说茶、采茶、倒采茶、打加官、打彩、贩茶、倒茶、团茶、散茶、谢茶"等内容，演出人员较多。采茶一般只在当晚唱灯结束办招待的人家里演唱。

齐唱：

正月哪里呀呀伊哟，一二一二哟，哟二哟二哟，是新年，（合）喂，嚓噔嚓噔嚓郎骑白马，噔噔咐，当当咐，咪咪咪不咪，一二一二哟，噔噔哪个当时茶园。（合）喂。茶园哪里采得呀呀呀伊哟，一二一二哟，哟二哟二哟，十二担，（合）哟，嗒噔嗒噔嗒，当官与你喂喂咐，当当咐，咪哒咪不咪，噔噔哪个去交钱（合）喂，去交钱（以下唱词同上，略）。

二月采茶茶发芽，姐妹双双去采茶。郎摘多来妹摘少，随多意少转回家。

三月采茶是清明，姐在房中绣手绢。两边修起茶花朵，中间绣起采茶人。

四月采茶麦穗黄，姐在房中两头忙。大姐忙忙茶也老，二姐忙忙麦又黄。

五月采茶茶叶圆，茶树脚下老蛇盘。三组长钱交于我，山神土地保茶园。

六月采茶热茫茫，上栽杨柳下栽桑。下栽桑树喂蚕子，上栽杨柳好歇凉。

七月采茶秋风凉，裁缝下乡剪衣裳。大姐剪得箱箱满，二姐剪得满箱箱。

八月采茶茶花开，姐妹二人摘花戴。大姐摘来头上戴，二姐摘来怀中揣。

九月采茶是重阳，菊花酿酒满缸香。大姐提壶劝二姐，姊妹双双过重阳。

十月采茶过大江，脚踏船儿走忙忙。脚踏船儿忙忙走，卖了细茶转回乡。

冬月采茶度余冬，十担茶叶九担空。十担茶叶空九担，奴家茶叶担担空。

腊月采茶完一年，背起包包去收钱。你把茶钱交与我，要吃细茶等来年。

唐二：

穿些金来穿些银，穿些金银贺主人。穿些金银无用处，拿给主人买田地。上头买齐北京城，下头买齐长安城。上买北京好跑马，下买长安好游行。再穿金来再穿银，再穿金银贺主人。再穿金银无用处，拿给主人立学堂。主人学堂已立起，儿子儿孙状元郎。

（7）辞神

辞别神来辞别哟神，辞别天地君亲师得知闻，花园姊妹辞别哟你，安安稳坐镇乾坤。

辞别神来辞别哟神，辞别河南郡中得知闻。花园姊妹辞别哟你，安安稳坐受香烟。

辞别神来辞别哟神，辞别主家老亡魂来少亡魂。花园姊妹辞别哟你，安安稳坐镇家庭。

辞别神来辞别哟神，辞别灶王府君得知闻。灶王菩萨身穿黄，初一十五上天堂，花园姊妹辞别哟你，一年四季得安康。

辞别神来辞别哟神，转身一拜辞门神。辞门神，左门神来秦叔宝，右门神来胡将军，金瓜钺斧握在手，不准邪魔入家哟门。

来时参其主，去时辞别神。一辞天地君亲师，二辞南海观世音。三辞三元与三品，四辞四官与财神。五辞牛马两王位，六辞和合二神仙。七辞大圣孔夫子，八辞灶王司命君，花园姊妹辞别你，三餐茶饭调均匀。九辞历代高曾祖，十辞长生土地神。花园姊妹辞别你，后园黄土变成金。轻提脚来慢转身，转身辞别二门神。花园姊妹辞别你，好好与主把财门。先辞神来后辞人，辞别主人得知闻。辞别老的添福寿，辞别少的得功名。我今启言说一声，叫声主人听原因。心想你家久久唱，月亮不等路头人，一股银水往屋流。今夜花烟朝贺你，富贵就从今日起。

（8）辞主人

花灯去得高，手提大关刀。唐王赐我清风剑，年宵会上斩邪妖。花灯去得急，手提羊毛笔，门上书大字：百事大吉。

2. 新花灯

新花灯与传统花灯既有联系，又有区别。新花灯保留了传统花灯的6只彩灯，表演无规定套路，也无祭祀程序。角色装饰，除保留"唐二""幺妹外，还可随内容增加不同角色。"唐二"由青年男子扮演。男女角色均着现代汉族民间歌舞装——彩绸对襟、斜襟衣、灯笼裤。手执绸扇彩巾，服饰鲜艳，美观大方。表演形式，除保留传统花灯的"二人传"外，还创造了男女多人同台表演的花灯歌舞、花灯说唱、花灯坐唱及花灯剧等。舞蹈动作有单双望月、单双抬月、正（侧）亮身、鸳鸯戏水、大四步、大小跳步、踏步、移步、跪步、飞帕、甩帕、旋帕、亮扇、砍扇、抖扇、抢扇、扑扇、领扇等。

乐曲婉转悠扬，锣鼓点子穿插使节奏更加鲜明，唱词内容反映现代生活，既可在庭院表演，也可在舞台演出。

（三）龙灯

龙灯是一种古老的传统民俗活动，其历史悠久，始于晋，兴于唐，盛于明清，代代相传长盛不衰。龙灯的种类较多，按颜色分，有黄龙、赤龙、青龙等。按制作材料分，有草龙、布龙、篾龙和板凳龙等。

布衣龙较为精致。龙头采用竹编纸糊，颜料绘彩；龙身用若干个竹圈编扎，纱布蒙糊染红绘甲，一般不分节，中空，用自制蜡烛、油捻点燃插于顶端设置的烛眼中，使龙体通红透亮。

草龙的制作最为简单，龙身仅一篾绳外缠狮子草，燃香插其间，故又称"香灯"，适合儿童玩耍。

相伴龙灯出游的牌灯（殿形，上写灯会名称及对联）、鱼灯、虾灯、狮灯、龙宝灯，均为竹篾编扎，蒙纸绘彩。

正月初三出灯，牌灯开路，锣鼓相伴，鱼虾等灯随行，分别到各村寨玩耍，所到之处，爆竹焰火相迎，叫"清寨"。玩龙灯的高潮是嘘花。在这个环节，有两人领舞，其中一人举"宝珠"在龙头前上下左右逗舞，另一人举着龙头随之追逐，抢夺"宝珠"（俗称"抢宝"），还有十余人举着龙身随着龙头腾挪盘旋，两旁"接龙"者用土制花炮喷射舞龙，锣鼓喧天，金光飞溅，舞动的龙时隐时现，令人目不暇接。正月十三邀请周边龙灯汇集到松烟铺表演。正月十四于苏家碾房（水关）或红籽沟化灯送神。

1946年春节，为庆祝抗日战争胜利，松烟街上云集43条彩龙，玩耍3个通宵。

龙灯非遗传承人娄义东、陈兴淮、杨炳云、娄必书等老艺人，已进入耄耋之年。

（四）蚌壳灯

蚌壳灯俗称蚌壳精、蚌壳舞、戏蚌壳，是一种民间灯舞，属水族舞蹈。该舞为打击乐伴奏但无歌词，每年春节、元宵节在街头表演。

传说本县境内青衣江里有一只蚌成了精，变成人，能歌善舞，羡慕人间生活。一天，她正在江边晒太阳，正巧打鱼郎来到河滩，彼此一见钟情，相互倾心，互赠恋物，不巧被螃蟹精窥见，视为异端，拉乌龟精当帮凶，趁渔郎离开之际，进行挑拨离间，企图将蚌壳姑娘据为己有，采取各种卑鄙手段，威胁利诱，但蚌壳姑娘坚贞不屈。幸好面丑心善的鱼婆见义勇为，帮助蚌壳姑娘与螃蟹、乌龟周旋，最后，渔郎赶来将坏人一网打尽。

根据这个美好的传说故事，艺人把它编成滑稽、有趣、幽默、风趣的戏剧表演。

主角道具蚌壳，配角道具白鹤、鲤鱼、虾、乌龟等均用竹篾扎制，外糊彩纸或蒙彩布，四周镶红色布边。

蚌壳灯的鼎盛时期在1958年前后，主要艺人有梁登国扮蚌壳精，况明杰扮渔翁，潘少华和但坤伦打锣鼓。他们表演生动，配合默契，深受群众喜爱。

三、舞蹈

松烟最具代表性的舞蹈是钱杆舞，钱杆舞传入松烟较早。钱杆是用长1米的细竹，挖孔数个，内串铜钱（俗称"小钱"）做成，故名钱杆。

钱杆舞就是舞者以钱杆为道具表演的舞蹈。表演时手持钱杆中段，绕体打击身体肩、臂、手、腰、腿和脚等部位，腾挪闪跳，杆上铜钱铿锵作响，节奏鲜明，悦人耳目。钱杆舞可在街头或庭院表演，可单人、双人或多人同舞，配以"钱杆调"。钱杆舞可随龙灯、高跷等队游街演出。

四、乐器

（一）锣鼓

民国初年，锣鼓传入松烟，以三字坝毛五爷为首的锣鼓队最为有名。人们以打锣鼓自娱，不收银钱，故称耍锣鼓。常在喜庆节日打锣鼓自乐，或主家有喜事（华居落成、祝寿、结婚或送葬等）打锣鼓祝贺、热闹。常打的锣鼓引子有"一炷香""八排鼓""黄金宴""扑灯蛾"等。

1957年，娄义东、娄义才、杨炳云、娄必书、陈忠政、陈兴淮等在三字坝毛五爷处学打锣鼓，后成立松烟锣鼓队。1958年底，参加湄潭县（湄凤余三县合一县）锣鼓表演赛荣获第一名。

1988年，县文化馆组织汇演，邀请松烟锣鼓队参加，街坊群众集资，老百姓都说，只要能为松烟人争光，我们愿意出钱。汇演时，群众自发组织百余人现场助阵，获得了第一名。

1957年后，各村寨相继成立锣鼓队，各队打的调子大体相同。

图例说明：

○　　　　代表聋　　　读"聋"

×　　　　代表钵　　　读"扯"

∣　　　　代表锣　　　读"撞"

如："∣×∣×○×∣"读"撞扯撞扯聋扯撞"

‖：　　　：‖　　　　代表重复

以下锣鼓调由松烟镇觉林村青山组李官贤、关兴镇沙堆村堰沟组陈连科口述。

1. 锣鼓引子

第一排：表示春天万物复苏，勤耕苦读。

杜冬 杜冬 ∣∣∣∣ ×∣○×∣∣ 杜冬 杜冬 ∣∣∣∣ ×∣○×∣∣ ○×∣×○×∣

∣∣×∣○×∣ ○×∣×○×∣ ∣∣×∣○×∣ ×∣○×∣ ×∣○×∣ ××∣×∣

×∣×∣××∣ ×∣×∣××∣ ×∣○×∣ ×∣○×∣ ○×○×∣×∣:‖

第二排：表示春天万物复苏，勤耕苦读。

杜冬 杜冬 ∣∣∣∣ ×∣○×∣∣ 杜冬 杜冬 ∣∣∣∣ ×∣○×∣∣ ○×∣×○×∣

∣∣×∣○×∣ ○×∣×○×∣ ∣∣×∣○×∣ ×∣○×∣ ×∣○×∣ ∣∣×∣×

∣×∣×∣∣∣ ×∣×∣××∣ ×∣○×∣ ×∣○×∣ ○×○×∣×∣:‖

第三排：表示夏天百花盛开，生机勃勃。

杜冬 杜冬 ∣∣∣∣ ×∣○×∣∣ 杜冬 杜冬 ∣∣∣∣ ×∣○×∣∣ ○×∣×○×∣

∣∣×∣○×∣ ○×∣×○×∣ ∣∣×∣○×∣ ×∣○×∣ ×∣○×∣ ××∣×∣∣

××∣ ∣∣×∣ ∣∣∣∣ ∣∣×∣ ×∣○×∣ ×∣○×∣ ×∣○×∣

○×∣ ×∣○×∣ ○×○×∣×∣:‖

第四排：表示夏天百花盛开，生机勃勃。

杜冬杜冬∣∣∣∣ ×∣○×∣∣ 杜冬杜冬∣∣∣∣ ×∣○×∣∣ ○×∣×○×∣ ∣∣×

∣○×∣ ○×∣×○×∣ ∣∣×∣○×∣ ×∣○×∣ ×∣○×∣ ∣∣×

××∣ ∣∣∣∣ ∣∣∣∣ ∣∣× ×××× ×××× ××∣ ∣∣∣∣ ∣∣∣∣ ∣∣×

××∣ ∣∣∣∣ ∣∣∣∣ ∣∣×∣ ×∣○×∣ ×∣○×∣ ×∣○×∣ ∣∣

×∣∣× ×∣○×∣ ×∣○×∣ ○×○×∣×∣:‖

第五排：表示秋天硕果累累，五谷丰登。

杜冬杜冬∣∣∣∣ ×∣○×∣∣ 杜冬杜冬∣∣∣∣ ×∣○×∣∣ ○○××○○×× ○×

○○∣ ○○××○○×× ○×○∣ ○○○○○○○○ ○○○○○○○○ ○∣○∣ ○×○∣

○○○○○○○○ ○○○○○∣○∣ ○×○×∣ ○×○×∣ ×∣○×∣ ×∣○×∣∣∣∣

×∣○×∣ ×∣○×∣ ×∣○×∣ ×∣○×∣ ×∣○×∣ ×∣○×∣

×○×∣ ∣∣×∣○×∣ ×∣○×∣ ×∣○×∣ ○×○×∣×∣:‖

第六排：表示秋天硕果累累，五谷丰登。

杜冬 杜冬 │││││ │×○× │ │×○× │ ×│○× │ │×○× │ │×○×│ │×│ 杜冬 杜冬
│││││ │×○× │ │×○× │ ×│○× │ │×○× │ │×○×│×│ │○×○×│ │○×
│○×││ ×│○×│ ×│○×│ │○×○×│×│ :‖

第七排：表示冬天万物冬眠，盛世太平。

杜冬 杜冬 │││││ │×│× │ │×│ 杜冬 杜冬│││││ │×│× │ │×│ ││×│
│○×│ ││×│ │○×│ │○×○×││ ││○×│ │○×○×××│ ││×│
│○×│ │○○ ││×│ │○×│ │○×│ │×│○×│ │×│○×│ │○×○×│×│ :‖

第八排：表示冬天万物冬眠，盛世太平。

<u>杜! 杜冬 杜冬│ 杜! 杜冬│ 杜</u> ││ │×○○│ ×○○ ││ ×│○×││ 杜冬 杜冬││
│○×││ │×││ 杜冬││杜冬││ 杜冬杜冬│×│ ││ │×│││ │×│││
│○×○×○×× ││ │○×│ │○×○×○│ ││ │○×│ │○○ ││
│○×│ │×│○×│ │×│○×│ │○×○×│×│:‖

2. 锣鼓调子

(1) 锣鼓头子

①○○○○ ││○○ ×│○○ │○│○ ││○○ │○│○×│○○ ││○○ ×│○○
│×│×○×│○○ ×│○○ ││×││ :‖

注：表示欢快都可用○│ │○│ │○×││○○│ ×│○○ │×○│ │○○ │×│ 来结尾。

②○○○○ ││││ │─│││ │○×○×│×│ ×│○×│×│ │×○○ ×│○○
│×○×│×│ ││││ ‖: │×│× │×│× …… 镲×镲× ……○×○│
│○××│ │×○×│×│ ×│○×│×│ │×○│×○│ │×│ :‖

(2) 扑灯蛾

①○○×○○ ││×││ ○○×○○ ││×││ │○×○×│×│ ×○×○│×│○
×○×│×│ ×○×○│×│○ │○×│ ×○○│─│○ │×○○││─×│○
×│○│ │×│○×│││○○ │×○○ ││×││ :‖

②○○○○ ││○○ │×│○○ │×○×│ │×○×│○ │×│×│ ×│
│○×│×│ ‖: │×│× │×│× …… 镲×镲× ……○×○│ │○××│ │×○
×│○×│ │×│○×│ │×│○│ ×○│ │×│ :‖

③○○││ │○×○×││ ×○×○│││ │○×│ │○×│ │○×○××○○ ×○×○○
×│○│ │×│○│ │×│○│ │×│○×│ ×│○×│ ×│○×│ │×│
│○×│ ×│○×○×│○○ │×│○│ │×○×○│ │×│×│ ││×× ││××
││×× ×│×│×× │─│││ ││││ ││││ │×│× │×│×│ ○×│×
│○×│× │○│○│○×││ │○○×│○○ │○×○│ │×│○│ ○○○○ ││││
│×○│ ×○│ :‖

（3）金银店

〇｜×〇｜×〇｜×〇×｜×〇｜×〇×｜×〇〇｜〇｜〇｜×｜〇｜〇｜〇×｜〇×

〇×〇×｜〇×〇×〇×｜〇×｜〇×｜〇×〇〇｜×｜〇×〇〇｜×｜×｜〇×｜

×｜〇×｜〇｜〇｜〇×｜｜〇〇　×｜〇〇　｜｜×｜｜ :‖

（4）一炷香

①〇｜〇×｜〇｜〇×｜〇×〇×〇×〇｜×｜×｜×｜〇×〇×〇×〇｜×

　｜×｜×｜×〇　〇×〇｜×｜　〇×〇｜×｜　〇×〇〇｜×｜　〇×〇〇｜×｜〇｜×｜

　〇×｜｜〇〇　×｜〇〇　｜｜×｜｜:‖

②〇｜×〇｜×〇｜〇×〇×〇×〇｜×｜×｜×｜〇×〇〇｜×｜〇×〇〇

　｜×｜〇　｜｜｜｜｜｜×〇　｜｜｜｜｜｜×〇　〇｜×〇〇×〇〇｜×｜

　×〇×｜×｜×〇〇｜×｜×｜×〇×｜×｜‖: ｜×｜×｜×｜×　……锵×

　锵×……〇×〇｜〇××｜×｜×〇×｜×｜×〇×〇×｜×｜×〇｜×〇｜×｜:‖

（5）黄豆雀（表示传承民间风俗）

〇〇×　××〇　〇×｜〇〇×　××〇　〇×｜〇×〇×〇×｜〇×〇×〇×｜〇×｜〇

×｜〇×〇〇｜×｜〇×〇〇｜×｜　〇｜〇｜〇×　｜｜〇〇　×｜〇〇　｜｜×｜｜!

（6）双狮游林

〇〇　〇〇　｜｜×〇　｜｜×〇｜×〇×｜×〇　×〇×｜×〇　〇　｜｜｜｜　｜×〇｜

×｜×｜×〇×｜×｜　｜×｜×〇×｜×｜‖: ｜×｜×　｜×｜×　……锵×　锵×　……

〇×〇｜〇××｜　｜×〇×｜×｜×〇×｜×｜｜〇｜×〇｜×｜:‖

（7）白莲花　表示一年四季，百花盛开，欢迎欢天喜地，幸福美满。

〇〇〇〇　｜×〇〇　×｜〇〇　｜×〇〇　×｜〇〇　｜〇｜〇×｜〇｜〇｜×〇〇　｜×

〇｜×〇｜　×｜〇〇｜×｜　｜｜: ｜×｜　｜×｜　｜×｜×｜｜｜　｜×｜×｜×

｜×　｜×〇×　｜×〇×　｜×｜×〇　｜×｜｜　｜〇〇　｜〇〇　｜〇〇　｜〇〇　｜〇

〇〇×｜〇〇　｜×〇〇　×｜〇〇　｜〇｜×〇〇　｜〇｜〇×〇〇　｜×〇｜×〇｜

×｜〇〇｜×｜:‖

（8）王家场　表示危险、灾难以过去，使民众安定。

〇｜×〇｜×〇｜×｜×〇×｜×〇　｜×｜×〇×｜×〇　｜×｜×〇×｜×｜｜×

｜×〇×｜×｜　〇×〇×〇×｜　〇×〇×〇×｜　〇×〇〇｜×｜　〇×〇〇｜×｜　〇｜

〇｜〇×｜｜〇〇　×｜｜〇〇　｜｜×｜｜!

（9）黄金燕

①OOOO ｜｜×O ｜｜×O ｜×O×｜｜×O ｜×O×｜｜×O ×O×OO×｜
×O×OO×｜ O×｜ ×O×OO｜｜×｜O×｜ O×｜ ×O×OO｜｜×｜O×｜
O×｜O O×｜O ｜O｜×O×｜O O｜×O×｜O ×｜O×｜O ×｜O×｜O ×｜×｜O
×｜｜OO ×｜OO ｜｜×｜｜:｜｜ O｜O O｜ O×｜｜OO ｜｜×O O ｜×O OO
｜×｜!

②OOO ｜｜×O ｜｜×O ｜×O ｜｜×O ｜×OO ｜｜×O ｜×OO ｜｜×OO
｜｜OO ×｜OO ｜O｜O ×｜OO ｜O｜O ×｜OO ｜×O｜ ×O｜:｜｜

（10）三德

①O ｜×｜｜×｜｜ ××｜｜×｜O ｜×O ｜×O ｜×｜｜O×OOO ｜｜｜｜
｜×｜×O×｜O ｜O×O｜×O｜O｜｜O ×｜OO ×｜OO ｜｜×｜｜!

表示有高官来访。

②O ｜×｜×｜ O×｜ ×｜×｜ ｜OOO ｜｜｜｜ ｜×O ×｜O ｜O×OO｜O｜O
×｜｜OO ×｜OO ｜｜×｜｜!

表示尊师重教，孝敬长辈。

③O ｜×｜｜×｜｜ ｜｜×｜｜OO｜× OO｜× O｜O｜O×｜｜OO ×｜OO
｜｜×｜｜!

表示受苦受难，以求帮助。

（11）九边环

OO衣OO ｜｜衣｜｜ OO衣OO ｜｜衣｜｜ OOO ｜｜｜OOO ｜｜｜ O×OO｜
×｜ O×OO｜ ×｜ O｜O｜O×｜｜OO ×｜OO ｜×O｜ ×O｜:｜｜

（12）一齐下

①乒乒O冬镗× ××××××× ｜×｜×｜×｜ ××××××× ｜×｜×｜×｜ ×××
｜×｜ ××× ｜×｜ ××｜ ××｜ ×｜｜ ×｜｜ ×｜×｜ ×｜×｜ ×｜×｜
O×｜ ｜×O× ×｜O× ｜×O× ×｜O× ｜×O× ｜×O× ｜×O× ｜×｜:｜｜

②乒乒O冬｜× O镗O镗镗× 乒乒O冬｜× O镗O镗镗× 镗镗××镗 ×镗××镗
镗镗××镗 ×镗××镗 ××｜ ××｜ ×｜×｜ ××｜｜ ×｜×｜ ×｜×｜ ×｜O×｜
×｜O×｜ ｜×O× ｜×O× ｜×O｜｜×｜｜

③乒乒O冬衣O衣O×｜× 乒乒O冬衣｜×｜× 乒乒O冬×不O冬｜×｜ ×不O冬
×不冬｜｜×｜ ×｜O×｜ ×｜O×｜:｜｜

（13）上八排

杜冬 杜冬 ｜｜｜｜ ｜×O× ×｜O× ｜×O× ×｜O× ｜×O｜ O×O
×｜×｜ O×O×｜×｜ ×｜O×｜ ×｜O×｜ 加星子①：××｜｜｜× ××｜ ｜｜×
×｜×｜ ××｜ ｜×｜ ｜｜×｜ ｜×O×｜ ｜O×｜:｜｜ O×OO｜

（14）二牛

<u>杜冬</u> <u>杜冬</u> ｜｜｜｜ ｜×｜×｜×｜ ｜｜衣｜｜ ○×｜ ○×○×○×○ ｜｜×｜○×｜ ○×｜×○×｜×○ ｜｜×｜○×｜ ×｜○×｜ ×｜○×｜

加星子②：｜｜×× ｜｜×× ｜×｜× ｜｜×× ｜×｜× ｜｜×× ×｜○×｜ ×｜ ○×｜ :‖ ○×○○｜

加星子③：××｜ ｜｜× ××｜ ｜｜× ×｜×｜×｜ ｜×｜×｜｜ ×｜×｜ ××｜ ｜×｜×｜×｜× ×｜杜×｜ ×｜杜×｜: ｜×杜×｜:‖○×○○｜

（15）一斤

<u>杜冬</u> <u>杜冬</u> ｜｜｜｜ ｜×××｜ ｜×○｜ ｜｜○｜ ○×｜ ×｜×○｜ ○×○×｜×｜ ×｜○×｜ ×｜○×｜ ××｜｜ ××｜ ×｜○×｜×｜ ×｜×××｜ ×｜○×｜ ××｜｜ ×｜○×｜ ×｜○×｜:‖○×○○｜

加星子④：××××｜ ××衣××××｜ ｜ ｜ ｜ ｜｜衣｜｜｜｜× ××××｜ ××衣××××｜ ｜ ｜ ｜ ｜衣｜｜｜｜×｜｜｜×｜｜｜×｜｜｜× ×｜○×｜ ×｜○×｜:‖○×○○｜

（16）瑞林

<u>杜冬</u> <u>杜冬</u> ｜｜｜｜ ×｜○×｜ ×｜○×｜ <u>杜冬</u> <u>杜冬</u> ｜｜｜｜ ×｜○×｜ ×｜○×｜ ○○×× ○○×× ○○×○｜ ○○×○｜ ○○×× ○○×○｜ ○○×○｜ ○｜○｜ ○× ○×｜ ○○○○ ○｜○｜ ○×○×｜○×○×｜ ○×○×｜ ｜｜｜｜ ×｜○×｜ ×｜ ○×｜ ××××××以×××｜ ｜｜｜｜ ｜｜以｜ ｜｜× ××××××以×××｜ ｜｜ ｜｜ ｜｜以｜ ｜｜× ××｜ ｜｜× ｜｜｜｜ ｜｜以｜ ｜｜× ××｜ ×｜×｜｜ ××｜ ｜×｜×｜ ｜×××｜○×｜ ×｜○×｜ ×｜○×｜ ○×○○｜

加星子⑤：｜｜｜｜ ｜｜×｜ ｜｜× ｜×○×｜ ｜×○×｜ ｜｜｜｜ ｜｜×｜ ｜｜× ｜×○×｜ ｜×○×｜:‖○×○○｜

（17）水摸鱼

<u>杜冬杜</u> <u>杜冬</u> ｜ ｜｜｜｜ ×｜○×｜ <u>杜冬杜</u> <u>杜冬</u> ｜ ｜｜｜｜ ×｜○×｜ ×｜○×｜ ×｜○×｜ ×○ ｜ ｜｜×○ ×｜×｜ ×○ ｜｜｜ ｜尔○○ ｜尔○○ ｜尔○○ ｜｜｜｜ ×｜○×｜ ｜ ○×｜×｜×｜ ×｜○×｜ ×｜ ○×｜:‖｜｜｜｜ ｜｜衣｜ ｜｜×｜ ｜｜｜｜ ｜｜衣｜ ｜｜×｜ ×｜○×｜ ×｜○×｜ ○×○×｜×｜×｜ ×｜×｜○×｜ ○×○×｜×｜ ×｜○×｜ ×｜○×｜

加星子⑥：××｜ ××衣××｜ ｜｜ ｜ ××衣××｜ ×｜×｜ ×｜×｜ ×｜ ○×｜ :‖○×○○｜

（18）一匹草

①<u>杜冬 杜冬</u> 广广广广 <u>广尔朗朗</u> <u>广尔朗朗</u> <u>广尔朗朗</u> 广广 ×｜○×｜｜ <u>杜冬 杜冬</u> 广广
广广 <u>广尔朗朗</u> <u>广尔朗朗</u> <u>广尔朗朗</u> 广广 ×｜○×｜｜ ○×｜×○｜ ×｜○×｜ ××
衣×× ×｜○×｜ ○ <u>广尔朗朗</u> <u>广尔朗朗</u> <u>广尔朗朗</u> ｜｜｜｜ ×｜○×｜ ｜｜｜｜
×｜○×｜

加星子⑦：｜｜× ｜｜衣｜｜｜｜× ｜｜× ｜｜衣｜｜｜｜× ×｜○×｜ ×｜○×｜ :‖
○×○○｜

②<u>杜冬 杜冬</u> ｜｜ ×｜○×｜｜ <u>杜冬 杜冬</u> ｜｜ ×｜○×｜｜ ○×｜×○｜ ｜｜×｜
○×｜ ○×｜×○｜ ｜｜×｜○×｜ ×｜○×｜ ×｜○×｜ ×× ×× 以 ×××｜
×××× 以 ×××｜ ××｜｜× ××｜｜× ×｜○×｜ ×｜○
×｜ :‖ ○×○○｜

加星子⑧：××｜ ××衣××｜ ｜｜× ｜｜衣｜｜｜｜× ××｜｜× ×｜○×｜ ×｜○
｜×｜×｜｜× ×｜○×｜ ×｜○×｜ :‖ ○×○○｜

（19）重阳八排

<u>杜冬杜广杜</u> 广广广×杜 广广×广杜 广×杜 ×广杜 广广衣广广 ×广○×广 ｜×｜
×｜○×｜ ○×○×｜×｜ ｜｜×｜ ×｜○×｜ 加星子⑨：××衣××｜ ｜｜×
｜｜｜｜｜× 衣｜衣｜｜｜× ××｜｜× ×｜×｜××｜ ｜×｜×｜× ｜
○×｜ ×｜○×｜ :‖ ○×○○｜

（20）挂底

<u>乒乓○冬衣○衣○杜冬杜</u> ｜｜×｜○×｜ <u>乒乓○冬衣○衣○杜冬杜</u> ｜｜×｜○×｜ ○×｜
×○×｜×○ ｜｜×｜○×｜ ○×｜×○×｜×○ ｜｜×｜○×｜ ×｜○×｜ ××
○×○×× ××○×○｜ ××○×○×｜ ×｜○×｜ ×｜○×｜ :‖

（21）坳八排

<u>杜 杜冬｜杜</u> ｜｜｜｜ 广尔○○ 广尔○○ ｜｜｜｜ ×｜○×｜｜ <u>杜 杜冬｜杜</u> ｜｜｜｜ 广尔
○○ 广尔○○ ｜｜｜｜ ×｜○×｜｜ ○×｜×○｜ ｜｜×｜○×｜ ○×｜×○×｜ ｜｜×
｜｜｜×｜×○ ｜｜｜×○ ｜｜×○ ｜｜×｜ 以｜｜ ｜｜｜×｜ ｜｜×
○×｜×○ ｜｜｜｜ 尔○○ 尔○○ ｜｜｜｜ ×｜○×｜ ○×｜×○×｜ ｜｜×
｜○×｜ ○×｜×○｜ ｜｜｜×｜ ×｜○×｜ ×｜○×｜ ××
以× ××｜××｜ ×× ×× 以× ××｜ ｜｜｜ ｜｜× ｜｜｜｜ 以｜ ｜｜××
××以× ××｜ ｜｜｜｜ ｜｜× 以｜ ｜｜× ××以× ××｜ ×｜○×｜ ×｜○×｜×○
｜｜｜｜ ｜×○ ｜×｜×｜×○ ｜｜｜｜ ｜×○ ｜×｜×｜×○ ｜｜ 以｜｜ ×｜
○×｜ ｜｜ 以｜｜ ×｜○×｜ ○×○○｜

（22）丢马楼

○不○冬杜丨 ○×丨 ○×丨○×○×丨○×○×○×○丨丨×丨○×丨 ○×丨×○

×○丨丨×丨○×丨 ○×丨×○×○丨丨×丨○×丨丨丨×丨×○×丨 ×丨○×丨×丨

○×丨 ××丨 ××以×××丨 ××丨 ××以×××丨丨丨×丨丨丨丨丨丨以丨丨×

××丨丨丨× ××丨丨丨× ×丨○×丨 ××丨 丨×××丨丨×丨○×丨 ×丨○×丨

○不○冬杜丨 ○×丨 ○×丨 ○×○×丨○×○×○×○丨丨×丨○×丨 ○×丨

×○丨丨×丨○×丨 ○×丨×○×○丨丨×丨○×丨 丨丨×丨○×丨 ×丨○×丨

×丨○×丨 ○×○○丨

加星子①：××××○×× ××××○×丨 ××××○×× ××××○×丨 ○××××○丨

○×××○×丨 ○×○×丨 ×丨×丨○×丨 ×丨×丨○×丨×○丨丨丨丨×○丨×丨

×丨×○丨丨丨丨丨×○丨×丨×丨×○丨丨衣丨丨 ×丨○×丨丨丨衣丨丨×丨○

×丨 ○×○○丨 ○×○○丨 :‖

加星子②：丨丨衣丨丨丨丨×××××衣×××丨丨丨衣丨丨丨丨××××衣×××丨

丨丨衣丨丨丨×丨丨丨丨衣丨丨丨×××衣××丨×丨○×丨×丨○×丨:‖○×○○丨

加星子③：××衣×××丨丨丨丨丨丨×××丨丨丨×丨××丨丨丨×丨×丨×丨丨丨

丨×丨×丨丨× ×丨○×丨 ×丨○×丨:‖ ○×○○丨

加星子④：××丨 ××衣×××丨 丨丨× 丨丨衣丨丨丨× ○×○○丨 ××丨 ××衣

×××丨 丨丨× 丨丨衣丨丨丨× ××丨 丨丨× ×丨×丨丨× 丨丨×丨×丨丨×

×丨××丨 丨×丨×丨丨× ×丨○×丨 ×丨○×丨:‖ ○×○○丨

加星子⑤：××丨 ××××衣××丨 丨丨× 丨丨衣丨丨丨× ××××衣××丨 丨丨衣

丨丨丨× ×丨○×丨 ×丨○×丨×○丨丨丨丨×○丨×丨×丨×○丨丨衣丨丨×丨

○×丨 ×丨○×丨:‖ ○×○○丨

加星子⑥：丨丨丨丨衣×××丨 丨丨丨丨衣丨丨× 丨丨丨丨衣×××丨 丨丨丨丨衣丨丨×

×丨×丨○×丨 ×丨○×丨×○丨丨丨丨×○丨×丨○×丨 丨丨丨丨衣丨丨×

○×丨 ×丨○×丨:‖ ○×○○丨

加星子⑦：丨丨× 丨丨衣丨丨丨× ××××衣××丨 丨丨丨丨衣丨丨× ○丨丨丨○丨×

○×○×○×丨 ○丨○丨○丨× ○×○×○×丨 ×丨×丨○×丨 ×丨×丨○×丨 ×○

丨丨×○丨×丨×○丨丨衣丨丨 ×丨○×丨 丨丨×丨○×丨:‖ ○×○○丨

加星子⑧：丨丨× 丨丨丨丨衣丨丨× 丨丨× 丨丨丨丨衣丨丨× ××丨丨 ××××衣××丨

×丨×丨○×丨 ×丨×丨○×丨 ×○丨丨丨×○丨丨衣丨丨 ×丨○×丨 丨丨衣丨丨

×丨○×丨 ○×○○丨 ×丨○×丨 ×丨○×丨:‖ ○×○○丨

加星子⑨：×× ×× 衣×××｜ ×× ×× 衣×××｜ | | | |衣| | |×| | ||
衣| | | |× ○×××○×|　|×××|×| |× |○| | |○| × ○×××○×| |○|○
| | |× | | | |○| |× | | | |×|× ○×○×××| |×××|×| |○| | |○|
×| | |× | | | |○| |× ○×××|×| |○| |○| × ○×○×| |○|○| |× ○×○×|×| |○|
○| × |×|○| × |×|× ×|×|○| × | | | |×| |× | | | |×| × | | | |×|○
| |×| |×|○ | | |衣| | |×| |○ |×| | | |衣| | |×| |○ |×|:|| ○×○○|

注：每个引子后，皆可加任何一个星子。

（23）花灯锣鼓 ①

○○○○ ○ | ××| | | ×××| | ×××| ×|○| ×|○| ○×|○×| ○×|
| |×|○×| ×|○×| ×|○×| ○×○×|×|

（24）花灯锣鼓 ②

○○○○○ | |×○ | |×○ ×|○×|○ |×|×|×| ×|○×|○:||

（25）狮子灯锣鼓

×|○ ×|○ |×|×○×|×○ |×|×○×|×| |×○×|○ :||

（26）花灯、龙灯、狮子灯锣鼓

○○○ |×| |×|×|×| ×|×|○×|○ |×○×|×| ×|×○×|○:||

3. 结婚打锣调（陈连科口述）　×　代表锣　　读音："铛"

（1）一二三

××、×× ××、×××　×××、××××　××　××、×××××　×× ×××、××××
×× ××× ××× |、×××××××× ×× ×× ×××、×××××××× ×× ×× ×××、
×××××××× ×××　×××　、×××××××× ×× ×× ×××、
×××××××× ×× ×× ×××、×××××××× ×× ×× ×××
××× ××× :||

（2）一五七

× ×× 、××××× ×× ×××　、×××××× ×× ×× ×××:||

（3）二四八

×× 、××、×××× ×× ××　、×××××××× ×× ××× ×××　:||

（4）三六九

××× ×××、××××× ××× ×××、×××××××× ××× ××× ×××　:||

注：夹丁丁：在每一小节后加打× 　××

（二）唢呐

　　唢呐是民间吹奏乐器，本土唢呐盛行于 20 世纪 70 年代，一般两人合作
吹奏，闲时吹奏自乐，实属业余爱好。各地均有一两支唢呐队，如有人请去

祝贺亲朋喜事（华居落成、祝寿、结婚或送葬等），不开报酬，纯属帮忙。20 世纪 80 年代后，吹奏唢呐发展成为一种产业，唢呐配鼓和钹，或四人或六人合奏。常吹奏从前流传下来的调子，如"过街调""爬坡调""喊山调""豌豆开花调""黄莺亮翅调"等，也吹奏现代流行歌曲。因电视、电脑、网络和乐队等的冲击，喜爱者逐渐减少（以下唢呐老调由松烟镇黄永亮、李春林提供）。

唢呐老调（部分）

1. 发亲调

‖: 35 35 | 3 32 | 11 12 | 33 35 | 22 21 | 66 61 |
21 31 | 22 21 | 6 61 | 5 61 | 6 61 | 6 5 :‖

2. 霸王调

‖: 1.2 16 | 1 1 | 222 16 | 1 12 | 12 3 | 32 35 |
12 12 | 61 2 | 5 61 | 666 5 :‖

3. 中山坡

‖: 25 32 | 12 65 | 22 26 | 16 2 | 26 5 | 35 23 |
56 5 | 22 65 | 3 32 | 35 5 | 656 12 | 61 23 | 16 5 |
51 665 | 25 32 | 12 65 | 26 13 | 23 2 - :‖

4. 过街调

‖: 6 56 | 12 65 | 32 33 | 5 - | 656 12 | 61 23 |
12 25 | 6 - | 62 16 | 5 - | 66 16 | 565 15 |
16 565 | 12 16 | 5 656 | 66 16 | 22 332 | 12 25 |
6 62 | 16 565 | 33 523 | 5 - | 656 12 | 61 23 |
12 25 | 6 62 | 16 56 | 5 - :‖

5. 挂红引子

‖: 165 165 | 12 31 | 2 22 | 323 5 | 32 2 | 22 323 |
532 2 | 25 35 | 1 12 | 11 66 | 11 12 | 12 35 |
32 66 | 61 51 | 66 65 | 65 3 | 36 5 | 165 13 |
2 - :‖

6. 水落音（注：延时线处均为渐弱）

‖: 5 - - - | - - - - | 3 2 3 5 - | - - - - | 3 2 3 1 - |

- - - - | 2 1 6 2 - | - - - - | 3 2 3 5 - | - - - - |

3 2 3 6 5 6 1 2 1 | - - - - | 1 0 1 0 2 3 2 | 1 2 6 5 5 - |

- - - - | 2 - - - | 3 2 1 2 3 5 2 3 | 1 6 5 - - |

- - - - | 2 - 3 - | 6 5 1 - - | - - - - :‖

7. ‖: 3 2 3 3 | 5 6 5 | 2 3 2 2 | 6 5 2 3 | 1 1 1 3 | 3 2 6 |

2 2 2 5 3 | 2 5 3 5 | 3 2 1 6 | 2 2 5 | 1 6 1 6 | 1 1 2 3 |

2 2 5 | 6 1 5 | 6 1 6 | 6 1 5 :‖

8. ‖: 6 1 6 5 | 3 3 2 | 6 1 6 5 | 3 2 2 3 | 6 5 1 6 | 5 5 3 | 2

5 | 2 2 2 | 6 1 6 | 1 6 2 | 1 1 2 3 | 5 6 6 | 1 2 1 6 | 5 - :

9. ‖: 1 6 5 | 1 2 6 5 | 3 5 2 | 1 6 5 | 5 3 2 3 | 2 2 1 |

1 2 1 2 | 1 6 5 | 6 1 5 :‖

10. ‖: 6 1 6 5 | 3 3 | 3 2 1 2 | 3 5 2 | 2 2 2 3 | 2 5 6 | 5 3 2

2 2 2 3 | 2 5 6 | 5 3 2 3 | 5 2 5 | 3 2 1 2 | 1 6 5 | 6 1 6 6 |

6 1 5 :‖

11. ‖: 1 3 2 | 6 1 6 2 1 | 1 2 6 5 | 2 2 5 | 1 6 2 | 1 3 2 2 | 5

6 5 :‖

12. ‖: 1 6 2 | 2 2 1 6 | 3 3 3 | 1 6 2 | 2 2 3 5 | 5 3 2 1 |

1 6 1 6 | 3 5 5 3 2 | 1 1 1 | 3 2 1 | 1 6 6 1 | 6 5 :‖

13. ‖: 5 5 3 2 | 5 5 3 2 | 5 5 2 1 | 2 3 2 | 2 3 5 5 | 2 3 2 2 |

1 2 1 6 | 5 6 6 | 1 1 2 6 | 1 1 2 | 2 6 5 6 | 5 - :‖

随着科技的迅速发展，文化娱乐载体多元化，收音机、电影、电视、电脑、手机等进入人们的生活，其内容丰富，信息快捷，色彩艳丽，更能吸引人们的眼球，民间文艺逐渐被冷落。

第五节 民间歌谣

歌谣是民间文学体裁的一种。亦是民歌、民谣、儿歌和童谣的总称。古代以合乐为歌，徒歌为谣，现则统称为歌谣，是各族人民在长期的生活实践中，创造的极其丰富的民间文学艺术。歌谣最贴近生活，直接表达了劳动人民的思想感情和意志愿望。本土乡民口头传唱的民谣，既有固定歌词也有随心所欲、即兴创作的歌词，均具有浓郁的地方特色和艺术特色。歌词押韵，内容表达一些有趣小事或阐述一个深刻的道理，如儿歌、劳动歌、仪式歌、情歌、生活歌等。各类型唱词较多，这里仅选部分具有代表性的歌谣参考。

一、儿歌

（一）缝衣衫

松针儿、缝衣衫，缝了三尺三。拿给蝴蝶看，蝴蝶夸我好针线；拿给蜜蜂看，蜜蜂夸我好能干。一针针、一线线，我要缝件花衣衫，送给大地妈妈穿。

（二）童谣

1. 我、我、我，上山去打红苹果。白胡子老汉看到我，拿只箩篼园（kàng）倒我，三天三夜不放我。把我送到托儿所，托儿所的娃儿多，又集合，又唱歌，do re mi fa so。

2. 又哭又笑，黄狗拉尿。拉到沙子坳，捡个烂毡帽。拿回来，爹不要，妈不要，自己戴起哈哈笑。

（三）月亮光光

1. 月亮光光，姊妹烧香。烧香驼背，嫁给脚妹。脚妹不发轿子，扯根头发吊死。

2. 月亮光光，我要吃牤（māng）牤（方言，饭）。牤牤没有熟，我要吃腊肉；腊肉没有粑，我要吃糍粑。糍粑没有打，我要到河边去要。河边有只船，坐起到思南。思南在开会，毛主席万岁。

（四）放牧

烟子烟，莫秋（方言，熏）我，我是天上的梅花朵。狗捡柴，猫烧火，耗子开门笑死我。

（五）跳绳歌

一根鸡毛飞上天，天上有神仙。神仙打个屁，鸡毛落下地，乒、乓、嚓。

（六）盼过年

1. 红萝卜，咪咪甜，看到看到要过年。过年又好耍，萝卜炖嘎戛（方言，肉）。嘎戛又好吃，吃了胀肚皮。

2. 红萝卜，咪咪甜，看到看到要过年。细娃想吃戛，大人没得钱。

（七）小儿郎

1. 小呀嘛小儿郎，背起书包上学堂。书包放在桌子上，守到先生哭一场。先生问你哭哪样，一想爹二想娘。

2. 巴山豆，叶叶长，弯来弯去去望娘。娘又远，路又长，背起书包上学堂。书包放在桌子上，想起想起哭一场。先生问你哭哪样，没得媳妇洗衣裳。

（八）黄丝蚂蚂

黄丝蚂蚂（方言，蚂蚁），来抬戛戛；黄丝嬢嬢，来抬米汤。大脑壳，来吃戛；细脑壳，来吃肉；细旦旦，抬谷碗。

（九）放牛歌

吹大风，落大雨，保证放牛娃儿吃大米。

二、情歌

（一）初识

山歌好唱难起头，木匠难起龙凤楼。铁匠难打铁狮子，石匠难打石绣球。唱个山歌解忧愁，恋个小妹爱风流。你我都是风流子，逍遥快乐到白头。

郎一声来妹一声，好比花线配花针。妹是花针朝前走，哥是花线随后跟。
一林竹子选一根，万人之中选一人。不选人才和美貌，单选同心合意人。
唱首山歌逗一逗，看妹抬头不抬头。牛不抬头为吃草，妹不抬头是害羞。
东山画眉叫一声，西山画眉出来迎。两山画眉一齐叫，中间差个做媒人。
三根丝线掉下岩，你是行家你过来。端根板凳来坐起，一个一首唱起来。
说要来呀就要来，磨儿不推不转来。酒不劝人人不醉，花不逢春不乱开。
走了一湾又一湾，一根花蛇把路担。见蛇不打你行善，见花不采你装憨。
妹妹长得白如雪，白衣白裤穿不得。哥穿白衣逗狗咬，妹穿白衣逗人客。
妹妹山下放黄牛，哥哥山上打石头。石头落在牛背上，看你回头不回头。
说唱好来就唱好，油煎豆腐硬是好。油煎豆腐两面黄，今天陪伴唱歌郎。
六月太阳热又热，妹的帕子借不得。不是妹子不借你，你也热来我也热。
红漆龙门白粉墙，问你找郎不找郎。你要找郎来找我，做得生意赶得场。
哥今来到妹的家，马无笼头怎样拉。哥无媒人怎样走，妹你还装作哑巴。
路边草草路边黄，路边龙潭万丈长。丢块石头试深浅，丢张花帕试试郎。
上山砍柴不用刀，只用手脚轻轻摇。恋情不用媒拉线，唱首山歌来搭桥
出门得见绣花灯，路上碰到妹一人。有句好话不好讲，开口只怕妹骂娘。
出门得见绣花灯，路上碰见哥一人。情哥有话当面讲，开口不骂心上郎。

（二）初恋

哥莫忧来哥莫愁，紧握笔杆和锄头。三年五载妹等你，成名成家两丰收。
妹家住在九龙坡，路又弯来刺又多。手拿柴刀把刺砍，砍条情路等情哥。
妹家当门有棵槐，槐枝槐丫掉下来。风不吹槐槐不摇，妹不招手哥不来。
看到树儿发嫩芽，看到树儿开红花。看见情妹正长大，不知情妹嫁哪家。
妹在河边洗围腰，十指尖尖水上漂。东一瞧来西一望，望见情哥把手招。
情妹说话哥听清，好比吃姜肚内吞。哪有吃姜不辣口，哪有恋哥不真心。
有心爬树不怕高，有心见妹不怕刀。钢刀拿当板凳坐，铁链拿当裹脚包。
十八九岁刚出头，哪个青年不风流。大家都是风流辈，欢欢喜喜到白头。
不唱山歌不闹热，唱起山歌惹人映（方言，骂）。你若二回遇到我，偏要
一天唱到黑。
大田无水难插秧，哥哥无妻吃剩汤。当着爹娘干哥哥，背着爹娘我的郎。
一把扇子两面花，情妹爱我我爱她。妹爱情哥好扇子，哥爱情妹会挑花。
唱个山歌给妹听，看妹知情不知情。点灯还要双灯草，唱歌还要妹接音。
吃菜要吃白菜心，嫁郎要嫁老实人。哥们老实哪点好，不沾恶习活路行。
深山画眉叫喳喳，情妹爱我我爱她。情妹爱我会写字，我爱情妹会绣花。

哥想妹来妹想哥，思想不通慢慢说。哪把钥匙哪把锁，哪样病来哪样药。
哪个煮饭不用火，哪个唱戏不用锣。哪个拿针不穿线，哪个妹子不想哥。
月亮出来亮堂堂，哥望妹来妹望郎。郎有心来妹有意，两心有意结成对。
妹家当门有棵梨，吃在口里像吃蜜。心想打个梨子吃，又怕情妹不同意。
叫妹爬坡就爬坡，不要翻脸看情哥。翻脸还见情哥在，哪有力气爬上坡。

十二月子飘（花灯调）

正月子飘是新年，我劝情郎不赌钱。十个赌钱九个输，没得哪个得好处。
二月子飘龙抬头，太公钓鱼来上钩。二十四个金钩子，摇头摆尾来上钩。
三月子飘是清明，我和小妹去踩青。有儿坟上飘白纸，无儿坟上草生青。
四月子飘四月八，城隍庙里把香插。大仙菩萨威名显，保佑奴家生娃娃。
五月子飘是端阳，我和小妹下长江。两边坐的撑船手，中间坐的少年郎。
六月子飘热茫茫，我送情哥上学堂。郎走前头妹走后，妹妹没得上学堂。
七月子飘谷花落，收起蚊帐送情哥。七月里来蚊虫多，恐防咬着情哥哥。
八月子飘是中秋，我和小妹下扬州。苏州走到扬州转，好玩好耍城里头。
九月子飘菊花香，菊花酿酒满缸香。十缸酒儿开九缸，还留一缸等小郎。
十月子飘小阳春，根根底底说你听。言语说得好和孬，小妹真情说我听。
冬月子飘雪花飘，雪花飘飘凝得高。雪凝落在高山上，奴家与郎配得好。
腊月子飘要过年，情哥情妹大团圆。看望父母看爹妈，养儿育女好当家。

（三）热恋

情意真来情意真，只选情意不选金。缺吃少穿我情愿，喝口泉水甜在心。
天不平来地不平，半边落雨半边晴。只要郎心和妹意，下雨当着大天晴。
月亮出来亮堂堂，照到后园枇杷黄。枇杷好吃莫丢籽，宁愿丢籽莫丢郎。
一根腰带三尺长，打个疙瘩送姑娘。千年不许疙瘩散，万年不许妹丢郎。
池中鸳鸯成双对，园中蝴蝶双双飞。鱼儿永远不离水，哥哥永远不离妹。
家住高山不怕风，海里捞鱼不怕龙。有心跟哥不怕死，妹有双手不怕穷。
十八哥哟莫心焦，哥家有火妹来烧。哥家有菜妹来炒，井里有水妹来挑。
送郎送到窗子边，打开窗子望青天。唯愿老天落大雨，好让哥哥留下来。
送郎送到屋山头，郎上马来妹上楼。郎上马背呵呵笑，妹上楼来眼泪流。
妹家当门一笼竹，郎变飞蛾团转扑。郎变飞蛾扑团转，问妹在屋不在屋。

（四）相思

叫哥栽花哥不栽，别人栽花哥打苔。叫哥请媒哥不请，好花落在别人怀。
月亮弯弯两头勾，两颗星宿挂两头。星宿挂在月亮上，妹心挂在郎心头。

月亮弯弯两头尖，两颗星宿挂两边。金钩挂在银钩上，郎心挂在妹心边。
大雾蒙蒙不见天，河水弯弯不见船。隔了几天不见妹，好比吃饭缺油盐。
天上下雨地不干，风不吹树树不弯。不知妹你想不想，哥我想得饭不沾。
千里迢迢万里来，不为金银不为财。不为银钱不为米，只为情妹郎才来。
眉毛弯弯像月牙，盘子点灯要油多。不怕爹妈管得紧，想个主意来会哥。
屋中点亮灯对灯，夜晚等到三五更。等到三更哥不来，抹了眼泪吹了灯。
天上下雨颗颗落，不落平地落岩脚。路边飞来毛细雨，花前月下等情哥。
郎是天上小蜜蜂，妹是鲜花朵朵红。妹是鲜花要蜂采，蜂越采花花越红。
一张花帕四只角，二合二面绣飞鹤。帕子烂了飞鹤在，不看人才看手脚。
想起想起哭一场，没哭老子没哭娘，童子婚姻我没想，一心想起我的郎。
昨晚同哥背地约，约到花园来会合。我在地上盘脚坐，等哥等到太阳落。
月亮出来亮堂堂，对直照进妹的房。妹的房中样样有，少个枕头少个郎。

（五）结婚

这山没得那山高，那山高点有好人。前头是我大姨姐，后头是我当家人。
月亮圆圆像把筛，好女好夫配得来。白天一同下田去，夜晚一同回家来。
十七八岁不唱歌，二十四五事情多。三十四五当家去，哪有闲心唱山歌。
十七十八花正开，二十四五花抽苔，三十四五当家去，八轿抬哥哥不来。
白布汗衣五尺长，一颗纽扣在胸膛。过路君子莫笑我，一个女子一个郎。
鸡公打架头对头，夫妻打架不记仇。早晨吵得烟起火，黑了共睡花枕头。

三、劳动歌

（一）薅草歌

薅草歌是一种传统民歌。农民在苞谷地薅地里的草时，由歌手（俗称"歌师"）俩人，站在高处或夹在薅草群众间，一人敲鼓，一人打锣，边打边唱，时而合唱，时而对唱，时而领唱兼夹唱，鼓动薅草群众的劳动干劲。

1. 早晨歌
清早起、把床下，手拿梳子梳头发。前头梳起一块瓦，后头燕尾紧紧扎。
男子假，不算假，要假不过女人家。眉毛不弯用笔画，灯笼裤脚打纸花。
老的看见嘴巴撇，少的看见眼睛眨。

2. 盘锣鼓

我今开言问一声，就将锣儿问根生。生铜出在哪州府，熟铜出在哪州城？
哪只角儿安砧（zhēn）墩，哪只角儿请匠人？几十几锤来打起，几十几锤才开声？
生铜出在思州府，熟铜出在广州城。东边角儿安砧墩，西边角儿请匠人。
三百六十锤打起，九十九锤才开声。
哪样板子哪样箱，哪样皮子哪样帮？好多钉子来钉起？哪个打个咚咚喹？
柏杨板子柏杨箱，猪皮牛皮两面邦。三百六十颗钉子来钉起，哥郎打个咚咚喹。

3. 盘牛郎织女

天上大星对小星，地下南京对北京。红漆板凳对桌子，十八罗汉对观音。
哪样星宿娘家去，哪样星宿紧紧跟，走到哪里红了脸，手提哪样划长河？
哪个隔在河边坐，哪个隔在河西坡，几年几月会一面，会得人和义不和？
织女星宿天上去，牛郎星宿紧紧跟，走到江边红了脸，王母提簪划长河。
牛郎隔在河边坐，织女隔在河西坡，七月七日会一面，会得人和义不和。

4. 吃烟歌

蔴了一湾又一湾，蔴了一山又一山，呵欠连天烟瘾来，打起火镰吃杆烟。
叶纸烟，两头尖，知人待客它为先。隔年就把烟籽撒，栽到土头要掐巅。
七八月的割回来，抵到太阳晒干它，有的吃的烟巴斗，有的吃的长烟杆。
一要裹得松，二要烟杆空，三要明火点，四要叭得凶。
烟瘾来了呼一口，精也添来神也添。你要烧烟烧两口，家有贤妻把灯收。
吃了烟，磕烟灰，烟灰磕了几大堆。吃了烟，把烟磕，烟灰磕了几大箩。

5. 收工号

墙上一蔸草，风吹两边倒，我说要放活路，主人家说还早。
墙上一蔸菜，风吹两边摆，我说要放活路，主人家不大爱。

（二）栽秧歌

大田栽秧角对角，情妹下田先脱鞋。鞋儿脱在田坎上，花帕搭在杨柳脚。
大田栽秧排对排，头排栽了二排来。头排栽起人字路，二排栽起祝英台。
大田栽秧行对行，一对秧鸡好歇凉。秧鸡找到好歇处，情妹找到小情郎。
大田栽秧蔸对蔸，栽去栽来妹落沟。我们不怕别人笑，伸手过来栽两蔸。

大田栽秧行对行，栽去栽来妹落塘。我们不怕别人笑，伸手过来栽两行。
大田栽秧行对行，妹妹找到好情郎。哥家柜子关白米，妹家柜子关杂粮。
大田栽秧行对行，妹妹找到好情郎。哥家柜子关银子，妹家柜子关纸洋。
大田栽秧沟对沟，捡个螺蛳往后丢。螺蛳晒得大张口，妹妹晒得汗满流。
大田栽秧行对行，中间留个鲤鱼塘。好个鲤鱼不甩籽，好个姣妹不丢郎。
大田栽秧秧把稀，丢了秧把按秧鸡。秧鸡按得团团转，情妹按得笑嘻嘻。
栽秧不栽路边丘，姣在田坎把哥逗。心想上坎陪姣耍，误了阳春不得收。

（三）薅秧歌

薅秧歌，是劳动人民在田中薅秧时唱的劳动歌谣，具有鼓舞劳动者情绪，提神逗乐和消除疲劳的作用。歌词内容丰富，唱天地神仙，古今奇闻，也有表达爱情的唱词、山歌唱词、花灯唱词等。多为七言，也有五言，诵唱押韵，朗朗上口。

1. 一郎十女
高山顶上一丘田，半边干来半边淹。淹的半边栽毛谷，干的半边栽牡丹。
毛谷卖了去买马，牡丹卖了去配鞍。金马龙头银马鞍，穿胸腰带紧紧拴。
大姐拉着龙须马，二姐马上去配鞍。三姐烧盆洗脚水，四姐花鞋排两边。
五姐背草去铺铺，六姐抱床花被单。七姐提壶去打酒，八姐陪郎坐两边。
九姐问郎哪个好，十姐问郎哪个先。长田喂鱼个个好，牡丹开花朵朵鲜。

2. 十二月采茶
正月采茶是新年，二十四女打秋千。刘全进瓜游地府，借尸还魂李翠莲。
二月采茶茶发芽，富贵还是帝王家。文官提笔安天下，武将拿刀定中华。
三月采茶茶发青，红娘端茶奉张生。张生拉住红娘手，红娘抿嘴笑吟吟。
四月采茶茶叶长，姊妹房中两头忙。大姐忙来秧又老，二姐忙来麦吊黄。
五月采茶茶叶圆，关公提刀斩貂蝉。老爷不斩貂蝉女，春夏秋冬万古传。
六月采茶热难当，韩信追赶楚霸王。霸王逼在乌江死，韩信功劳不久长。
七月采茶茶花开，进京求名蔡伯喈。堂上双亲无人奉，苦了行孝女裙衩。
八月采茶茶叶收，隋炀皇帝下扬州。一心去观琼花景，万里江山一旦丢。
九月采茶茶叶沉，唐二背包送苏秦。苏秦得了高官做，唐二丢在九霄云。
十月采茶茶叶稀，孟姜女儿送寒衣。寒衣送到长城去，不见奴夫在哪里？
冬月采茶茶叶落，魏征丞相斩老龙。丞相不斩老龙将，玉皇旨到天下空。
腊月采茶又一年，背包打伞讨茶钱。你把茶钱交与我，要吃细茶等来年。

3. 薅秧山歌

说起唱歌就唱歌，唱歌还要我二人。犁田还要三根藤，犁扣断了犁不成。

说起唱歌我都爱，绕山绕岭跑起来。脚板跑起小水泡，周身跑出汗水来。

说起唱歌我都爱，没得哪个唱发财。只有张郎得官做，李郎唱歌得秀才。

青毛牛儿白背心，未曾长大耕阳春。枷担搭在牛背上，条条打它屁股墩。

姐妹一路去薅秧，两路青来一路黄。秧子黄来欠肥水，妹子黄来欠小郎。

大田薅秧水又浑，情妹落了绣花针。哪个捡到还给我，洛阳桥下许哥们。

大田薅秧水又白，情妹花针我捡得。心想拿来还给你，怕你桥下舍不得。

天上起云云重云，云中跑马哪一人？云中跑马张四姐，扰乱江山不太平。

4. 大田薅秧行对行（秧歌调）

大田薅秧行对行，哥一行来妹一行。哥拿秧把心在想，妹的手脚比哥强。

栽秧不久就薅秧，将就薅秧来望郎。哥妹薅秧来回走，像对鸳鸯戏池塘。

一块大田四角方，三个姑娘去薅秧。花鞋脱在田坎上，花帕搭在杨柳旁。

大田薅秧行对行，一对秧鸡中间藏。秧鸡打架为争水，情妹打架为争郎。

四、生活歌

（一）酒令

一心敬（一点点），二门喜（二弟兄好、哥俩好），三多财多（三多多、三星照），四季财，五子登科（五魁首），六位高升（六六顺），七巧巧，八仙寿（八匹马儿跑），九九艳阳天（九在手），满十满载（十在好）。

（二）猜谜

一飘三点头，走马转角楼，背铺烂席子，牵个大水牛。（打一字）

一点一横长，一飘飘南洋，破田不装水，脚下水汪汪。（打一字）

一飘三点点，提起杆子撵，追了三个弯，杀了四个眼。（打一字）

人王面前一对瓜，摘颗明珍送王家，二十三天不下雨，和尚口里吐泥巴。（打四字）

谜底：舜、康、为、金玉满堂。

（三）唱十二月

正月里把龙灯耍，二月就把风筝扎，三月清明把亲挂，四月立夏把秧插，

五月龙船下河坝，六月篾扇手中拿，七月里把早谷打，八月中秋看月华，
九月菊花开满架，十月橙子像冬瓜，冬月灰笼又起价，腊月就把年猪杀。

（四）和气歌

天上星多月不明，塘里鱼多水不清。世上人多要和气，几个能有百年春。
天上和来风雨顺，地下和来草木生。文武和来天下正，君臣和来正朝廷。
百姓和来不告状，官兵和来不害民。邻里和来好行走，房族和来农业兴。
弟兄和来家庭顺，妯娌和来家不分，夫妻和来生活好，姑嫂和来不相争。
经商和来顾客广，六亲和来情义深，你我互相讲和气，和和气气国太平。

（五）数九歌诀

一九二九，怀中插手。三九四九，冻死猪狗。五九六九，沿河看柳。
七九六十三，行人把衣单。九九八十一，庄稼老汉田中犁。

（六）松烟（老区）古景

漫笔景开玩龙坳，龙头龙尾启龙图。下堰石狮显威武，龙凤来仪庆争烟。
天然溶景麻央洞，银山金山朝大佛。石龙石蛋千丘田，座上观音璧上莲。
口吐云雾长长长，雾罩弥空时时消。昔日传说云雾飞，石蛋升天白雪临。
仙人墩上看究竟，公公背着媳妇行。神仙洞里屈指算，猴子遭殃挖断山。
龙来射斗笑天龙，百鸟翱翔凤凰山。远看白坟近如故，耳闻水香叶蔽天。
石林石笋石狮子，团团围绕狮子街。执炊造饭梭米孔，枕戈待旦官营山。
天子崖前万千渡，将台点兵将军岩。明月扎在朱家屯，进出不离马鞍山。
灵官保护状元桥，白马守着剑刀山。九老长寿观音坝，人杰地灵数梁山。
玉河洞底暗河水，封神洞里有红棺。台上有墩仙人石，轻轻摇动撑不翻。
三合则是天地人，二龙喜爱龙宝山。日游水关珍珠井，夜赏花山星宿岩。
犀牛潜伏三涨水，藏宝蓄存银子窝。自来石飞马斑塘，如鸟斯革志不坚。
未遂成神人敬仰，里人叫为石头神。姑娘成神活佛庙，戏要成佛金凤山。
江家古庙置犬田，百犬同槽几十年。猖猖猗猗听呼唤，如狼似虎保僧山。
铜钟显奇钟卜水，飞身蚁垒将军坟。他山隐士钱大错，柳湖石刻亲手拈。
穆姬山对六郎屯，朱王失败火灭堂，大松远荫人增寿，三星共照我松烟。

（七）犁牛还要两根绳（山歌调）

一人唱歌歌不多，歌少唱起不快活。我今起头你来唱，你唱他接歌接歌。
犁牛还要两根绳，唱歌还要四个人。一股单纱不成线，一根独木不成林。

（八）好久没有唱山歌（山歌调）

好久没有唱山歌，喉咙长起蜘蛛窝。党给一把铁扫帚，打扫喉咙唱山歌。
从前妇女不上坡，从前妇女不唱歌。如今上阵打响锣，唱得旧歌滚下坡。

（九）画眉打架耳朵尖（山歌调）

好久没到这方来，这方姑娘长成才。这方姑娘快快长，哥们回去请媒来。
太阳落山又落湾，两只金鸡飞出山。白天又怕枪来打，夜晚又怕火烧山。
画眉打架耳朵尖，情妹戴张花手绢。把你手绢给我戴，哥的名字在中间。
黄金棍来黄金藤，大家都是唱歌人。把你好歌多唱首，阳雀过山远传名。
清早起来把门开，一股凉风吹进来。这股凉风吹得怪，单单吹到奴窗台。
情妹下河洗白衣，一棒东来一棒西。一棒打在石头上，情妹想到哪一些。

（十）情愿跟哥吃苦参（山歌调）

大米饭来白生生，花碗端起不爱吞。油汤泡饭吃不饱，情愿跟哥吃苦参。

（十一）妹劝情哥不学坏（山歌调）

昨晚等哥哥不来，听说情哥去打牌。为人需当走正道，妹劝情哥不学坏。
情哥戒赌妹心欢，兄妹合好胜从前。知过能改是好汉，相亲相爱到百年。

（十二）二十二孝

天下耕读勤为本，世间百行孝为先。为人子者孝父母，养育之恩非等闲。
古人二十四孝子，后世学他子孙贤。帝王大舜行大孝，曾在尼山苦耕田。
文帝行孝把药尝，治好母亲做君王。目连为救母亲难，走遍十八地狱门。
闵子后因耆虐待，受寒不怨因母心。郭巨为母寻鲜鱼，身卧寒冰鱼漂临。
董永卖身把父葬，天赐仙女配姻缘。孟宗救母哭竹根，冬天长出笋子林。
黄香九岁行孝道，冬温席来下榻床。寿昌思念母亲苦，弃官天涯把母寻。
只因母亲胆子小，王褒闻雷把墓泣。周氏把乳养婆婆，千秋万代永传名。
姜诗顺母把妻逐，一门三孝万古闻。三春出家不怨婆，落难七年不怨亲。
安安寻母把米送，后中状元全家荣。杨香为母把山上，舍命打虎来救亲。
陆绩六岁能行孝，客家怀橘敬爹妈。吴猛舍身把蚊喂，为让老母得安宁。
王化买父来供养，万古流传到如今。剪发行孝赵五娘，女中豪杰把名扬。
丁郎刻木来奉养，舍谷淋雨先背娘。张孝为母把凤打，茅人替他受灾殃。
这些古人是榜样，行孝才有好下场。

（十三）山歌对唱

女：大田栽秧棵对棵，栽去栽来妹落窝。路上情哥不要看，下田帮妹栽几窝。

男：大田栽秧棵对棵，栽去栽来妹落窝。只要小妹不嫌弃，哥来帮妹栽几窝。

女：大田栽秧行对行，哥来帮忙有原因。不是帮妹栽秧子，是来扰乱小妹心。

男：大田栽秧行对行，栽去栽来妹落塘。谁是哥的情妹妹，我就帮妹栽几行。

女：大田栽秧棵对棵，扒开泥巴栽一窝。过路情哥你莫笑，妹家人少活路多。

男：大田栽秧棵对棵，人才美貌惊动哥。一帮妹子栽秧子，二陪妹来唱山歌。

女：送郎送到火炉边，火炉边前四块砖。火炉边前砖四块，少了一块不团圆。

男：昨夜想妹到五更，想得哥哥脑壳昏。山珍海味吃不下，白日夜晚分不清。

女：送郎送到屋檐边，二人抬头看青天。月亮起来太阳落，不知等到哪一天。

男：小妹你是真商量，我们两个好心肠。我们两个做一对，好比金鸡配凤凰。

女：送郎送到下石梯，毛风细雨打湿衣。心想脱件哥穿起，男人不穿女人衣。

男：我们唱了大半天，一起抬头看青天。话到口边不好讲，不知等到哪一天。

第六节　谚语　歇后语　方言

一、谚语

谚语是劳动人民创作并广为流传的定型化的艺术短语，它高度地概括了社会实践的经验，用简单通俗的话来反映深刻的道理，是人民智慧的结晶，其内容丰富，生动活泼，节奏鲜明，有地方特色，民间风情与习俗浓厚，得到当地广大百姓的广泛认同、保存、流传。

A

八九不离十。

八仙过海，各显神通。

八月犁田一碗油，九月犁田半碗酒，

十月犁田光骨头。

八字不在一撇。

拔开萝卜地皮宽。

B

斑鸠叫咕咕，天上雨嘟嘟。

半夜吃桃子，照到吧的捏。

半夜说起五更走，天亮还在大门口。

比上不足，比下有余。

冰冻三尺，非一日之寒。

冰炭不言，冷热自明。

兵来将挡，水来土掩。

兵马未动，粮草先行。

病急，乱投医。

病是吃出来的，祸是惹出来的。

不愁事难，就怕不干。

不打不成人，黄荆棍下出好人。

不到黄河，心不死。

不端人家碗，不受人家管。

不看僧面，看佛面。

不怕不识货，就怕货比货。

不怕重阳十三雨，只望立冬一天晴。

不求有功，但求无过。

不入虎穴，焉得虎子。

不是那家人，不上那家门。

不是乌骨鸡，染都染不黑；

不是冤家，不聚头。

不贪意外之财，不饮过量之酒。

不听老人言，吃亏在眼前。

不想锅巴吃，哪在灶边转。

不依规矩，不成方圆。

不在其位，不谋其政。

C

车到山前必有路，水到临时慢开沟。

成人不自在，自在不成人。

成事不足，败事有余。

吃的亏，打得堆。

吃人家的嘴短，拿人家的手软。

出门看天色，进门看脸色。

除了青杠无好火，除了母舅没好亲。

D

打狗要打夹尾巴狗，救人要救急事人。

挑水要往井边走，打酒只问提壶人。

大哥不说二哥，哪个都差不多。

大懒支小懒，一支一个翻白眼。

大路不平旁人铲，心术不正遭人点。

大路朝天，各走半边。

胆大骑龙骑虎，胆小骑抱鸡母。

道路朝天，各走半边。

当家才知柴米贵，养子才报父母恩。

当家才知盐米贵，处事方知世事艰。

当面是人，背后是鬼。

得人钱财，替人消灾。

灯里无油灯不亮，田里缺肥苗不长。

冬天铲去草，春天害虫少。

冬至逢壬数九，夏至三庚入伏。

杜鹃爱叫不做巢，懒人爱吹不办事。

E

恶人自有恶人收，只是来早或来迟。

饿老颧起得迟，一嘴一条鱼。

儿不嫌母丑，狗不嫌家贫。

儿大不由爹，女大不由娘。

儿孙自有儿孙福，莫为儿孙当马牛。

二月初一晴，树叶发两层。

F

风大随风，雨大随雨。

富不离书，穷不离猪。

G

干不死的高粱，饿不死的伙房。

高兴不知愁来到，吃亏（挨打）不知哪一天。

跟好人学好人，跟着端公（巫师）学鬼叫，跟到端姑跳假神。

公鸡打架头对头，夫妻吵嘴不记仇。

谷雨前后，种瓜种豆。

观棋不语真君子，举手无悔大丈夫。

管人闲事受人磨，不管闲事几松活。

狗急跳墙，人急悬梁。

H

好汉死在疆场，懒汉死在床上。

好马不吃回头草，好女不穿嫁时衣。

好人命不长，祸害千年在。

好竹生好笋，好秧好收成。

黑发不知勤学早，转眼已是白发翁。

黑毛猪儿，家家有。

会打三班鼓，还需六个人。

J

家家有本难念的经，人人有支难唱的曲。

家中有金银，隔壁有戥（děng）秤。

见了秀才说书，见了屠夫说猪。

金窝银窝，不如自家的草窝。

进屋有个恭喜，出门有个多谢。

酒后不语真君子，财上分明大丈夫。

酒醉真君子，饭胀傻脓包。

酒是烂肠的毒药，色是剐人的钢刀，

财是下山的猛虎，气是惹祸的根源

君子爱财，取之有道。

君子用嘴说，牛马动蹄脚。

圈干槽净，牲口没病。

K

靠山吃山需养山，植树造林需护林。

筷子拗不过地脚枋。

L

癫子在，嫌癫子丑；癫子走了，断一只手。

老不正经，教坏子孙。

老鸹笑猪黑，各人没觉得。

老子英雄儿好汉，老子狗熊儿混蛋。

两口子吵嘴，常事。

雷公先唱歌，有雨也不多。

立夏不下，犁耙高挂。

立夏无雨，人畜闲起。

六月不涨水，当心难敷嘴。

龙生龙，凤生凤，耗子生儿会打洞。

M

麻雀飞过有影子，墙壁再高也透风。

麻雀起得早，叽叽喳喳捞不饱。

蚂蚁搬家青蛙叫，瓢泼大雨就来到。

慢工出细活，三天砍个牛大脚。

猫儿不在家，耗子打翻叉。

明人不做暗事，真神不烧假香。

没有不透风的墙。

N

哪有一晚哭到亮的娃儿。

男不和女斗，山不和水斗。

宁说三声有，莫说一声无。

牛吃谷草鸡吃谷，各人自有各人福。

牛无力打横耙，人无理说横话。

牛要四蹄圆，猪要四蹄粗。

P

平阳大坝是个名，山旮旯里出贵人。

Q

妻贤夫祸少，子孝父心宽。

前三十年看父教子，后三十年看子敬父。

强盗进屋，灰都要抓一把。

千年土地，八百主。

勤人走三招，懒人榨断腰。

勤是摇钱树，俭是聚宝盆。

勤整枝，多打杈，果果一挂挂。

情愿输脑壳，不愿输耳朵。

清官难断家务事，衙门少有善良人。

求人不如求己，摔倒不如爬起。

R

人不伤心不流泪，树不削皮不会裂。

人不要脸，百事可为。

人不知春草知春，桐籽开花种花生。

人多好种田，人少好过年。

人恶人怕天不怕，人善人欺天不欺。

人逢喜事精神爽，月到十五分外明。

人哄地皮，地皮哄肚皮。

人活一张脸，树活一张皮。

人敬我一尺，我敬人一丈。

人老骨头硬，越老越展劲。

人怕裹，蓑衣怕火。

人勤猪不瘦，人懒猪不肥。

人情似纸张张薄，世事如棋局局新。

人穷怪屋基，饭葩怪筲箕。

人是三节草，不知哪节好。

人是铁饭是钢，一顿不吃饿得慌。

人往高处走，水往低处流。

人有人不同，花有几样红。

人又生得穷，处处遇到甲甲虫。

人在人情在，人走两分开。

人争一口气，佛争一炷香。

日落红胭脂，无雨风凄凄。

若是乌骨鸡，洗都洗不白。

S

杀猪杀断喉，帮人帮出头。

杀猪杀屁股，各师各教（各有各的杀法）。

山里石多路不平，河里鱼多水不清。

山区要得富，必须先修路。

山区要得富，勤劳多栽树。

山上毁林开荒，山下田土遭殃。

山塘水库，养鱼致富。

山中常有千年树，世上难逢百岁人。

三十夜的火，十四夜的灯。

上回当，讨回乖。

上梁不正下梁歪，中梁不正倒下来。

少是夫妻老是伴，一时不见惊叫唤。

生儿不养难成人，栽树不护难成林。

生就的德性造就的船，想改就得下个蛮。

十个说客，不如一个夺客。

十月初一阴，猪儿贵如金，

十月初一晴，老母猪拉断绳，

十月初一落，老母猪拉断索。

树高千丈，落叶落归根。

手不摸红，红不染手。

说得闹热，过得淡白。

T

桃三李四核八年，枣子隔年就卖钱。

天怕浮云地怕霜，娃二就怕没有娘。

天下乌鸦一般黑，地上财主一样狠。

天上勾勾云，地上雨淋淋；

天上鲤鱼翻，晒谷不用翻。

天上文曲星，地上母舅亲。

天上鱼鳞云，不过三日晴。

天上云赶早，地上雨润小。

天上无云不下雨，地上无媒不成亲

天上云尖斑，地上龙井干。

田边地角不能丢，点上葫豆照样收。

田边地角不能甩，种上荒瓜逗人爱。

听人劝，得一半。

偷鸡不成，倒蚀把米。

头大尾根粗，必定是好猪。

W

为人不学艺，挑断箩筐系。

为人不做亏心事，半夜敲门心不惊。

万事皆由命，半点不由人。

无事不登三宝殿，有事才到佛面前。

无酒不成礼义，无色路断人稀，

无财不成买卖，无气反被人欺。

物要新的好，人要旧的牢。

X

戏跳三遍无人看，话说三遍无人听。

瞎猫碰到死老鼠，骑牛撞见亲家公。

闲时做来急时用，急时做来不管用。

秀才一起说书，屠夫一起讲猪。

县官，不如现管。

小麦种迟没有头，油菜种迟没有油。

兄弟姊妹同娘长，长大衣食各求各。

Y

鸭子死了，嘴壳子硬。

眼不见，心不烦。

羊肉没得吃，惹得一身骚。

阳雀叫在清明后，烂田烂土都种豆。

阳雀叫在清明前，高山顶上烂成田。

要得苞谷多，一窝挨一窝。

要得苞谷大，环顺一锄把。

一虹杠东，一日三冲；

一虹杠西，干断河溪。

一颗耗子屎，坏了一锅汤。

一人吃饱，全家不饿。

一日黄沙三日雨，三日黄沙九天晴。

一家之计在于和，一生之计在于勤。

易涨易退山溪水，易反易复小人心。

油盐出好菜，棍棒出好人。

有恩不报非君子，忘恩负义是小人。

有风吹大坡，有事找（问）大哥。

有福之人不用忙，无福之人跑断肠。

有借有还，再借不难。

有钱男子汉，无钱汉子难。

有钱能使鬼推磨，李四不干找张三。

有雨山戴帽，无雨起河罩。

有雨天边亮，无雨顶上光。

远处强盗近处脚，岩鹰不打窝下雀。

远怕水，近怕鬼。

云朝上，水波浪，云朝下，晒沙坝；

云去东，雨落空，云去西，披蓑衣；

云往北，雨没得，云往南，雨成团。

Z

在生不孝，死后流狗尿。

早上胭脂红，无雨必有风；

早睡早起，满仓谷米。

猪尿泡打人不痛，气胀人。

种桑栽桐，子孙不穷。

桌子上吃饭，桌子下咬人。

走到哪个坡，就唱哪首歌。

嘴上无毛，办事（记事）不牢。

二、歇后语

歇后语是以事物或同音字词表义的简练口语，由前后两部分构成。前一部分像谜面，中间有一个短暂的停留，后一部分像谜底，是歇后语的重点，它表达前语的意思，是广为流传的地方民间语言，深受百姓所爱、所用，纯属民间文学作品。

A

矮子爬坡——步步高升

矮子排队——倒数第一

B

八仙过海——各显神通

八月十五的月亮——正大光明

百花盛开的山坡——花山（地名）

百米赛跑——分秒必争

板凳上睡觉——难得翻身

半夜吃桃子——按到粑的捏

包单布洗脸——大方（地名）

包公审案子——铁面无私

背鼓上门——讨打

扁担吹火—— 一窍不通

C

菜刀打豆腐——二面光

蚕豆开花——黑心

厕所头摔跤——隔死不远

裁缝的脑壳——当针（真）

肠子里装气——内讧

吃苞谷粑打呵欠——满口黄腔

仇人相见——分外眼红

出土的笋子——天天向上

船上磕头——贵州（跪舟）（地名）

D

打破砂锅——问到底

打胭脂入棺——死要面子

打油匠提盐罐——游（油）手好闲（咸）

大姑娘坐轿——头一回

大海捞针——没处寻

戴起碓窝唱戏——费力不讨好

弹花匠的女——会谈不会纺

灯草织布——枉费心机

等公鸡下蛋——无指望

抵门杠嵌牙——插不进嘴

吊颈鬼脱裤子——死不要脸

肚皮头长獠牙——心狠

肚子里划船——内行（航）

E

鹅卵石下油锅——扎实（炸石）

F

放羊的好地方——草坪（地名）

飞蛾扑火——自取灭亡

飞机上扔石头——一落千丈

G

干饭稀饭——各人的搞干

改板匠改板——你来我往

告化子卖米——只有一身（升）

告化子唱山歌——穷开心

告化子赶场——分文没得

告花子得碗米——是讨来（得）的

狗吃牛屎——图多

狗戴毡帽——碰到的

狗啃骨头——津津有味

狗咬耗子——多管闲事（劳而无功）

古代的婚姻——湄潭（媒谈）（地名）

观音庙遭火烧——妙哉（庙灾）

官（棺）山坡卖布——鬼扯

H

海龙王做寿——余（鱼）庆（地名）

韩信点兵——多多益善

耗子舔米汤——糊得住嘴

耗子钻石灰窑——空进白出

和尚打伞——无法无天

荷叶上的露水——清清白白

河边推豆腐，浪里来，浪里去

画蛇添足——多此一举

黄泥巴揩屁股——不是死（屎）也是死（屎）（倒巴一坨）

火烧眉毛——只顾眼前

J

鸡蛋炖鸭蛋——混蛋

假话不说——道真

尖老壳戴凉帽——戏摇戏活的

肩膀扛灰笼——恼（老）火

箭在弦上——不得不发

江湖结拜——遵义

饺子破皮——露了馅

井底青蛙——目光短浅

K

看书流眼泪——替古人担忧

空棺材出丧——目（木）中无人

孔夫子搬家——尽是书（输）

孔夫子唱戏——出口成章（脏）

筷子筅头装擂茶棒——冲大的一根

L

腊月间打毛栗——空球球

癞蛤蟆穿裤子——蹬打不开

癞蛤蟆爬楼梯——不够格

老把把过年——年不如一年

老鸹笑猪黑——各人没觉得

老虎借猪——只借不还

老虎拉车——谁敢

老虎的屁股——摸不得

老鼠过街——人人喊打

理发店收徒弟——从头学起

两个汤圆下锅——二冲二冲的

两个哑巴睡一头——没得话说（没得讲的）

两口子上吊——共同提高

六月间的春倌——乱说

六月间的偏东雨——到处洒点

龙灯的脑袋——随便玩

M

麻布口袋装媳妇——龙溪（笼妻）（地名）

麻雀打架——争一颗米（差一颗米）

麻雀虽小——五脏俱全

麻子打喝害——全体动员

蚂蟥嘴巴——两头吃

蚂蚁钻磨子——条条是道

麦秆做吹火筒——小气

猫吃团鱼——没找到头

猫哭耗子——假慈悲

猫抓糍粑——脱不了爪爪

茅厕坎上摔跟头——离死（屎）不远

茅坑里的石头——又臭又硬

盲人打靶——没目标

盲人戴眼镜——多余的圈圈

盲人点灯——白费蜡

米吃了——康寨（糠在）（地方）

磨子上睡瞌睡——想转（通）了

N

泥菩萨过河——自身难保

尿罐里泡茶——不是味道

尿泡打人不痛——气胀人

P

泼出去的米汤——嫁出去的姑娘

菩萨的胡子——人栽的

Q

墙上茅草——风吹两边倒

拳头舂海椒——辣手

S

三十六计——走为上

山萝卜打蘸水——笨红苕

十床秧槁键铺床——后坝（厚罢）（地名）

十五的龙灯——玩转去了

十五只桶打水——七上八下

世界无战争——太平（地名）

水打码头——桥寨（在）（地名）

水饭里放花椒——麻鬼

死人的眼睛——定了

T

兔子尾巴——长（藏）不了

脱了裤子打老虎——不要脸，不要命

脱了裤子放屁——麻烦，多此一举

W

瓦匠的姑娘——疑心（泥腥）重

歪婆娘照镜子——当面出丑

王二娘的裹脚——又长又臭

王二娘捡菌——过串（时）了

王二娘卖瓜——自卖自夸

蚊子咬菩萨——认错了人

W

屙屎不带纸——想不开

X

媳妇落在汤锅里——敖溪（熬妻）（地名）

新官上任——三把火

胸口上挂盐罐——咸（含）心

Y

鸭子下田——到处哈

哑巴吃黄连——说不出口

哑巴吃汤圆——心中有数

阎王爷的姑娘——鬼才要

一斗芝麻掉一粒——有你不多，无你不少

一双筷子夹骨头——三条光棍

有借有还——再借不难

余庆人包帕子——不封顶

野猫咬牛——大干一场

Z

张三丰改板子——天一锯（句），地一锯（句）

丈二和尚——摸不着头脑

丈夫死了——陆（奴）家寨（在）（地名）

芝麻开花——节节高

纸做的栏杆——靠不住

猪八戒照镜子——里外不是人

竹篮打水——一场空

三、方言

方言俗称地方话，只通行于一定的地域，是局部地区使用的语言，它经历漫长的演变过程而逐渐形成。

余庆县方言因余庆版图的逐步形成，主要分为三大系：以满溪腔为代表的白泥话；以花山苗族乡为代表的江内话；以松烟、敖溪为代表的江外话。江外话以乌江以北的湄潭县、风冈县、播州区、新蒲新区的大部分区域方言相似。

A

哀到——两者靠近，接触

捱刀砍脑壳的——特别坏

矮笃笃——人矮

昂帮——（老人）身体好

B

巴胎——服贴

扒老二、三只手——小偷

罢儿——铺好

扳嘴巴劲——争吵

板——乱动，挣扎

办灯——作对

半夜阵——午夜

摆儿——陈列好

摆摆——鱼

宝气——言行神态让人看不顺眼

宝爷——干爹

抱鸡婆——孵蛋母鸡

背时——倒霉、时运不佳

不耳实——不理睬

不经事——不牢固

不罗叫——朋友不按自己的想法、要求做不听叹——不听教育

不雄——不喜欢、不感兴趣

C

擦黑、打渣乌——傍晚

草得很——比憨还要憨的意思

查衣货——假冒伪劣的商品

刹角——结束，最后

差一颗米——一般指接近危险边沿

豺狗——豺狼

扯拐——出差错、出故障

扯光儿——说空话

扯谎俩（liǎ）白——说谎

扯谎三——说谎的人

扯霍闪——闪电

吃嚯皮——白吃白喝

吃酒——喜宴，送礼吃饭

吃少午——吃中餐

冲宝——宝气

冲——出风头

冲壳子——搬弄是非，说别人的坏话

抽——推

出不得色——害羞，不大方

出脱——损失、失去

初不初——起初

穿鼻子——幼儿开始上学

D

答白——答话

打发——女子出嫁，或长辈赠钱物

打广子——思想不集中，开小差

打嫩巅——未成年而夭折

打喔了——弄脏了

打整——收拾

档头——另一边，另一端

等哈——等一会儿

滴滴个——很少很少

底夹——下面，低矮的地方

颠东——健忘

点灯——蜻蜓

吊歪——调皮、顶嘴，反抗

丁丁（点点）——很少

锭子——拳头

E

耳识——理睬

二回——下次

二天——以后、明天

儿魂——魂魄

F

翻筋——调皮

房圈屋——卧室

飞娃——蝴蝶

负累——谢谢

G

嘎嘎（第一声）嘎公嘎婆——外祖父，外祖母

嘎嘎（第四声）——肉

该歪——厉害（如：凶得该歪）

感子——不花钱，白占便宜

搞倒事——占到便宜，得到比较大的好处了

搞牯了——关系破裂

搞浪——干什么

割不得人——与人关系处得不好

割孽——吵架、打架、扯皮

各单——重新、单独

各人（家）——自己

给（gēi）阳坎——房屋前的台阶

狗夹夹（夹壳）——不大方、吝啬

谷叼——谷穗

牯倒——硬要、非要不可、强占

寡——很、非常、特别，松烟人常说：寡求难吃

乖——漂亮，很听话

惯事——溺爱

光声——光滑

归一——完了、没了、结束了

鬼火撮——很生气

鬼头倒八——疯疯癫癫的

过串——晚了，不存在

H

哈 [hà] ——傻哈 [hà] 戳戳——憨的意思

哈哈（港港）——一会儿

哈声哈气——声音沙哑

还绷子——报复

害口失羞——胆子小、腼腆的样子

憨苞、哈苞——很傻的人

行（háng）实——指做事非常得力

好生点——认真、小心

喝皮——不要钱、白占便宜

和变——善于帮助别人

和（hé）二麻汤——同流合污

黑人——吓人

嘿 [hèi] 实（起）——用力、使劲

红苕——红薯

厚皮搭脸——脸皮厚

葫豆——蚕豆

滑头——狡猾

话包子——话多的人

环顺——周围

环边——旁边

J

鸡娃——小鸡

急打三秋——来不及准备，时间仓促

几多——很、非常、特别

夹壳——吝啬鬼

夹孔——腋下

架势——开始

尖——聪明、精明

拣耙活——拣了个便宜

将将（刚刚）——刚才

犟拐拐——不听劝告，持立独行

焦——烦透了，操心

今晚西——今晚上

紧到——连续不断地做某事

经优——护理

精怪——鬼心眼多

诀人——戏谑人、骂人

K

胯〔kǎ〕裆（脚）——两腿之间

开冰口——皮肤冻伤开裂

开山——斧头

看人——相亲

壳子（光儿）——摆龙门阵

克西头——膝盖

客麻——青蛙

抠——吝啬

L

辣杀得很——特别不讲卫生

癞格宝——癞蛤蟆

烂丝儿——骂人的话

啷（lāng）巴指母——小指

啷（láng）格——为哪样

啷个开交哟——怎么办哟

啷个——什么、怎样

啷个妖台哟——怎么办哟

老鸹——乌鸦

恼火——困难大，难解决、严重

老牛筋——保守、吝啬、固执

老起——扛着

雷公虫——蜈蚣

连二杆——小腿

连累——牵连

恋乐——亲热

亮火虫——萤火虫

灵毡——嘴硬，嘴巧

溜麻（麻溜）——灵巧、麻利

搂汤滴水的——形容吃饭的时候不检点

罗兜——箩筐

罗（luō）二八嗦——不干脆，啰嗦

罗（luó）挛（zī）人——折腾人

螺丝拐——脚踝

落教——懂时务，合潮流

绿眉绿眼——不知所措

冷屁秋烟——形容人烟稀少

M

麻利——动作灵敏

马倒吃——霸道，欺侮别人，一个人独占码倒——压制对方

满姑娘、幺姑娘——小女儿

牤牤——饭

莽〔māng〕——胖

毛——不怕事、发脾气、对着干

毛狗——狐狸

毛躁——做事粗心大意

茅斯——厕所

冒龙——泉水、龙洞水

门千——外面

摸夜螺丝——晚上出去偷东西

默倒（默倒起）——以为、自作主张，自食其果

N

哪凯——谁

哪歇——什么时

朗个——哪样子、什么

嫩过——这样候

〔niā〕——粘

泥（读一声）——踩

O

哦豁——完蛋的感叹词

怄人——气人

怄——生闷气

P

耙皮——懦弱

耙耳朵——怕老婆的人

耙噜噜——很软

帕帕——手巾

庞吭（hāng）——物品大而不好搬动

皮面——表面

皮皮翻翻——很乱，杂乱无章

疲杀——做事拖沓

瓢——舀水、舀汤的器皿

撇脱——简单，干脆

平顺——平坦

扑爬、挞筋斗、挞坐独——跌跤

铺盖——床单被子

Q

起叫——有成功的希望

恰恰（读一声）儿——刚好

迁翻——顽皮、淘气、讨闲

牵撑——拉直

悄悄咪咪——不声不响

青头姑娘——没有出嫁的大姑娘

清早八晨——非常早

清花亮色——形容水非常清澈

秋——熏

雀二——小鸟

R

热和（hē）——很温暖

人花花——人影

日诀——骂

如济济——胖乎乎的

软趴达西——形容人的精神状态不好

S

撒脱——大方，不吝啬

三脚猫——好走动的

杀角——所剩无几，结束人

杀广——外出打工

沙皮——闹矛盾了

山包包——山头

善谷子——拾谷穗

上门——男方到女方家定居

少宝——多

少午——指农村介于午饭和晚饭之间的那顿饭

臊皮——丢脸，让他人笑话

石夹夹——石缝

时不时的——不定时，随意，随时

受吞——好吃

水场合——事情安排不妥当

缩边边——做事怕负责任

梭——往下滑，向前行

T

挞膏子（挞倒）——摔倒

挞挞——辫子

胎到了——意外得到

陶屋——堂屋

讨——借（如：讨桌子）

天堂——嘴巴里面最上面的那个地方

迢——跑

铁连夹——无理狡辩

偷二——强盗

偷油婆——蟑螂

兔——装相

团转——周围

W

挖抓——肮脏

哇倒——暂停

弯酸——有意无意刁难人

晚些家——晚上

碗叫——碗柜

万道——霸道

煨药——熬药

瘟精——身体瘦弱

窝腻——骂人吃东西

X

喜得好——幸好

稀恒——多久没来

戏摇戏活——不稳当

细娃——小孩

下细点、好生点——留意、细致

下天——厢房

现成——原来就有的

乡旮旯儿——农村

相因——便宜

向料——佐料

孝和——和睦

斜人——旺火炙人

心慌——着急

虚火——害怕

Y

鸦雀——喜鹊

鸭青——公鸭

牙精十怪——说出的全是一般人说不出口的话

牙欠——多嘴多舌的女孩

盐须——香菜

檐老水——蝙蝠

央场合——勉强维持

幺不了台——没啥了不起

幺台——事情了结

要不要的——偶尔

一伸一缩的——做事不果断

一发势——形容极短的时间

一哈哈、一港港——指一会儿、很短的时间

一扑爬——摔了一跤

一耳屎——一耳光

依教——顺从、同意

阴倒（阴倒起）——暗地、不说出来

硬是——表示强调，真的是这样

遇缘——碰巧

月黑头——无月夜

月亮烘烘——有点月光

Z

扎服——告诫

渣腔——说话

渣渣——垃圾

榨书——定亲

灶房——厨房

灶鸡——蟋蟀

造孽——可怜的样子

展劲——用力、使劲

第四章 松烟古镇（铺）遗事

第一节 前尘往事

前尘往事，即从前的旧事。前尘往事，往往是历史的一部分，它们留在历史长河中，不断回荡在人们的心中。过去的那些风雨历程、挫折和成就，构成了今天的人们和社会，是我们宝贵的精神财富。回首往事，可以让人明白人生坎坷，珍惜现在，更好地迎接未来。

一、中华人民共和国成立前后，松烟的组织与活动

（一）地下党组织

1949 年 3 月，中共川东特委派中共四川綦江工委委员刘国镒、傅文英夫妇回家乡凤冈县琊川镇开展革命活动，领导人民群众迎接解放。刘国镒毕业于遵义师范学校，他的家乡琊川朱村沟与松烟是两县交界之地，他把这里作为开展革命活动的中心地方。根据当时的形势和任务，他把琊川、蜂岩、黄荆树、水鸭子、兴隆、松烟、关兴、敖溪、龙家坝等地作为工作的重点。1949 年 4 月，发展松烟毛以和加入中国共产党（松烟的第一位中共党员），同时入党的还有琊川的刘俊明、罗明岐。毛以和在余庆社会关系较广，他本人自幼聪慧，读了许多书，知识面广，给群众的印象好。刘国镒与毛以和以走亲作掩护，常在松烟、敖溪、龙家坝开展社会调查活动，着重了解知识青年和社会各阶层人物的思想状况，弄清各地社会知名人士和各地武装力量分

布情况，不断结交新朋友，宣传革命道理和中国共产党的主张，把先进青年列入入党考察对象进行培养，把工作积极、有文化又有影响力的李明道、李正常、李正洋、张大鹏、刘国治、毛成西等人发展为农协会会员。

1949年6月，中共川东特委为加强川黔边区工作，特派南川县委书记向国灵（化名夏云）来凤冈、桐梓、绥阳、正安四县任工委书记。向国灵在毛以和家听取刘国锱、毛以和的汇报后，正确分析松烟、敖溪、龙家坝和湄、凤、余三县交界复杂之地的形势，封建剥削严重，各派势力之间矛盾重重，利用他们的矛盾，努力争取、团结各派各阶层进步人士。毛以和首先找准统战对象，往返于敖溪毛克仁和松烟的毛以筠、毛明久、王足三、刘友良、毛以忍、毛羽丰、王友明，沙堆的毛伯伦、张举尧以及王可君等上层人物。毛以筠在群众中威信很高，他痛恨国民党统治的黑暗与腐朽，不愿混迹国民党官场。通过几次谈话，毛以筠自愿参加革命活动，还动员亲戚、同学参加，后被委任为松烟武工队队长。

毛伯伦，曾担任过国民革命军营长，后脱离军队回家经商。1948年发动关兴、狮子场农民抗拉兵、抗粮运动，毛以和多次做工作，使毛伯伦主动与向国灵谈自己的过去，谈对国民党当局的不满，愿将旧部人员20多人和所有枪支，一同交给武工队使用，向国灵鼓励他继续为人民办事。

为迎接西南地区的解放，中共川东特委又派华蓥山地区地下党成员胡正兴到松烟，加强党的领导，加大宣传力度，成立了松烟核心指挥部、松烟武工队、松烟农民协会、妇女联合会、儿童团等组织。

（二）农民协会

松烟农民协会（简称农协会或农会），是松烟劳动人民在中国共产党的领导下求解放，保卫新生红色政权，同国民党军、警、宪、特及地方封建势力作斗争的地方组织。

1949年7月中旬，中共地下党员毛以和召集进步青年陈朝君、罗德昌、姜国珍、邱正文、程智贤、袁国民等开会商讨成立农民协会的事情，明确建会宗旨，规定了秘密发展的方法，通过串联，先后发展60多名会员。

1950年1月，松烟划给湄潭县代管，1950年6月底建立松烟人民政府。区长陈存岭召集进步人士和群众，召开松烟农民协会成立大会，选举何德坤（南下干部）为协会主席，程智贤为组织委员，骆泽林为武装委员，陈忠厚为青年委员，姜国珍为妇女委员。松烟街上建立农协小组，上街组长杨秉贵，下街组长程智贤，泡桐湾、牛角冲组长田景贤，下堰组长江国珍、王兴禄。

松烟由于没有留守部队，区政府要求农协会组建一个基干民兵排，配备步枪 40 余支，负责保卫政府和维护社会治安工作，由剿匪部队谭指导员统一指挥。

各村农民协会成立后，肩负着清匪反霸和土地改革三大任务，其中清匪是当时农协会的主要任务。多数匪兵对政府"首恶必办，胁从不问，坦白从宽，抗拒从严，立功受奖"的政策有戒心，罪大恶极者外逃，一般匪兵到处流窜，有的趁机抢劫，甚至威胁新生政权。农协会组织民兵站岗放哨，对重点部门组织民兵布控，不定时召开宽严公判大会。1950 年 9 月底，清匪工作基本结束。

松烟街上选出街长张华山，督促打扫卫生，搞好生产，负责做好防火、防特、防盗等工作，如有外来人员必须向农协会报告，各家大小事情他都要过问帮助。

1950 年 10 月，农民协会的工作重点转移到反霸、减租、减息之上，为土地改革做准备。区政府规定：土地改革先在松烟试点，首先成立土地改革试点委员会，认真开展工作，总结取得的经验，向全区推广。区委书记陈存岭、区长广仲伦分别任农协会组长和副组长，成员有杨秀春、程智贤、田景贤、姜国珍、吴海云、田霞、邬海文七人。经过几个月工作，批斗了几个恶霸地主和高利贷剥削者，没收了地主地契和高利贷者的借据并集中销毁，废除高利债务，提高了群众觉悟和士气。抗美援朝战争爆发后，农协会发动青年参加中国人民志愿军，动员群众参加生产运动，开垦荒地，增加耕地面积。

（三）地下武工队

松烟地下党组织非常重视武装斗争工作。1949 年 8 月，地下党组织开始筹建地下武装工作队（简称武工队），一是秘密抓武工队员的发展，二是抓武装硬件建设，三是抓活动的开展。刘国镒、向国灵等领导分头做工作，以壮大农民协会为抓手，重点放在三合场、屯军苗、丰岩坡一带，很快发动了 60 多人参加农协会，建立了协会小组。从中挑选思想坚定的先进青年 30 多人参加武工队，以毛以和、李明道、李正常为核心的领导集体，推荐毛以俊为队长。主要队员有李三才、毛以洁、毛林修、毛异文、朱发科、刘华昌、龚德方、程占清、罗德昌、张治高、黄邦凯、毛肇武、毛异伦等，分工如下：毛以和负责全面工作，侧重对外联络，包括与解放军指战员联络，各区乡人民政府汇报和联系；李正常负责协助毛以和工作，各联络点交通保证畅通；李明道侧重发动群众组织武装斗争，筹集粮草，枪弹装备工作；毛以俊负责对上层人物的统战；李三才负责侦察敌情与情报传递。

武工队明确指出：武装工作队首先要武装队伍中领导干部、队员的思想，其次要武装队伍的武器。然后分工做好了10多个地主和保长的思想工作并控制住他们的枪支，同时也做好了毛伯伦的工作，他主动将抗兵、抗粮组织的枪械交给武工队使用。李正常自购两支短枪和曾任过伪区长的毛以忍也将护家院的8支枪都送到武工队。1949年10月，国民党驻镇远第四临时教养院的伤兵撤逃到松烟，随身带有长短枪20多条，武工队灵机一动以保护他们生命为由，设宴招待，保证食宿，收缴了他们的武器。12月进剿部队刘参谋长、塞风政委在回遵义时给武工队调整了枪支，补充了弹药，这样保证武工队人手一枪，武工队士气大增，维护社会治安更加积极。

松烟武工队的战略战术采取能打胜就打，不能打胜就撤。1950年2月8日，琊川区委命令松烟武工队相机插入敌占区活动，发动群众摸清敌情。毛廷燕匪部在松烟北面冈家窝一带活动，上级要求趁机清剿毛廷燕匪部于深山老林。松烟武工队白天休息在古庙，夜晚活动在村寨，时与土匪相遇，往往是匪徒心虚，怕武工队设埋伏，慌忙逃窜。

1950年3月2日，松烟武工队在驻军郭华德副营长指挥下，六连一个排配合武工队，于当晚深夜，从琊川抄小路出发，黎明时分，三路围攻袭击住在松烟铺的匪首毛廷燕。突然间枪弹如雨，匪徒惊慌失措，急向敖溪方向狼狈逃窜，匪连长戴济华被击毙。俘匪10余人，此战缴获机枪2挺，步枪7支，子弹、手榴弹各一箱。后来松烟武工队被湄潭县委接管，武工队领导另行安排新的工作。

松烟武工队在数次大小战斗中，击毙20余名匪徒，活捉了琊川匪首刘其馨、付银汉和思南保警大队长阮玉书。余庆县参议会副参议长胡光国，箐口乡伪乡长夏朝荣，匪首王明六带枪向武工队缴枪投降，击毙土匪小头目严朝仁，同时配合150团到敖溪、箐口、关兴等进剿，还争取到匪徒50余人投诚，并收缴长短枪70余支，机枪3挺，手榴弹、战刀等枪械等无数。

（四）维持会

中国人民解放军大部队很快进入贵州的消息日传千里。1949年11月1日，毛以和、毛以昭、程智贤、王羽翔、徐才沛等人在松烟下场口杨占清庙子处秘密商量，解放军大部队还有几天到黄平、余庆，松烟快解放了！镇长、保长和有钱人肯定要逃跑，地方上的事就会无人管了，解放军来了会遇到很多困难，大家商量成立维持会，为解放军筹集粮草，维护社会治安，迎接解放。会议最后明确：毛以和负责全面工作，徐才沛、王羽翔负责宣传，程智贤负责筹集粮食，准备接管仓库，毛以昭负责联络工作。

他们通过几天的秘密工作，动员了几位有社会影响的人士，正式成立了松烟维持会组织，推选松烟小学教师祝正森任维持会会长，毛以忍任副会长。11月20日维持会通知全街群众，书写标语，制作小红旗，迎接中国人民解放军的到来。

11月21日是农历十月初二，正逢松烟赶集。上午10点，松烟群众手持红旗聚集在下场口，燃放鞭炮，夹道欢迎从敖溪方向行往遵义方向的浩浩荡荡的解放军大部队。赶场的老百姓站在道路两旁看热闹。队伍中，有中国人民解放军十六军随营学校，警卫连一个排和中共遵义地委接管干部。

解放军大部队进入松烟遇到缺粮困难，维持会动员有粮的家庭煮饭，解放军付钱，这样解决了当天吃饭的问题。为了解决解放军后续的吃饭问题，维持会动员大家主动出粮。王友明、徐正文也主动帮助维持会筹粮，协助发放粮物等管理工作。

解放军大部队离开松烟。遵义军分区参谋长刘正赓作出决定，由毛以俊、毛以忍主持维持会工作，接着召开保长甲长和部分群众会议，发布安民告示，发放粮食给缺粮户。维持会员多为武工队员，主要任务侦察敌情，维护社会治安。

匪首毛廷燕四处抓捕维持会积极分子，维持会不得不转入地下活动。为保存革命力量，培养干部，还推荐毛以昭、徐才沛、王羽翔去遵义军分区学校学习。祝正森被抓后，地下党组织决定毛以忍接任松烟维持会会长。毛以忍遭匪首毛廷燕杀害后，维持会成员多数融入武工队或武装民兵组织。

（五）接管松烟区乡政权

1949年11月21日，松烟迎来了解放。中共遵义地委接管干部和少量警卫部队战士，和遵义军分区参谋长刘正赓，八二三团政委塞风率部驻扎松烟，领导这里的武工队进行剿匪工作。

1949年12月，余庆县委派出4个工作组，分赴白泥、龙溪、太平、敖溪和松烟接管4个区13个乡镇政权。1949年12月12日，王洪范、韩仕礼带魏博济等10余人到敖溪。王洪范、韩仕礼派人联系松烟地下武工队负责人毛以和，没有结果，当日返回敖溪。由于毛廷燕、王再明等匪徒活动猖獗，匪我力量悬殊较大，再加上乌江阻隔，交通通信不便，力量分散，不利剿匪，工作组不久撤回龙溪。

1950年元月中旬，为方便剿匪，上级将敖溪、松烟两区划归湄潭县临时管辖，由中共湄潭县委领导接管两区政权和对毛廷燕、王再明等土匪的清剿工作。松烟为湄潭县第十区,上级派姜健民、陈存岭任松烟区委书记、区长,接管了松烟政权。不久姜健民调走,陈存岭任松烟区委书记,另派广仲伦任区长,晁文锡、魏焕文为区委委员。由于毛廷燕、王再明率匪徒盘踞各乡镇,严重威胁区乡政权,接管干部时进时出,直到当年6月底,才相继成立了松烟镇人民政府和关兴乡人民政府。派湄潭县旧职员游运维任松烟镇镇长,彭林任关兴乡乡长。1950年底,村级行政组织、农民协会、民兵组织相继建立并积极开展工作,彻底废除了保甲制度。区乡工作重点由剿匪工作转入农村土地改革。1951年春耕时,土地改革基本结束后,上级决定将敖溪、松烟两区乡镇归还余庆县管辖,松烟属余庆第六区。

(以上内容综合谭成荣、程智贤、罗家权、王廷福、梁大权、尹邦夫、邹德喜等同志提供的资料整理)

二、战斗故事

(一)三军(号军、红军、解放军)的战斗故事

1. 号军的故事:朱王在觉林寺建营

1864年,朱明月被号军推举为领袖,称朱王(或秦王),刘义顺被推任为大丞相,建大本营于偏刀水,活动在觉林寺一带。朱王屡次出师不利,百思无解,闷闷不乐,便去找主帅刘义顺商议。刘义顺思索片刻说:"偏刀水大本营必须要搬,因为,偏刀水前边的望乡岩生得恶,好像一把刀,右边有朱村,西边有座山呈长条形,好似一条杀凳,山下有一小盆地,好似一个血盆,你本姓朱,不能在此久住了。"[1] 刘顺义带着朱明月走遍了方圆几十里的地方,最后来到觉林寺庙(因当时兵荒马乱,寺庙无人管理)前对朱明月说:"大本营搬于此,此地虽只有约两平方公里,其地形好似一朵盛开的莲花,西南五山绵延细长,清秀文静,头都朝向这莲花一样的山丘,从地理风水上讲,称'五龙归位'。东面两山较高,右山酷似一个闲坐大椅的人,下有小山,像是对着他俯首称臣,左山则像皇帝出巡的华盖,这里有山有水,龙气正旺,是帝王之所。"朱明月跪谢恩师的封赠和指点,又进寺敬香跪拜观音菩萨,转身回偏刀水将大本营搬进了觉林寺。修建城池和练兵场,在西北面的山上和南面大田坝挖掘宽10米、深6米的壕沟,东西两面以泥坝河为护城河。在壕沟边上搭木架,用竹条编织栅栏,筑成高5米、宽3米的土

---

[1] 唐杰:《今日余庆》,2012年9月17日,第38期总第454期第4版。

城墙，称"卡门"。大本营建成后，又以觉林大本营为中心，着力在方圆十余公里的大坡、屯山、青杠丫、人仙峰、狮山、营占窝、偏刀水等地建造48个营垒或哨所。1868年1月，湘军席宝田、李元度率军攻占荆竹园、偏刀水等号军基地，川军唐炯复率军万余人参与对号军的围剿。2月，湘军攻占觉林寺，朱明月殉难。6月，号军基地被川军攻陷，刘义顺撤退途中被俘，后被押到成都遇害。坚持斗争达14年之久的号军起义至此失败。

2. 红色故事：红军血洒麻窝洞

中国工农红军第六军团在任弼时、军团长萧克、政委王震、参谋长李达的带领下，于1934年8月7日作为红军先遣队从江西遂川横石出发，向西南突围，昼夜兼程。10月4日，攻克草塘、龙溪，第六军团接中央命令继续向西前行，取道石阡，与贺龙的第二军团在江口、印江汇合。10月7日拂晓，李达率红六军团前卫部队十七师四十九、五十一团进入石阡县干溪镇，敌两个团早已在干溪设下埋伏，两军交战，红军伤亡较重，红六军团突破重围，向镇远、余庆、施秉边境游击。甘溪战役后，国民党贵州省主席王家烈坐镇余庆，指挥搜捕失散红军，一百多名受伤红军不幸被俘。

1934年12月，余庆伪县长王天生得知中央红军大部队很快就要进入余庆境内，立刻命令龙溪区、敖溪区、松烟区区长把被俘红军择地暗杀。松烟区伪区长毛以忍接县长指令后，要求二龙乡乡长择地处决被俘红军。乡长召集当地群众秦跃庭、张银洲等商量如何处决红军的事，群众都不主张杀害红军，建议弄到大山里躲一躲，等红军大部队来了，让他们随大部队去。乡长反对说：县长、区长有令，如不杀交不了差。据参加押送红军的保丁胡治贵讲："12月27日，他们一行从敖溪把被捕的47名红军押解到松烟中街，关到区署左边土碉里。"据朱锡林老人回忆："红军当天被关在碉里，毛介福的姐姐煮稀饭给他们吃。毛大姐是吃长素的善人。"当天下午，红军刚被押到老牧羊凉桥庙里，乡丁和保丁把红军两人捆成一串，分批拉到麻窝洞杀害。

麻窝洞洞深约10米，罐子型，两级阶梯，是百姓躲匪的好地方。第二天早上，有4名红军从洞中艰难爬出，秦跃庭到庙里吃斋饭，遇到两名红军走在田埂上，问清是萧克部队的红军，就带回家收养。谢洪顺把另两名红军安排到张银洲家，并报告给毛肤武的祖母毛谯氏。当他们得知洞中还有人活着，毛谯氏叫佃户陈德清找人帮忙把洞中活着的红军拉起来。秦义奎、秦跃庭、张银洲、严登榜、张齐山、秦献年、谢洪顺以及一些在当地一家吃寿酒的群众一起去搭救，把马吊绳捆在一根长木棒上，放入洞中，活着的红军手握绳子，脚踩木棒，上面营救的群众使劲往上拉。经过一个多小时营救，14

名活着的红军被救上来了。营救者都怕惹祸上身，不敢营救到家里去，大家背的背，扶的扶，把红军隐藏到离麻窝洞一侧约百余米的十余棵需两三人合围的柏香树林中的一块平地上，由毛谯氏供给油、米、盐等食品，还专门请了70岁的韦大娘给红军煮饭。群众凑衣服，找铺草、砍柴、挑水帮助红军，红军在此养伤十余天，群众又将红军转移到凉桥庙中养伤。几天后，区里又得知当地群众救红军的事，就在一个晚上，派兵丁把秦跃庭家养伤的两个红军抓住，又团团围住在凉桥庙里养伤的14名红军。由于这些红军已受伤，根本无法行走，众匪徒用绳子捆住红军的手和脚，用扛子横穿抬到麻窝洞口，16名红军全部牺牲。众兵丁仍然不放心，点燃稻草甩进洞里用火烧、烟熏，然后再往下扔石头、土块。在张银洲家养伤的两位红军，被张银洲提前送到湄潭得救。

1952年，二龙农协会对洞里的红军遗骨、遗物进行搜集清理，转移到松烟政府后山安葬，随之建立革命烈士纪念碑，1991年又移葬于余庆县革命烈士陵园。

3. 红色故事：红军长征途经松烟

1935年1月3日，红一军团、红九军团渡过乌江后，部分红军经过敖溪、龙家向先锋方向前行；部分红军经过松烟、二龙进入湄潭，北上遵义。

但坤伦等老人回忆红军过松烟铺街上。红军大部队是1935年1月3日中午进入松烟的，红军一个接着一个，连续三天经过松烟街上。我们听到从敖溪、箐口方向传来枪炮声，大家都知道，红军大部队打过来了。不了解红军的老百姓外逃躲藏起来，特别是那些政府官员、土豪劣绅，如惊弓之鸟，早已逃到乡下和外地不见踪影。只有了解红军的、胆大的、年岁高的和小孩在家看究竟。松烟街上的冉吉斋、李兴顺、毛廷武、毛泽厚、黄泽权、但前刚、黄敬之、张太和等群众用燃放鞭炮、写标语等形式欢迎红军。当天中午，第一批红军走到下场口就受到群众的热烈欢迎。看得出来，红军都是二十出头的青壮年，皮肤黝黑，人很精瘦，衣衫褴褛，脚穿草鞋，双脚打绑腿，但精神抖擞，带着微笑，向群众频频挥手致意。个别红军干部出列向群众握手，并向群众讲："父老乡亲们，不要怕，我们是红军，红军是打富济贫的，是打土豪劣绅的，把他们打倒了，穷人才有好日子过。"红军在欢迎队伍的阵阵掌声和爆竹声中，来到中街，部分红军住进镇公所，大部分继续向湄潭方向前行。下午红军宣传队活跃在街上，到处宣传抗日救国的主张，号召青年参加红军。在但坤伦家板壁上就写有一幅"白军兄弟不打红军，共同抗日去"的标语。

二龙村花龙组江大明老人回忆红军过二龙。当年她4岁，家（娘家）住二龙干田坝（现二龙加油站旁），大人全躲藏起来了。国民党政府恐吓群众，说红军是强盗，打、砸、抢无所不为，所以老百姓全跑了。我们小孩也躲藏起来远远地看。红军战士很多，一个接一个，但没见他们搞破坏。第二天，我们小孩慢慢靠近看，我记得很清楚，一个小红军，头戴五角星帽，背着背包，脚穿草鞋，打绑腿。他从我的眼里看出我的饥饿，走到我身边，微笑地看着我（他的相貌在我的脑海里还很清晰），从衣兜里摸出一块饭锅巴递给我，叫我吃，我吃着，很硬，但很香。小红军走了，走了很远还回头向我招手。

三天后，红军全部离开松烟，前往湄潭，北上遵义。

4. 红色故事：解放军剿匪记

1949年底，西南各地匪患猖獗。中央命令西南军政委员会抽调一部分部队参加剿匪。贵州省军区、遵义军分区遵照中央和西南军政委员会的指示作出周密部署，开展剿匪斗争。

1949年冬，松烟土匪毛廷燕联络陈英、田兴荣、王再明几股土匪，约300余人，编为3个营，3个大队，盘踞在以松烟为中心的各地带，十分猖獗。

1950年1月，余凤湄三县交界的剿匪斗争开始了。遵义军分区调集部队首先攻打盘踞在茅坪的土匪肖世栋、郭天益部。战斗结束后，解放军经龙家、敖溪和松烟去攻打琊川的土匪。当时有这样一首歌谣："偏刀水，小台湾，三炮就冲穿，打土豪，分田地，人民翻身不容易。"

（1）玩龙坳之战

1950年1月24日下午，中国人民解放军某连从湄潭挺进松烟与毛廷燕匪部交火，毛廷燕匪部退至枇杷岭。天快黑时，毛廷燕集中众匪，反扑松烟，解放军由于地形不熟悉，参战人员数量悬殊，主动撤出松烟。

1950年1月25日上午，解放军某部路过松烟，向琊川进发，部队行进到大土（现松烟林业站处），从狮子口山顶传来一声土匪的问话："喂！你们是哪一部分的？"解放军回答："我们是二营四连。"狮子口山上又问："你们是哪个二营四连？"解放军回答："我们是解放军二营四连！"狮子口的土匪有百余人，以为可以与解放军抗衡，就向解放军开枪射击，解放军还击，战斗打响。交战中，打死了匪连长田少周，由于匪军占据有利地势，解放军伤3人，牺牲3人。双方越打越激烈，正巧遵义军分区剿匪部队某营从敖溪拖着山炮来到松烟，参加增援战。解放军向匪徒发起猛烈攻击，毛廷燕率众匪向枇杷岭溃逃。

（2）枇杷岭战斗

毛廷燕率众匪逃至枇杷岭，占据了枇杷岭、獐子山一带有利地形，在麻糖坳、冒龙坡、大林设下埋伏。解放军追到枇杷岭，进入了毛廷燕匪军的埋伏圈，匪军居高临下，交战不久，解放军伤亡过大，退入林中隐蔽对峙。不久解放军山炮拖到，解放军接连向麻糖坳和冒龙坡开炮，炮声震地，激战约两小时后，毛廷燕只看见湄潭方向来的解放军百余人，不知道敖溪方向来了解放军的大部队。他得意忘形之时，解放军越打越猛，他这才发现，解放军已经形成了大包围圈。毛廷燕率众匪从枇杷岭经山茶、凉山、三岔河逃窜到沙堆街上。

（3）夜袭毛廷燕

1950年3月2日深夜，松烟区委得知，毛廷燕当晚九时许将率匪部数百人至松烟驻下，在通往珙川的道路旁布置有机枪六挺。区委立即请驻珙川的解放军郭华德副营长参加紧急会议，会上，郭华德决定将全部武装力量投入战斗。区委部署决定兵分三路，代排长负责沿松湄道路前进，正面攻击匪军的机枪阵地；李明道和一个班长，负责左边插入玩龙坳，争夺制高点；李正常和一副班长，负责从右边进入孙家田，争夺大碉，形成了三角夹击的攻势。三路人马刚一接近匪军阵地，匪哨兵发现正面来攻部队，立即开枪射击，解放军迅速发起进攻。沉寂的深夜，机枪哒哒哒，六〇炮轰隆隆，疲惫沉睡的匪兵惊慌失措，放弃抵抗，狼狈向敖溪方向逃窜。六连代排长冲到匪军机枪前的土坎下，手抓枪身，一跃而上，随即一脚将匪兵踢倒，夺过机枪，回身向溃逃的匪兵扫射。代排长不幸身中敌弹牺牲。战斗胜利结束，匪部溃不成军。毛廷燕及少数匪徒从插耳岩、邱家湾向野猪窝方向溃逃。

（二）抗兵的故事

1. 联防团三字坝抗匪记

清朝光绪年间，景瀛到余庆县当县长。他上任后，终日饮酒作乐，不理政务。一般田土纠纷、民间纠纷，凡到县衙门告状者，景老爷均不问青红皂白，一律把原告、被告收监候审，十天半月也不升堂提审。关得原告、被告无奈之下自动申请不愿打官司为止。当时民间纷传"有事不要找景官，去了就要遭紧关"。从此，老百姓凡有诉讼，均请德高望重的毛二老爷裁处。

毛二老爷即毛鸣阳，三字坝人，清朝光绪年间秀才。家大业大，头上有"顶子"，为人正直豪爽，能说会道，加之断案公道正派，原告和被告无不心悦诚服，故威望极高。由于前来诉讼的人太多，他在松烟街上向家堂屋设立公堂，规定每天判两案。天长日久，毛二老爷断案如神的消息一传十、十传百，竟轰动余凤湄三县。湄潭县有纠纷者，也来松烟告状，公堂真是门庭若市，毛二老爷威望与日俱增。

1910 年各地盗贼蜂起，土匪猖獗。毛鸣阳为护身保家，除暴安民。在三字坝砌围墙、筑碉堡，成立"余凤湄三县联防团"，招募壮丁百余人。当时哥老会盛行，毛鸣阳意识到仅靠联防团毕竟势单力薄，于是联络各路豪杰，招兵买马，乌牛祭天，白马祭地，以"仁、义、礼、智、信、松、柏、一、枝、梅"十字开山设堂，自任舵把子，人称"龙头大爷"。他带领联防团四处打击土匪，护身保家，维护了一方平安。

1911 年，辛亥革命爆发，毛鸣阳领导的联防团声名远播，引起了官府的不满。土豪劣绅受到沉重打击，引起了土匪和邻乡镇劣绅的妒恨，于是捏造是非，散布流言，诬告毛鸣阳修筑皇城，私设公堂，图谋反清。辛亥革命大潮即将来临，清政府尽管风雨飘摇，但绝不甘心退出历史舞台。遵义及余凤湄等地官匪勾结，挫反己之邦，暗助土匪不时攻打三字坝，企图掠杀毛鸣阳。激起了毛鸣阳的无比愤慨，遂生"反政"之心，誓与官府及土匪劣绅决一死战。

当年冬天，各地匪首及劣绅的护家团丁在官府的指使下，大举围攻三字坝。三字坝虽被围得水泄不通，却连攻数日终不能克。冬月十六日，众匪绅谋得一计，派悍勇唐文臣、申立山伪装土匪受降，混入城堡内，企图里应外合，一举除掉毛鸣阳。其毒计被毛鸣阳洞察，本想将二人除之，但见二人十分彪悍，有心收为己用。于是以诚相待，推心置腹，晓之以大义，动之以真情，诱之以厚利。唐、申二人见事已败露，被毛鸣阳刚正不阿、胸怀坦荡、宽厚诚恳的精神和人品打动，故告之以真情，表示愿追随毛鸣阳，死而无憾。

众匪一计不成又施一计，从松烟街上运来一门"大将军（火炮）"。该炮口径一尺，炮身丈余，内装火药、铁丸等物，威力无比。哪知"轰隆"巨响后，城墙毫发未损，众匪却伤亡无数。原来炮手冷钟匠，素与毛鸣阳交好，不忍心下手，故意装药过量，使炮身爆炸，以助毛鸣阳。待众匪醒悟，冷钟匠已不知去向。

三字坝被围近一月，城堡内用水渐缺。毛鸣阳巧施一计：用晒席数铺卷筒立于营门上，用稻草引燃，待火焰冲天，命人四周呐喊："打进去了！冲啊！弟兄们，进屋拿财产去！"

在外相持日久的匪军本已疲惫至极，又正值半夜熟睡之际，突闻大喊声，懵懵懂懂中爬起来就往城堡内冲。营门两旁，刀斧手早有埋伏，来一个砍一个，众匪纷纷毙命，尸体堵塞营门。匪徒发觉中计，已被砍杀数十人。

余者魂飞魄散，四下抱头逃命。城堡里的人趁机出城挑水，仅半夜工夫，院内连小鱼池都灌满了水。第二天凌晨，众匪惊魂已定，重新围攻三字坝。然毛鸣阳身先士卒，与团丁同甘共苦，并肩作战，深得人心，加之粮食、饮水、火药充足，众匪竟久攻不破。

腊月二十七日晚，院内火药库不慎失火爆炸，"轰隆"一声，火光冲天，夜如白昼。外围众匪又怕中计，仓皇撤退。毛鸣阳不幸烧伤，生命垂危，在唐文臣、申立山等人护送下连夜撤至湄潭。院内火势大作，所有仓廪财物，一火而焚之。第二天匪首派人探望，毛鸣阳已走，院内已空。毛鸣阳刚送到湄潭，因身负重伤，火毒攻心，命丧九泉，后葬在湄潭七星桥前。

1911年（辛亥年）10月10日，辛亥革命爆发，全国响应。不久，唐文臣、申立山等人率毛鸣阳余部回转松烟，将匪首"大羊子、二羊子"杀掉，为毛鸣阳报仇雪恨。

毛鸣阳成立的联防团，为保一方平安起到了积极作用。

2. 二龙屯山抗兵运动

二龙屯山在新中国成立前是属余庆县松烟区第三保，地处湄潭凤冈余庆三县交界处。这里山高林茂，山势险恶，地形复杂，交通不便，文化落后，但有一个较大的碗厂和窑罐厂。从外地来做手艺的人较多，做帮工的人也不少，还有卖药的，算八字的，甚至打扮成云游道人的。各地来的人，主要是一些青壮年，他们谋生的方式各不一样，却有一个共同目的——躲避兵役，反抗拉夫抓兵。1947年他们和当地青壮年不约而同形成了一个抗兵团伙，每人带一把杀猪刀，对付来抓兵的保长、保丁，不管抓到谁，大家都齐力护卫。当时第三保保长才十八九岁，只是家庭富裕，有钱、有地、有碗厂，这样一个娃儿保长，只知奉上司命令抓兵、派款，不懂事理，所以群众抗兵，一呼百应。

当年六月香会那天，保长、保丁来到屯山庙上，抓一外来做碗的青年帮工去当兵，这人进行反抗，抽出刀子防卫，急呼求救，在屯山庙上的青年一拥而上，把保长、保丁吓跑。当天保长逃到区上搬来救兵，由区长毛以忍和毛以云带来区丁，进行追抓，这些青年全部进入大山，躲过了这场灾祸。

同年冬月的一天，在凤冈县琊川区街上，这天是赶场天，屯山一个青年被琊川区丁抓去当兵，这青年后逃脱。后屯山哥老会出面要人，生要见人，死要见尸，区长出面说情，表示不敢再有此举，希望冷静，井水不犯河水。

第二年年初，在冈家窝大庙，以哥老会的名义，招集这一带帮工、佃户、农民中的青壮年开会，一青年说："农民弟兄们，大家扭做一股绳，继续抗兵，只要齐心，互相关照，就可逃脱兵役。"此后，这一带山区较为平静，直到解放。

第二节　逸闻轶事

逸闻轶事，指世人不大知道而感兴趣的传闻和故事，出自《四库全书总目·地理三·武林旧事》。

一、地名来历传说

（一）他山的来历

《诗经·小雅·鹤鸣》有句："它山之石，可以为错"；"它山之石，可以攻玉"。其中"它山"，后人写作"他山"。"他山之石""他山之攻"逐渐演变成了成语。明末清初四川巡抚钱邦芑（字开少，号大错），抗清名士。为拒张献忠余部孙可望招降，削发为僧。隐居蒲村期间，在石林中一块高约丈余的山形石屏上镌刻的"他山"两个字，正楷直书，笔力苍劲，每字约0.4平方米。"他山"是钱先生为整座山的取名，取此名说法有三。

一是"它山之石，可以为错"，意思是别的山上的石头可以作为打磨玉器的磨石。钱先生将此山命名为"他山"，而自己出家又取法号为"大错"，如果把这两者联系起来理解，那就是："我钱邦芑是一块别的山上的可以用来打磨玉器的大磨石"，因此，取名"他山"并镌刻于石屏之上，铭记我是他山可攻玉之石。

二是"他山"是他乡的山。意思是不是故乡的山，我住在这里只是客居，隐居。这就蕴涵了钱先生深沉的思乡情结，因此取名"他山"。

三是指钱先生隐居蒲村。孙可望连续13次派出使者招降他，都被他打发走了。孙可望无奈，最后封刀交付使者说：钱邦芑若是听命来归，自有高官厚禄对待，如其依然顽固抗命，便用这把刀把他的头割下带来见我！可是钱邦芑乂（yì）命自安，不为所动。1654年，钱邦芑不畏孙可望所挟，不愿为清政府效力而削发为僧。为铭记那是他（孙可望）的江山，因此取名"他山"并镌刻于石屏之上。可见钱邦芑忠诚明室、爱国之心不得不让人敬佩。

（二）钟扑水的来历

明朝永乐以前，松烟并没有钟扑水这个地名。传说松烟有一凼清澈见底的泉水，它灌溉方圆几百亩良田，久晴不少，久雨不涝。可是，不晓得从何时起，一条孽龙潜到泉中，兴风作浪，扩大了泉眼，平地起水，泛滥成灾，淹没了远近的许多村寨和良田，淹死了许多百姓和牲畜。

松烟有一个将军叫毛崇源，文武双全，他早就想擒斩这条孽龙，帮助这里的百姓，因军务忙，总抽不出时间。后来，毛将军在战场上被杀，魂却不散。这里姓毛的族人就为他修了将军祠堂，铸了铜、铁两口大钟挂在飞檐上。

毛崇源生前的愿望没达到，死后见孽龙仍在遭害百姓，就魂飞九天，启奏玉皇大帝。玉帝很是震怒，叫毛崇源拿着神符去惩治这条孽龙。

那年正是春耕农忙时，孽龙又在泉里翻腾，洪水成灾。将军祠楼檐下铜钟一声巨亮，那铜钟落下来，紧紧罩住了泉眼。顿时，波停水消，被淹没的农田露了出来。

铜钟扑罩水井之后，泉水只能从钟顶的三个小孔向地面冒了。孽龙好后悔，在钟里发出叽里咕噜的叹息声。

人们安居乐业了，生活又重归正轨。为纪念毛崇源将军，从那以后，当地老百姓就把那个地方叫作钟扑水。

（三）"泥巴桥"的来历

觉林河由余凤湄三县交界处的分水岭蜿蜒而下，像一条长龙汇聚各处细流奔流前行。河水养育着两岸的老百姓，两岸百姓互通，要么涉水渡岸，要么搭跳墩过河。每年春夏涨水季节，常给百姓带来不便，每逢天降大雨，河水上涨，两岸百姓十天半月都不能互通，有急事者强渡觉林河，常有溺水事件发生。

传说一。清朝时期，觉林寺住着一个姓石的和尚，仁慈、善良，常做好事。常遇两岸互往者，或到觉林寺庙敬香者，或赶偏刀水场者，因跳墩被淹，不能过河而急。石和尚想出了一个过河的办法，用三截等长柏树木头搭于人烟稠密的安家寨与邱家寨之间最狭窄处，用竹篾条编织成篾席，铺于木头上，篾席上面铺泥巴，用泥巴铺设的简易桥建成，这样行走于上就安全了，两岸百姓来往也方便了。"泥巴桥"由此而得名。人们又在屯头、木瓜和青山、银山之间各搭建类似的便民桥，后来这三座桥就以"上泥巴桥""中泥巴桥""下泥巴桥"来称了。但每逢天降大雨，河水上涨，桥上的泥巴、篾席被洪水冲毁，桥面（柏木头）也常被洪水冲垮，每年都要修桥几次，重复修桥，劳工误时，损财误事。石和尚觉得这还是没能彻底解决过河的问题，于是四处化缘，积攒足修建一座桥的钱和粮后，请石匠，选石料，细錾凿面作建桥石料，先后在上、中、下坝各建一座石拱桥，桥洞顶各悬挂宝剑一把保护桥梁（怕龙王翻身毁桥）。石和尚取桥名"宜大桥"，其意为适宜、方便百姓之桥。由于人们叫"泥巴桥"已顺口，"宜大桥"还是叫作"泥巴桥"。

传说二。觉林河由源头绕山弯曲而下，一路流经冈家窝、麻坝、李家寨、藤鸡毛、觉林、吴寨、安家寨、邱家寨、大院、各口塘，流入友礼村。藤鸡毛至各口塘，六七里，地貌平缓成坝，两岸聚居百姓较多，为了两岸百姓互通，共修桥十一二座桥，一坝都有桥，也有人称这些桥为"一坝桥"。

传说三。有一天，正逢河水陡涨，一位不知从何方而来的妇女背着小孩从桥上路过，刚走到桥的中心，桥忽然垮塌。母子俩坠入河中，惊呼救命。左右两岸的人纷纷赶来，青壮年们争先跳入洪水中，在众人的抢救下，母子俩得以生还。那位妇女背着孩子千恩万谢地作别而去。事隔不久，来了一位道长，说是要在河上修三座石拱桥，要求左右两岸的人家推一锅豆腐送到工地上。于是村民们按照道长的吩咐，纷纷将豆腐送到工地上。只见修桥的民工一个个力大汉粗，问他们来自何方，姓甚名谁，他们谁也不搭理。只是哼哼吭吭地喊着号子，撬石砌墙，挥汗如雨地干着。当村民将豆腐交给他们的伙房，厨师拿出银子给村民，村民再三拒绝，厨师只好收回银子。桥修好了，修桥的民工不辞而别。后来，村民到对面不远的山上垦荒屯田，耕种庄稼，总是挖出银子，所以当地人就把那座山称为银山，这就是今天银山村名称的来历。河上的三座石拱桥，据说是观音菩萨显灵建造的。那个背孩子落水的妇女和道长都是观音菩萨的化身，她见村民们见义勇为、乐善好施、宽厚勤劳，特在河上修建三座石拱桥，普度众生。银子是观音菩萨有意窖在地里，让村民在耕种土地时捡到，一为答谢村民送豆腐的虔诚，二来告诫村民勤劳才能致富。

（四）铜鼓寺的来历

在松烟集镇东面的友礼村，有一座古庙，名叫铜鼓寺。这里四周是青山，旁边有小河，寨子人口稠密，生活富足，风景很是美丽。

传说，这里到处是大树，荆棘丛生，豺狗较多。每到晚上，四处的豺狗眼睛就像萤火虫那样发光，专等夜晚回村的人。白天，那些单独砍柴割草的大人小孩，也常常是豺狗的下饭菜。

当地的一些村民说是得罪了山神，山神才派豺狗害人。村民商议决定，每天把一头活猪、一头活羊拉到村头，上香烧纸，供拜山神，再把猪羊拴在一棵大树上。人们走后，豺狗就扑了上来，一阵抢夺，吃得精光。过年过节，还要另加猪羊，大年三十还要奉上一头肥肥的大黄牛。这真是名为敬山神，实则敬豺狗。

这些供品费用，全都摊在每家每户身上，人们勒紧裤腰带，但不能少了供品。好多交不起供品的人家，只能拖儿带女逃往他乡。渐渐地，这里的人烟稀少了，变得更加荒凉。

有一次轮到一个孤寡老头出供品了。这老头除了有一间茅草房外，没有其他的东西。想逃，人老孤独，也走不出这山林。咋办？老头好心焦，躺在床上又睡不着。老头就起来敲锣鼓解愁闷。他从小喜欢敲锣鼓，一个人可以敲锣、鼓、丁锣三样响器。他敲啊敲啊，想到这里的人们生活好凄惨，把一切仇恨都发泄在乐器上。由于用力过大，锣鼓被敲了个大洞，不响了。老头哭起来感叹：看来我这个人命苦，就像锣鼓一样啰！

突然，天上降下一道白光，"叮冬"一声响，一面金光闪闪的铜鼓，像个草墩样稳稳地落在院坝里。老头好惊奇，用手指敲，"冬冬冬"响声，应山应岭。这是天上的神鼓啊！

那天，该老头出供品了，老头说："要猪要羊没有，要老命有一条。"于是就抱起铜鼓来到村头，坐在一张大方桌上。村头的人烧了香纸，祀了神，都转身往家跑。可是，今天老头却坐在那里一动也不动，像尊菩萨样，望着从四山扑下来的豺狗群慢慢围拢。那些豺狗好久没吃人肉了，龇牙咧嘴的，都想吃那老人，十几条豺狗一齐扑向老人。

就在这时，老头呼地站起来，手一挥，敲响了铜鼓。"咚咚咚咚……"的鼓声像炸雷，震得豺狗的脑壳一个个开了花，豺狗纷纷倒地而亡。

村里的人们出来了，见豺狗死了一地，老汉由于紧张过度也死了。

为了纪念老汉和他的铜鼓，人们在这里修一座寺庙，把铜鼓高高地挂在殿中，取名"铜鼓寺"。每天清晨击鼓一次，以警邪恶。逢年过节，前来上香拜佛的人络绎不绝，热闹得很。渐渐地，这里的村寨又喧闹起来。

（五）藤鸡毛的来历

1859年，朱明月在觉林建立大本营，在附近屯了48个营寨。距大本营南500米左右的村寨叫"屯头"。传说是朱王向南屯的第一个军屯地（营寨）。在大本营西，圈画了一大片土地肥沃、阳光充足、水源保障的农田，屯作军用粮田。屯军"三分守营，七分屯田"，为了保障军粮的丰收，对农耕者严要求，农作程序严管理，每年屯田里的禾苗既青又壮，这里就以屯军的禾苗好出了名，"屯军苗"就成了这个地方的地名。后因"屯军苗"讹传成了"藤鸡毛"，时间长了，人们说顺了，至今都叫这里"藤鸡毛"。有古语云："藏宝寨的闸子，三字坝的鼎子，孙家田的锭子（锭子，拳头之意），刘金宝的银子，藤鸡毛的谷子"，说明了这里的确是生产稻谷的好地方。

另一说法，1855年，贵州苗族人民发起反清起义。1858年，清廷调集湘、川、黔等省军队前往镇压，镇压的清军驻扎于此，平苗军队连连得胜，屯军平苗有功，于是取此地名曰"屯军苗"。

（六）新台的来历

新中国成立初期，新田和台上是两个相邻管理区，地域相对较小，人口也比较少。新田管理区辖堡台、桥头两个大队；台上管理区辖台上、关田、堰家坝三个大队。1961年8月，当地政府将两管理区合并为一个人民公社，取新田管理区的"新"和台上管理区的"台"组合为"新台"人民公社，"新台"由此而得名。

（七）三字坝的来历

康熙年间，毛氏家族发达，人丁兴旺，整个家族住在秀峰山脚下的一个大坝里，居住房屋坐东向西，三级三列排列有序，分大中小三个村寨，每寨每家又围墙圈地，独立成户，高低一致，格调相同。各村寨房舍"一"字形排列，长百余米。远看毛氏村寨，就是一个栩栩如生的"三"字。"三字坝"由此而得名。

清光绪年间，秀才毛鸣阳，人称毛二爷，为护身保家，对约200亩的毛氏大寨修筑外围墙，每家就得到了外内双层围墙的保护，各寨城墙为界，寨寨相连相通。如今，内外围墙残损遗存，三级三列房屋隐约可见。

（八）喻家沟、板场、下山找的来历

1650年夏，孙可望已反叛朝廷，川黔大部落入孙可望之手。他为了扩大巩固势力，广纳贤士。监察御史钱邦芑受永历帝之使正在川黔巡按，声望很高。孙可望多次派出使者招安钱邦芑于门下，都被忠诚明廷的钱邦芑一一打发回去了，孙可望招安未果很是生气。为了避免孙可望的骚扰，1652年钱邦芑隐居松烟蒲村。1654年，孙可望封刀交付使者说："钱邦芑若是听命来归，自有好官好爵对待，如其依然顽固抗命，便用这把刀把他的头割下带来见我！"

传说钱邦芑得知此信息，途经羊肠小道去了贵州修文潮水寺，此时居室空空。官兵使者将蒲村团团围住，翻了个底朝天，也不见钱邦芑踪影，于是又扩大了搜查范围。官兵使者百余人拿着兵器，抬着大轿，找到他山左侧的山沟里。五六个山民在此伐木，见如此浩大的队伍，认为是皇帝来了，御驾在此，吓得抄林中小路逃回家。一个伐木山民遇到村民，手指伐木方向，结结巴巴地说："御……驾……沟……"说完就死了。从此人们就称此山沟叫御驾沟。后来人们说谐了音，就说成了"喻家沟"。

官兵使者继续往山上找去，来到山顶，有四个人在改板，使者前去询问是否见到钱邦芑，改板人向凉风坳方向指了指，官兵使者便向凉风坳方向追去了。后来，人们摆谈到此事，都说在改板那里遇到来接请钱先生的官兵。后来就把这里说成了"改板场"，再后来就说成"板场"了。

官兵使者来到凉风坳（也称凉风哨）（"大营盘"和"小营盘"两座山高大雄伟，两山之间称凉风坳。站在凉风坳，凉风爽爽，放眼望去，空旷辽阔无边，俯视千余丈），遇到在此锄禾的山民，便问可见钱邦芑。山民随口答应，你们下山去找吧！这些官兵真的下山去找了。凉风坳下面的地名因而得名"下山找"，保留如今未改。

（九）二龙的来历

传说，1891年，遵安（正安）有名的大地主田二爷驾鹤西去。儿子田宽请来阴阳先生追山（追龙脉）寻葬地。寻至赖家寨（今老二龙）落穴（落位），葬老人的地找到，便回去发丧。当地百姓听说这是一席好地，大家商议认为，这地不能给外地人占用，怎么办呢？一位绰号叫万斋公的，对阴地阳宅略知一二，便出了一个主意，叫大家到天河云的老庙基（现二龙小学处）里把菩萨请于此地，大家七脚八手，将菩萨全部搬来占了这块地。还说第二天吹大风，从老庙基吹来盖头把菩萨全部盖上了。三天后，田宽将老人遗体运到此，见状只有叹息和无奈，只能将老人停放在旁边的一棵大树下，与阴阳先生再往前追山，寻到干田坝的一个偏岩腔内（洞内可容两三人居住）落穴，"这是一席好地"，先生说。天近黄昏，明日辰时吉时安葬。第二天，辰时已到，抬丧至此，见偏岩腔里，一个叫花子昨晚已死在洞里，老先生长叹一声，您老人没有这个福分哪！再与丧家商量安葬于洞旁边的平土地里（此坟墓现犹存）。佛教徒组织捐银积粮出力迁庙建庙，在挖左边屋基时，挖到一盘石龙，万斋公说，这千万不能动，快快覆土。挖右边基脚时，又挖到一盘石龙，万斋公招呼，快快覆土。大家都觉得这真的是席好地，基脚不能继续往下挖，只能提高基础建庙（基石现存）。挖到两条龙的事一传十，十传百，传开了。两条龙即二龙，于是赖家寨改称"二龙"了。

（十）三合场的来历

三合场位于松烟北四里，原名茶园堡。发源于凉水井的溪流绕经茶园堡而过。书院仁立溪边，上中下寨均为毛氏家族，人烟稠密。毛氏领头人（毛之炜）与毛氏家族商量，在茶园堡兴场，大家无异议。开场这天，鸣锣打鼓放鞭炮，还备酒席招待赶场者。宴席上毛之炜作了开场白，又征求大家的意见，看给这个新场取什么名字适合。同桌一个姓张的老者说，凡兴场交易，必须要有三样物资交易，一是米，二是盐，三是布，这就可以称场称市。这样的场才能兴隆起来。他又继续说，米代表"天"，盐代表"地"，布代表"人"。凡事，只要有天、地、人三合了，啥都可以兴旺。毛之炜说，说得好，那就叫"三合场"吧！在场者鼓掌表示赞同。"松烟古景"有曰："三合则是天地人合"也。

（十一）白羊坝、藏宝的来历

友礼村的小江南东岸 200 米处，有一宅基地，以前名叫石街子。石街子住着姓石的大户人家。八字龙门，住宅外围墙旁是灵官场至偏刀水的大道，如今隐约可见。左邻右舍和睦相处，人丁兴旺发达。

传说，石家准备在主宅旁的一块大坝里再建房舍，请来帮忙人，动土挖屋基，第二天挖到一块大岩石，搬开岩块，发现里有一只白羊，帮忙人和石家主人都惊慌失措，六神无主，也知道这是一大宝物，但不知该怎么办。等大家反应过来，白羊已跳出石洞向西山跑了，人们边喊边追，追过山坳，白羊不见了，找遍了每个角落，都没找到，人们说是这个地方把白羊宝贝藏起来了，人们就把藏宝物的地方取名藏宝。居住在这里的人家越来越兴旺，后来，搬来此地居住的人也就越来越多，形成了寨子，人们又叫藏宝寨了。白羊是从石街子的坝子里现身的，人们就把石街子改叫白羊坝，后来人们把整个大坝都统称白羊坝了。

（十二）水淹凼的来历

水淹凼位于松烟铺南三公里。1902 年前的水淹凼是一个干窝凼，松烟铺至余庆司的要道穿凼而过。凼东北方有一偏岩腔，其下有一股碗口大小的泉水流入之下的消坑（《余庆县志》记载，坑与中乐鱼骨洞相通）。传说

1902年，偏岩腔里住着两个乞丐，以秧蒿毽①为被子，乞丐离去，秧蒿毽堵塞了消坑，坑不消水，水就把这个干窝凼淹起来了，人们就叫这里"水淹凼"了。

二、赶场

（一）松烟铺赶场

据一代一代先民相传，松烟赶场最开始在赶场坝。赶场坝位于松烟大松村刘家屋基。现松琊公路右侧，逸夫小学进校大路向琊川方向约300米左右的位置。

刘家屋基方圆十余亩，三级阡陌丘坪，半弧形。传说清朝道光年间，刘天文拾金起家，在此建房，一正两转（正房长五间），院坝可铺五十铺晒席，周围石头砌墙。房屋四周，古木参天，四季葱郁。途经南北要道绕墙而过，常有路客投宿刘家。

一个夏天的中午，两位客商由播州经湄潭，挑着布匹、盐巴等杂货来到大松，一位准备前往南12.5公里的余庆司场叫卖或兑物，一位准备前往北10公里的偏刀水场叫卖或换物，边走边叫。正值太阳大，天气热，路过刘家，入院乘凉，货担掷于院坝，进屋讨茶水喝，刘姓主人热情款待。邻舍听到叫卖，前往观热闹、看稀奇。物美价廉，纷纷购买或以物换物。一传十，十传百，附近的黄土坎、上中下寨、翻坡、安家田（今祝阳）、高枧等地来了不少村民，看热闹的看热闹，买的买，兑的兑，换的换，像赶场一样热闹。两位客商赚钱高兴而去，村民得到想要的东西归家而乐，刘家主人得到热闹暗自而喜。于是常有客商挑货于此叫卖。刘家主人与客商、村民约定集日，在此场坝交易，赶场坝赶场就兴起来了，这就是松烟赶场之始。当地还流传着"远乡近邻住家户，生活用品与日杂，物资交流有定点，刘家宅院赶场坝"几句顺口溜。十几年后停赶，改赶三合场，三合场也没有赶多久，又停赶了，改赶到新场坪，新场坪也没有赶几年，还是停止了交易，都因当地特色物资匮乏。最后又改赶到松烟铺，至今200余年。

（二）新台赶场

清朝末年，不知是何位高人高见，组织百姓于松烟桥头至石家堰之间的

---

① 地方语，意思是秧苗晒干，编织成牛（块）状，当被褥使用。

新田村的一块宽大的空地进行以物换物的交易，这是新台赶场之始。

新田村位于横断山脉卧龙左前爪之上，爪腿处有一处龙泉，滋润万物，养育万代，这里山清水秀，土地平旷，阳光充足，居舍数百，错落有致，寨民三百有余，早出晚归，安居乐业，是如今镇内最大村寨。民国期间，当地地主李南廷有钱有势，于公于私，将前述的物资交易场所迁至他家门前和场院中，进行定期交易。后学校、农协会、公社等单位建设于此。

1969 年，松烟至台上公路通车，学校、农协会、公社等单位先后从新田迁至台上。1981 年，时任新台公社书记的余德权，将新田赶场地迁至桥头，名曰"物资交流会"。首场便有湄潭、抄乐、琊川、龙家、敖溪、松烟等地供销社组织货源来此交流，上千人汇聚于此，好不热闹。但因当地物资匮乏，客商来此，无物交易，60 余日停止交流。

（三）灵官场赶场

今友礼村委会处，以前是一座寺庙，庙里有一尊高大、形态威武勇猛、面目狰狞可畏的灵官菩萨，人们称此庙叫灵官庙。庙里诵经声、木鱼声、求神拜佛声、声声不断，进庙来朝拜者络绎不绝。此地又是北往偏刀水场，东去关兴场，东南到十字场的要道，来往者如穿梭。灵官庙左有肖家大院，右有朱家大宅，周边张氏密居。清同治二年（1863 年），逢寅、申日在灵官庙前赶场，人们把灵官庙改叫灵官场，灵官场主要交易木炭、大米、猪肉、盐巴和谢家的麻花绞等土产、杂货。传说，每场可卖两头猪肉，状元桥头饭铺卖一斗米饭。后来，这百余米长的灵官场，就开有四五家赌场，赶场者多为赌钱而来。而后，当地又形成了一股恶势力，有几位恶霸、土匪、地头蛇，偷、抢、打、强行买卖、输打赢要，秩序混乱了，买卖者因恐而拒往。此场于 1949 年停业。

灵官场村农协主席林友礼联合正义者严厉打击这些恶势力，灵官场秩序得到了恢复，但林友礼却得罪了这些恶霸、土匪、地头蛇，后来被他们残酷杀害。新中国成立后，松烟区委为了纪念林友礼将灵官场改名为"友礼"。

三、藏宝台

松烟藏宝寨的张氏始祖张世奇，嘉靖年间，由祖籍四川省仁寿县花果街猪市巷入黔居住湄潭，是个富豪之家，人称"张半城"。死于土坌（ben），有人用"白天千人拱手，夜晚万盏明灯"来描述此地。

敖溪之北最为灵秀的山，要算藏宝台了，像游龙集聚之地，其山脉远自佛顶山，蜿蜒数十里，其前有金狮山，山腰有一巨石屹立，遥望如鼓，后峙三尖山，如数笔插天；左环界溪，右绕峻岭，名叫龙村。这里群山簇拥无数，像珠宝藏于此。一山巍然奇异，山虽不高，登之者没有不出汗者。传说以前有一位仙人，炼丹于此，临走时藏宝鼎于山中，"藏宝"因此而得名。后人在遗址处建庙宇，其下有一泉名叫了癞泉，不渴不知其甘甜，常居此地，饮此水者，聪明、英俊、长寿。张氏聚族而居，名曰："'藏宝寨'，百余年衣冠人物，都为一乡之冠，张氏发达兴旺是因为有这里的奇山异水。张氏诸君子常游陟于此，爱不能舍。"

（根据《张氏族谱》整理）

四、六郎屯

距松烟铺约五千米，其山高数百丈，广袤数里，山并有井，第闻水声，不见水出。相传宋时杨业之子杨六郎曾驻兵于此，后恐为他人所据，以铁锅覆之，至今水不得出。据《遵义志·古迹志》：三块石，《陈志》相传杨六郎曾憩此石上，有掌记。《通志》：在正安州，块字当作"槐"。按俗称杨六郎者，为杨业之子延昭。史传并无其人。考杨氏家传，唐乾符二年（875年），南诏攻陷播州。太原人杨端"揩八姓族人兴兵"，于876年占据了播州。此后杨氏世袭播州刺史，开始了杨家对遵义725年的统治。995年，五包杨实入贡北宋。杨实传位杨昭，杨昭无子。杨业曾孙杨允广与昭通谱，因以子贵迁为之后，此必是杨昭憩寓之所，后人因贵迁以后守播，系杨业子孙，而杨昭适与俗传杨六郎之名一字相同，因附会以为重耳。按其事实大概类此，故志之以备参考。

（摘自民国十六年版《余庆县志》）

五、柳湖书院的发展

1788年，岭南人詹官任余庆县令，知晓县域偏僻，百姓贫穷，文化落后。倡导在县城东边和他山附近的松烟两地修建书院。县城的书院命名"他山书院"，松烟的书院命名"柳湖书院"。1906年，两书院改为学堂。他山学堂、柳湖学堂延续下来，即现在的余庆县实验小学和松烟小学，至今已有230多年的历史。

苏正一老先生告诉我，他家住在柳湖湖畔，儿时对柳湖书院的记忆，如今历历在目。书院位于柳湖旁，宛转桥后的一座二三十米高的山丘上，距宛转桥六七十米，书院后山上还有很多高大茂盛的树木，不知何时搬迁到松烟镇政府后孙家坡山脚下的茶林湾。据《余庆县志》记载：咸丰五年（1855年），柳湖书院毁于战火。清同治末，举人毛文英率绅首等重建于松烟铺下场口。后来，又被毛鸣阳迁到上场口，地址被人们称为"书院大田"处，后又被毁掉（1997年松烟二中就是在"书院大田"上建起来的）。下场口的书院被迁走后，人们仍然称那里为"书院"，松烟小学就是在"书院"位置上建起来的。1906年，柳湖书院改为初等小学堂。1932年，校址迁于万寿宫（又称江西会馆，20世纪80年代松烟医院门诊部处，现在的遵义路口便民服务中心内），名为"余庆县立第七初等小学校"。1934年，学校分高初两等，高等小学驻川主庙（又称四川会馆，别名川主宫，即今山水家园）。1940年，松烟初等女子小学并入。

1945年，校址复迁至下场口。1949年，毛以俊任中共松烟地下党武工队队长，新中国成立后任松烟小学第一任校长。

1949年，松烟临近解放，受土匪骚扰，学校曾一度停办。至1950年6月匪患被平息，学校恢复。

松烟小学自1962年后，经三次改修扩建，至20世纪80年代，教育局借松烟小学部分校舍创办了片区中学，取名"他山中学"，学校分三个年级三个班，1988年停办。

2013年8月，松烟小学迁进松烟二中（书院大田）。新开设的松烟镇公立幼儿园，在松烟小学（柳湖书院旧址）开班。

六、三合小学、农中、湄潭县松烟中学（余庆县六中）

原三合小学位于松湄公路左侧，距松烟大松加油站约400米处的团山堡毛以忍（地主、松烟区区长）的房屋里。1954年之前，王文斗在此办学任教，之后，韩自贵在此主持工作。学生200多人，教师有石章维、陈顺寿、刘汉阳、朱应福、冯朝碧、徐朝军、李顺林等。1957年末学校搬至三合平桥毛氏祠堂内教学。团山堡处改办为"松烟农中"，杨云坤老师在此负责办学一年。1958年改办为湄潭县松烟中学（余庆县六中），全民制学校（供应学生粮食），杨昌辞任校长，杨云坤任教导主任，有郑仕才、王茂达、张灿文、邓坤晰、何忠余、潘成栋、杨润德、严克伦等教师。三个年级，学生120人。办学至1961年，湄潭县分县（湄凤余），又因饥荒而下放（停办）。饥荒后又遇历时十年的"文化大革命"，1975年，在松烟红籽沟兴办"松烟中学"。

七、松烟小学毕业生去向

1957 年，松烟小学五年级的学生毕业了，家庭成分是地主的学生就读松烟工业中学，校址位于关兴狮子场的绿塘沟，招生 50 余人，住在一所木房中。学生自己带粮食，每天的学习任务就是挖硫黄矿。部分贫下中农子女，就读松烟卫校，校址位于松烟八大水库坝址左上侧 100 米处，教师有熊昌贵等。学生 20 余人，入校 3 个月经考试，部分学生考入余庆县卫校学习，松烟卫校办学不足一年停办，部分优秀学生就读于余庆中学初中班。

八、随军学校

1958 年全国开展"大炼钢铁"运动，10 月实行"全民皆兵"（大人小孩都是兵），吃、住、行跟随"大兵团"，要求目标统一，步调一致。因此，学校也跟随"大兵团"转移。松烟小学一年级学生跟随"大兵团"办学于松烟街上，现高杆灯右下 100 米的田家；二年级办学于水关陈家房子里；三年级办学于后山沟（次二山）张家房子里；四年级办学于红籽沟，不久迁至牛角冲（今供电所、书院大田）处；五六年级办学于下堰坝红房子。大人每天的工作是深耕土地或挖矿炼钢铁。各校低年级学生每天的任务是捡桐子、拾黄豆或捡红薯；高年级学生在老师的带领下，砍柴烧炭炼钢铁。因未挖出铁矿石炼出钢铁，12 月"大兵团"解散，随军办学也因此结束。

第三节 民间故事

一、王八爷的故事

王八爷，真实姓名王德礼（1849 年 10 月—1908 年 11 月），出生于重庆涪州白里四角头，与宗弟王德寿逃荒来到贵州，曾居住何包场、琵琶岭，后居住松烟区中乐乡新场坪。传说他学过道家法术，也有人说他看过鲁班书，因此很有本事，做过一些奇怪的事，产生一些奇闻。

（一）夜行客

有个人，总爱小偷小摸的，经常偷邻居家的鸡、鸭、衣服等东西。周围的人恨死他了，又拿他没办法。

王八爷早就想教训他了。那天，小偷恰恰偷到王八爷家。他先撬开王八爷家的门，溜进去，从板壁上的一个方洞伸脑袋进屋看有哪样偷的，哪晓得脑袋伸进去就出不来了，动也动不了。小偷心想，这回糟了，撞到王八爷，着他使了法！天亮后，还不晓得要不要拿我送官府呢？唉，千不该，万不该，不该偷到他名下来。

正在这时，小偷听见王八爷在屋里喊："王八娘！王八娘！起来办酒肉招待哟！"

王八娘见天还没天亮，就问："深更半夜的，办酒肉招待哪个哟！"

"唉！你不晓得，我们家半夜来客人哪！"

"客人在哪点？"

"你起去看就晓得了！"小偷一听王八爷家来了客人，心里更慌：天啊天，要是让更多的人晓得，不是臭名远扬了！

王八娘起来点灯，到厨房去了。

王八爷也起来，走到小偷身边，说："呀，你这个夜行客，硬是稀客呢！"

小偷动也动不了，话又说不出，两行忏悔的眼泪直流。

王八爷又说："做你这行手艺，不费劳力不费血汗，很舒服啊！？"

小偷哽着声音说："王八爷，今后我再也不干这种事了，求你老人家开恩。"

"啊！真的不干了？"

"真的。"

王八爷哈哈大笑，拍一下小偷的肩膀。小偷立马觉得手脚活动了，把头退出方洞，马上要走。

王八爷拉住他说："哎，忙哪样！"

小偷说："八爷，你家有客……"

"客来了，你陪他坐就是了！"

小偷只好心惊胆战地留下来。

不一会，王八娘把酒肉摆上桌，问王八爷："客呢？"

王八爷指着小偷说："就是他呀！他是最后一回做夜行客了，该不该拿酒肉招待？"

小偷羞愧万分，从此改邪归正了。

（二）"关羊"的人

有一天，王八爷去赶场。走到一个垭口上，忽然跳出几个彪形大汉，手里拿着棍棍棒棒，拦住王八爷："过路的，知趣点！留下买路钱！"

王八爷笑嘻嘻地说："哦！要银洋?！那好办！你们全部把手伸出来，我一个给十块大洋。"说完，还拍了拍胀鼓鼓的布口袋。

那些"关羊"的棒老二半信半疑，又一看这老者慈眉善眼，口袋里确实装得胀鼓鼓的。说不定硬是碰上大财主了呢，一个个把手伸出来摊开。

王八爷果然把大洋如数放在他们手里，就赶场去了。"关羊"者得了大洋，满心欢喜。可是，那手伸起就伸起，咋个也缩不回来，脚也动不了……每人的手头摊着十块大洋，像木头人一样站着。中午的太阳大，晒得他们连声喊天。

好不容易盼着王八爷赶场回来，"关羊"大汉一齐求饶。

王八爷说："人家的血汗钱，你们凭几根棍棍棒棒就要了去，这对不对头嘛！不义之财是那么好拿的吗？这回我饶了你们，下回再碰上，莫要怪我无情啰。"

王八爷把棒老二手中的银圆收走，那些大汉才得到了解脱。

（三）捉鲤鱼

王八爷，也有捉弄人的时候。

薅秧时节，他去琊川赶场，走过雷启坟大田，见有十几个人在大田里薅秧。不知是大田的主人得罪了他呢，还是薅秧的人得罪了他？他对那一伙薅秧的人说："你们十几个人，今天怕薅不完这块田喽！"

"八爷，你说笑啊！我们十几个人，这块田还薅不完？"

"噫，怕薅不完喽！"

"八爷，你不信，赶场回来看嘛。"

"要得，等我赶场回来看。"

王八爷一边说，一边悄悄把薅秧人的一双草鞋扑在田埂上，就赶场去了。

王八爷一走，薅秧的人就看见一对尺把长的鲤鱼，在田里游来游去，摇头摆尾的。薅秧的人好高兴，秧也不薅了，全都去捉那对鲤鱼。那鱼也怪，十几个人几十双脚脚爪爪，就是捉不住它。捉过去，捉过来，鲤鱼没捉住，太阳却落了坡。

王八爷赶场回来，见满田的人还在捉鱼，就大声问道："哎，你们的秧薅完没有哇?"

"王八爷，快下来捉鱼！好大两条鲤鱼哟，捉了半天都没捉到！"

王八爷把扑在田埂上的那双草鞋又悄悄翻过来，问："哪里有鲤鱼嘛?"

咦！田里的鲤鱼不见了！再看秧田，秧子踩得稀烂。

（四）驯龙

中乐乡有个麻央洞，洞里有条石龙。那条石龙今天吐出冰雹子打坏庄稼和房屋，明天又涨大水冲坏田土禾苗。害得周围的老百姓不得安生，每年都要敬香求石龙保佑太平。

王八爷家离麻央洞不远，决心要收服这条孽龙。

那年端午节前后，涨"午阳水"，引起河水暴涨，雨还在不停地下。王八爷对姓朱的徒弟说："石龙又要出洞作怪了，我要进洞去收服它，骑起它上天。那龙孽障得很，不容易收服。我丢双草鞋在洞门口，若是那草鞋跳了起来，说明我已把它收服了，它要出洞上天了。你们不管看见哪样东西，都不要害怕，也不准喊我叫王八爷，要喊'大仙'。"

王八爷说完，丢双草鞋在洞口，就进洞去了。

过了一阵，只听见洞内乒乒乓乓响。洞口那双草鞋跳了起来，愈跳愈高，愈跳愈好看，徒弟们看迷了。忽然，一条龙从洞里飞出来，眼睛像灯笼，嘴巴像血盆，摇头摆尾，王八爷骑在龙背上。猛然一个惊天炸雷打下来，吓得徒弟们惊叫唤："王八爷，我们怕。"

那孽龙一听有人喊王八爷，就说："你原来是王八爷啊！'王八'也配骑龙上天?!"

它调回头，一摆尾把王八爷甩下来；这时又一个惊天炸雷打下来，把龙的脑壳打掉了，龙身缩进洞里藏了起来。

至今，麻央洞内石龙身体还盘卷在那里，"未见龙首"就是这个缘由。

二、顾定安的故事

顾定安是贵州老百姓心目中聪明、智慧的人物，诙谐幽默，胆大粗俗，实为劳动人民智慧的化身。关于他的故事，黔北各地均有传说。除了一些与亲邻的玩笑外，大部分则是与世间邪恶斗争，替老百姓出气、解恨的故事。他走到哪里，哪里就有趣事产生，故有"黔北阿凡提之称"。松烟铺也流传着他的很多故事。

（一）顾定安分房子

有一个村子里，住着姓江的弟兄两人。老大心狠手辣，从不满足，他的财宝堆满了屋。老二是个老实善良的农民，全部家当只有父母遗留下来的两间草房。草房地基与老大的高楼大院挨得很近，老大心中很不高兴，认为弟弟一来膘自己的皮；二来这块地方，包括两间草房，都应该属于自己。

于是老大找个借口，硬说弟弟的那间草房是父母留给他弟兄俩的，应该平分。不然就叫他搬开。再老实不过的弟弟愤愤地说："最初分遗产时，你当哥的要了十一亩肥田沃土，只给了我草房两间，现在又要来分，太不合理。"

就在俩兄弟闹得不可开交的时候，顾定安从人丛中挤出来："江大爷，江二爷，你们弟兄二人别争吵了，我是个过路人，你们若信得过，谁跟我打个赌，我输了，这房子就归谁，我赢了，这房子我送人，行不？"

老二老实，一时间没弄明白是怎么回事！老大呢，赶紧问："赌个哪样名堂？"

"明天是赶场天，你走前头，我走后头，或者我走前头，你跟在后边，看哪个在这里的熟人多，哪个就赢了。"

"好！"老大一把将顾定安抓住，生怕他溜了，"大家听清了，这位过路客，要跟我打熟人多少的赌。我赢了，这房子归我，我输了，这房子由他送人！"

第二天，江老大摇着扇子，哼着川戏调子，在顾定安前头沿街走。他想："凭你这个外乡人，敢跟我比熟人多？"

果然，未行百步，便有一绅士模样的人向江老大问了好，江老大心中甚是得意，一边摇头晃脑，说："我可得一个了哦！"

就在江老大得意扬扬的时候，身后却连响起了三声"顾定安赶场早！"的问候，同时，只听得顾定安在回答："大家早，大家早……"

江老大大吃一惊，心想这家伙还真有几位熟人。但他一想自己的身份，又是本地本方的人，随便哪样也不会输。他就领着顾定安专找人多的地方钻，不料招呼顾定安的人更多。到后来，"顾定安赶场早！"的问候声此起彼伏，把江老大都喊昏了头。他青着脸，挤丢了扇子，钻出人堆堆逃走了。

江老大一走，顾定安变戏法似的从后衣领上扯下一张纸来，那上面歪歪斜斜地写着："顾定安赶场早！"几个大字。

江老大输了，顾定安当着众人的面，宣布将那"赢"来的两间草屋"送"给了江老二这个老实农民。

不久，江老大又气又恨病倒了，没过几天就一命呜呼了。

（二）猜谜

一天，顾定安去赶场，半路上碰到邻村的"独眼龙"挑两头小猪去市上卖。"独眼龙"姓张，认得几个字，时常帮地主家收租收债，欺压老百姓。顾定安早就想收拾他。

顾定安笑嘻嘻地对他说："张大哥，你赶场早！"独眼龙见是顾定安，顺口说："你早！你早！"顾定安又说："张大哥，恭喜你今天生意好，卖个好价钱。到时别忘了请兄弟喝二两啊！"听了这番吉利的话，独眼龙十分高兴，忙说："有请！有请！"随后他又问："顾老弟，今天赶场你要买些哪样？"顾定安说："不买哪样。上场我家老表要我帮他猜个猜子（方言，谜语），说是给人家赌了两锭银子的彩头。我猜不出，今天去回他的信，我看他这回是输定了。"独眼龙一听，觉得好耍，问："老弟，说出来我听战（方言），哪样猜子这样恼火？"顾定安说："猜子是这样的，'三头六耳五只眼，八只脚儿腾云飞，两只脚儿地上蹬。'"说完后，顾定安又说："张大哥，你见的世面广，请你一定帮忙猜一下！"独眼龙假装客气："哪里，哪里！"随后又说："今天赶场没得空，改天回你的信。"顾定安见独眼龙已经上了钩，就说："那我去跟我家老表说一声，就说过两天回信，但彩头分一半给我俩兄弟哟！"

晚上，独眼龙回到家高兴地同妻子说了这件事，他妻子当时就大骂他："好你个张瞎子，被他整了还回来问老娘。你挑的两头猪，和你一起算，不是有三个头，六只耳，五只眼吗？猪被你担着，就是八只脚儿腾云飞，你的一双脚在地上走，不是两只脚儿地上蹬是哪样？"独眼龙听了婆娘的一席话，才晓得又遭顾定安整了。

（三）买蛋

一个大热天，顾定安在山坡上砍柴，忽然听到山下有一阵阵叫骂声。顾定安一看，原来是一个鸡蛋商人，督促两个替他挑蛋的脚夫走快点，好赶早市卖个好价钱。脚夫走得气喘吁吁，大汗淋漓。上完山顶，刚放下担子，蛋老板就督到脚夫快走，向通往湄潭城的大路上去了。

顾定安心头打起蛋老板的主意，就不紧不慢地跟在后头。在一个下坡路上，顾定安急忙跟上，拦住蛋老板说："老板，你们挑的蛋卖不卖？要卖的话，我家老爷说了，要买几千蛋包盐蛋，价高点也不要紧，只要撇脱，一回买清。"说完，从挑子里捡个蛋在耳边摇。蛋老板看顾定安那副认真的样子，说："老弟，比市上高两分行不?"顾定安满口答应。

蛋老板好高兴，这赚钱省事的生意哪点找啊！忙叫顾定安找东西装蛋。顾定安说："先把蛋数在这陡坡坡上，麻烦你的两个伙计用扁担帮我拦一下，数完我自有办法。"蛋老板巴不得早点数完，就答应了。快要数完时，顾定安又找来一根木棍，对老板说："你也来帮我拦一下，我快点数完。"

顾定安数完后，对老板说："稍等，我去取钱和找人来担!"这时老板有些急了："那你快点回来哟!"顾定安不慌不忙地说："快得很！快得很!"边说边就走了。

蛋老板正望顾定安早点来，突然，一条大黄狗朝他们扑来，蛋老板吓慌了，急忙拿起木棍打狗，不想一松手，蛋全部滚下来了。那两个脚夫见老板只顾打狗，相互眨了一下眼，也抄起拦蛋的扁担去帮老板打狗，一千多个蛋全部滚下来打破了。

蛋老板叫苦连天，才晓得被顾定安整了。

（四）烙手和落手

有一段时间，顾定安生活很艰难。冬天，他常常到一财主家去找火烤，财主很厌烦顾定安，又不好开口叫他不来。一天晚上，财主知道顾定安要来他家烤火，也晓得顾定安有拿火钳的习惯。财主就先把火钳放在火头烧烫，听到顾定安推门了，就赶紧把火钳取出来放在一个空位上。顾定安来到屋里，走到空位前就伸手去拿火钳，手刚触到火钳，甩都甩不脱，明白是财主家在整他。他还是装着没事一样坐下来烤火，谈起他今天赶场遇见的事来："今天街上有两口子在吵架，吵得好凶，赶场的人都围着看热闹。我挤进去一问，是为他们的儿子在外边做生意找了钱，托人带钱回来，可男人拿去赌钱输了，婆娘不依教（方言），就找男人扯皮，非要他把钱交出来。可男人把钱输都输了，拿不出来，两口子就在街上大吵大闹起来，我听后就劝了那女的几句：'晓得各人的男人是那样，钱（钳）就不该落（烙）在他家爹的手上罗!'"顾定安说完，转身就走了。

这家财主后来才发觉，顾定安占了他们的便宜。

三、扯谎三的故事

（一）少年扯谎三

扯谎三不知姓氏名谁，他很小的时候，就死了父母，从小靠给财主放牛、帮工生活。他生性聪明，智慧过人，专门耍弄有钱有势的人。都不知道他叫什么名字。

有一天，扯谎三放牛回来，看见东家的公子，爬在桃树上打还没熟的桃子。他觉得可惜，就上去劝："少爷，那桃子没熟，吃了要拉稀的！"少爷见是扯谎三，就说"关你屁事，我想打就打！"扯谎三见他不听，扭头想走，少爷不依，喊住扯谎三："人家都说你会骗人，你能把我骗下来吗？""不！不！不！"扯谎三连连摆手："今天我不得空。"少爷问："有啷个急事？"扯谎三说："那边的水塘干了，我想去抓几条鱼。"少爷忙说："是不是真的？"扯谎三边走边说："我不得空哟！我要走了！"那少爷见他要走，就咚地从树上跳下来："等我一路，扯谎三！"这时，扯谎三笑着对少爷说："怎么样，我不是把你骗下来了吗？"少爷一听，就愣在那里了。

隔了几天，扯谎三又看见那少爷在树上。少爷见他来，就说："扯谎三，这回你把我骗下来，这就说你有本事！"扯谎三说："不行不行！"随后他又说："少爷，我们打个赌，我不能把你从树上骗下来，但我保证把你从树下骗上树去，你敢不敢赌？"那少爷被扯谎三一激，满口答应："要得，我们来赌一回。"说着就咚地跳下树来。这时，扯谎三又说："少爷，你又输了！"那少爷无话可说，只好认输。

（2）扯谎三娶亲

扯谎三长到十七八岁时，人又聪明，长得又俊俏，慢慢地，财主家小姐和他好上了。财主晓得了，就对扯谎三说："我提几个问题，你答上了，我就把女儿许配给你。如答不上，今年你的工钱我不开了。"扯谎三说："要得，老爷。"财主说："第一个问题，你说一件事，我从来没有听到过的。"扯谎三说："老爷，那天你在我这里借去一千两银子，还记得吗？"财主听了很生气，说："我从没听说过，你这穷光蛋还有这么多银子！"扯谎三说："老爷，你已输了。请提下一个问题吧。"财主又提出第二个问题："今晚我要到亲戚家去住，你如把我哄回来，我就把姑娘许配给你了。"

财主骑着马到亲戚家去了。晚上正准备睡觉，扯谎三哭哭啼啼地赶来了，对财主说："不好了，老爷，小姐掉在井里淹死了，都怪我没照看好小姐，今年的工钱我是不要了！"财主一惊，骑着马就往回走，到了家一看，只见女儿好好的在房里。这时他才明白又被扯谎三骗了，这下他无话可说，只好把姑娘嫁给了扯谎三。

四、百犬同槽

传说清朝年间，松烟铺北二十里的冈家窝，有个大庙叫僧振寺。大庙地势偏僻，树木茂盛，很是冷落寂静。

僧振寺有庙田几十亩，每年收租百多石，钱粮比较丰厚，还有点积余，使人眼红，常常遭到强盗的抢劫、偷盗，弄得庙内的和尚没有办法。

僧振寺内供奉的菩萨是酒肉都吃的五荤菩萨，这里的和尚也是五荤和尚。长老和尚经常招僧、传经，周围庙宇经常有几十个和尚、尼姑来听。但又怕遭强盗的抢劫，慢慢地来听传经的人少了很多。后来，和尚们想出一个办法：在庙里喂一百条狗，既可以玩乐，又可以看家保寺。从庙田中分出一份来作犬田，专种狗的粮食。另外选择一个驯狗的能手，教它们打架跳舞，听人呼唤，把它们驯得像虎狼一样地凶狠，又像娃崽一样地爱人。

再有，就是在庙里的周围打一百个狗槽，作为狗吃食的槽子。挂上一口大铁钟，以敲钟为信号，指挥狗的行动。

这些事筹备好后，就派人到各地买小狗崽一百条，开始训练。犬师先将各种颜色的小狗崽编成队伍，从中选一只大而灵巧的作为领头狗。领头狗头戴泡花，颈系响铃。训师指挥小狗一排排的或坐或站，做每一个动作，都以钟声为信号；吃食、跳舞、睡觉或半夜巡逻，也都以钟声为信号。比如狗吃食，狗食煮好后，盛于槽内，先打预备钟，狗就各自跑到自己的槽位上站起；第二次钟声一响，狗就开始吃食，吃完就离开槽位，决不互相争食，扰乱秩序。行动方面穿花跳舞，更是熟练。

几年后，这批犬已经训练好了。长老和尚很是高兴，和尚们依着狗的威风，减少了很多忧心。白天能安心诵经，晚上也高枕无忧了，庙内就再也没有发生偷盗和抢劫的事情了。

僧振寺喂一百条狗保寺的事传出去，人们听见都摇头咋舌："崽哟，一百条狗一起吃食，一起保寺，哪个生人敢靠边？不说一百条狗，就是十条狗，也没人敢进庙的。"后来，大家都不敢进庙敬香拜佛了。

长老和尚又想了一个迎客的办法：在庙门边的百丈高的大树上，搭上一个"信号亭"，亭中挂了一面铜锣，如有烧香拜佛的人来，就敲响铜锣，然后由庙内和尚出来迎接，招呼狗群，客人就可以放心大胆地进庙了。这样，烧香的人又多了。见人来就敲锣，就成了庙里的规矩。

几年后的一天，长老和尚心想：我们驯狗多年，穿花跳舞，跳蹦巡寺样样都会，但都没见与人打斗过，还没有显出真实的本领。他就想了个点子，写成榜文贴在村头："本庙有恶犬一百头，有哪个胆大的人不拿棍棒，不用诱饵能进庙来，取走神台上的五十两银子，银子就归哪个。撞庙者被犬咬伤，甚至咬死，庙内概不负责。"

榜文一出，惊动了四邻八寨，都来看榜文。有人说："崴哟，一百条恶狗不要让它们张口咬人，就是叫一声，都像打雷，魂儿都要吓落。"有人说："哪个要钱不要命哟！"都不敢揭榜，直摇头伸舌。

有一个大汉看了榜后，心想：狗是畜生，必是怕人的，人家不敢，我倒要试一试。于是就揭了榜文，告诉乡民，定于明天进庙取银子。大家听见，就邀约相告，准备明天去看热闹。

这个大汉身材魁伟，像一棵大柏香树，有一身好武艺。

第二天，只见他腰带紧束，脚缠绑腿，衣袖紧扎，头戴粑叶斗笠，穿一双布鞋，布鞋用石灰抹得雪白，脸却用锅烟墨涂得黝黑。中午，他来到庙门边，庙里和尚放出一百条恶狗，龇牙咧嘴，"汪汪"叫着，像豺狗一样恶狠狠地向大汉扑去。大汉不慌不忙，把白布鞋向天上一甩，一些恶狗以为是饭粑团，忙跑去抢食，另一些狗朝他围来，见大汉人不像人，鬼不像鬼，也有些畏惧。只"汪汪"叫，不敢下口。这时，大汉双脚一跳，手一举，学了几声鬼叫，尖厉难听，应山应岭。恶狗们更畏惧了，认为是怪物要来吃它们，都掉头想跑。大汉手疾眼快，顺手捉住领头狗一支后脚，甩起轮子，朝狗群乱打。狗群惊叫着，满山散去。

里三层外三层的乡民们，拍手哈哈大笑，都说："修了一千年的道，一棒就敲脱了。"

长老和尚见恶狗伤的伤，跑的跑，气得吹胡子。小和尚们也鼓起眼睛，伸着舌头："拐了，输了！"看着大汉威风凛凛走上神台，把一个五十两的银锭不慌不忙揣进荷包，就转身出了庙门。在庙前，他摘下斗笠，向喝彩的乡民行了礼，就扬长而去了。

五、大铁钟斗斑马怪

松烟铺东南，约两千米处，有一座山，形圆如香炉，名香炉山。

山前有一条河，离河三四十米的山脚下，有一个出水的地方，深不见底，名叫马斑塘。

传说很久以前，马斑塘中有一匹斑马，常常在塘中兴风作浪，淹没庄稼。夜晚就跑出来，践踏作物，弄得当地人民好苦，拿它也没有办法。

山上有一座庙子，庙内有一口大铁钟。来庙内求神问卦的善男信女很多，撞钟击鼓的声音一天到晚不断，传得老远。但有一怪事，每逢马斑塘涨潮时，庙内铁钟也常嗡嗡地响，人们也不晓得是啥原因。

一天夜晚，庙里老和尚来到堂前焚香，发现大铁钟不见啦！以为被盗，急得不得了。天亮后，正想去报官，见那铁钟又高挂在堂前，只是周身湿淋淋的，铁耳上还缠有水草。老和尚疑惑不解。连续几夜观察，每晚半夜前后，就见铁钟一晃，落地后就变成人形，蹑脚往山下跑去，每回都是这样。

这天晚上，长老看见铁钟又往山下跑去，就悄悄地跟在后边，想去看个究竟。来到塘边，不见了人影，正东张西望，忽见塘中水柱冲起几丈高，喧闹的声音像打雷一样。有两团黑影，翻上滚下的，打在一起，难解难分。长老和尚明白了：是铁钟在和斑马争斗。就藏在一旁观看。两个时辰后，黑影中已有一个落在下风。老和尚分不清哪个是铁钟，又恐怕铁钟吃亏，急忙解下胸前的佛珠，向黑影甩去。只听见一声凄厉的叫声，一团黑影跌入水塘中去了。另一团黑影也跟跄几步，跟斗扑爬地往和尚藏身的地方扑去。长老一见，吓得惊叫一声昏死过去。

黑影听见叫声，才晓得是庙中的老和尚，刚才飞来一件暗器，打中自己的要害，是老和尚打的。黑影很是生气，真想把他提起甩入塘中，但又想：老和尚是长老，绝无帮助邪恶的念头。我被打伤，是我命中注定有此劫难，幸好今天已经把那害人的斑马除了。爬到山上，早已筋疲力尽，仰天倒下了。

长老和尚醒来，天已大亮了。发觉自己在山坡脚过夜。仔细一想，才想起昨晚的事情。急忙向山上跑去，只见一路血迹斑斑，有的已经凝固。到了山前抬头一望，吓了一跳，山门不晓得哪里去了？山顶只有块大圆石，上大下小，有好几丈高，四周光溜溜的，很难爬上去。只在南边有一石缝，可爬到石顶。老和尚心里明白，那就是铁钟。很是后悔，跪在石头前面大哭一阵，就走了。

后来，在另一个山头上冒出一尊石头，很像一个人，并且顶上经常湿漉漉的，像泪流满面的人，听说那就是老和尚变的，人们叫它石和尚。至今，还常有人给它烧香呢！

再说马斑塘附近的居民，天亮后挑水做饭，经过塘边，看见塘里的水非常清亮，风平浪静的，山上庙子又没了钟声，觉得稀奇。朝山上望去，山上只有一块大圆石，不见了庙宇。急忙跑上山去，想了半天，才逐渐明白了所发生的事。

为了纪念为民除害的铁钟，人们铸了一个像古钟样铁炉，放在堂屋的神龛上，在祭祀祖宗的时候，也让它同享人间烟火，这习俗世代相传。后来，这里的人民又把铁钟以前在的那山取名香炉山。现在上山的铺路石多是紫色的，人们都说那就是铁钟的血染的。

六、三个秀才吟诗比赛

胖秀才、瘦秀才和老秀才从省城应试回来，路途中又饥又渴。三人的银钱都用完了，凑了几个小钱只能买一碗稀饭。稀饭买来了，哪个喝呢？胖秀才年轻，脑壳转得快，说："我们三个吟诗比赛，谁赢了，稀饭就归哪个吃。"老秀才和瘦秀才同意了。

胖秀才抢着先说："身胖体又壮，像个大宰相，世间宰相管秀才，哪有秀才管宰相。"

瘦秀才一听，心想：呀！这胖墩靸（sǎ）踢我，就说："人瘦体秀丽，恰像大皇帝，世间皇帝管宰相，哪有宰相管皇帝。"

瘦秀才说完，好得意，世间就数皇帝最大，量那老秀才说不出更大的来了。

老秀才不慌不忙地说："我头发白花花，全靠他养大。皇帝和宰相，无他活不下。"

胖秀才和瘦秀才着急了："老头，你究竟说哪个哟？"

老秀才接着念："他让龙船行，他叫龙船翻。要问哪一个，黎民大于天，老朽民一个，当该喝稀饭。"

老秀才说完，端起稀饭就喝，胖秀才和瘦秀才流着口水干眼看，猛然想起，说："老头，留点，我们也是黎民百姓呀！"

老秀才揩揩嘴角，亮起空碗："你们咋个不早点说呢，完喽！"

七、猜谜挑巧媳

有一个老头，他有三个儿子，大儿子，二儿子都结了婚，三儿子长得聪明伶俐，老头很想给三儿子找个好儿媳。到处提亲，他都不中意。有一天，他听说有个屠户的女儿长得好，又聪明又能干，老头装着去割肉，想考一考那个姑娘。姑娘走了出来问："大伯，割哪样肉？"老头说："皮打皮，两层皮，肥肉不粘骨，瘦肉不粘皮。"姑娘笑笑提刀去割肝子。"大伯，割好多？"老头说："一两半，二两半，三两五钱八两半。快快割、快快算，我拿回家做早饭。"姑娘麻利地称了一块肝子，"一斤，对吗？大伯。"老头满意地说："对！你真聪明，要是我有你这样个好姑娘做儿媳妇，那该有多好哟！"姑娘说："大伯，别夸了，要是我也有个像你这样的聪明爸爸，那才是好呢。"

没过多久，老头就请人去给他儿子提亲，姑娘满口答应。第二年春天，这姑娘就过了门。

八、猜姓

有三个书生上京赶考，来到一户人家借宿。主人是一位端庄俊俏的农家女子。见是三个读书人，忙请进屋内，倒来香茶说："请问三位先生贵姓？"

三个书生自以为读了许多书，想在这女子面前卖弄。

第一个书生说："开门逢大吉。"

第二个说："走出俏女子。"

第三个说："十人分八家，不见母和女。"

那女子眼睛一转，笑道："啊，周、赵、李先生请用茶。"

三个书生大惊，心想：荒野山村中，会有这样聪明的妇道人家！就想再考一考那位女子，就说："请问大嫂贵姓？"

那女子一笑，说："百减一。"

三个书生听后，你看我，我看你，答不上来。他们心想，我们三个的姓，她一下就猜出来了。她的姓，我们三个都猜不出来，真丢人。

三个书生整整猜了一夜，也还是没有猜出大嫂的姓来。

天麻麻亮，忽听有人喊："白大嫂，你去挑水呀？"三个书生恍然大悟，把"百"字，减去上面一横，不是"白"吗。三个书生上路时，拱手对山中女子说："白大嫂，多谢了！"

那女子笑了说："愿你们高中。"

九、层层贪、层层剥

有一个叫布衣的人，在山坡上捡到了六个凤凰蛋，一闻芳香扑鼻。布衣看了又看，觉得是宝，内心斗争了半天，还是觉得要献给皇上最好。

他见不到皇上，就把蛋捧着请县太爷转献。县太爷也是第一次见到这稀罕物，就留下了两个，其余四个送给省抚台大人，请大人转献。抚台大人见这稀罕宝贝，又抓了两个，把剩下的送呈礼部。礼部尚书的小儿子一看，觉得是个好耍的东西，又拿了一个，第二天上朝，礼部尚书把最后一个凤凰蛋献给了皇上。

皇帝接过凤凰蛋，眉开眼笑，闻一闻，好香。皇帝很高兴，取出一个大金元宝，令礼部尚书转赐给献凤凰蛋的布衣。

礼部尚书下朝回家，他儿子捧着金元宝，看了又看，说："布衣哪用得这个？换个银元宝给他就差不多了！"礼部尚书觉得小儿子的话合他心意，就换了个银元宝送到省里。

银元宝到了抚台大人手里，他也留下银元宝换了一个铜元宝送到县太爷那里，叫县太爷赏给布衣。县太爷蛮不高兴，想："皇上怎么只赐一个铜疙瘩？不过，铜的也有用，我留起做一个酒壶吧。"随即拿起一块鹅卵石，叫公差送到乡里，给了布衣。事后，县太爷得意地说："这也是以'蛋'换蛋嘛。"

十、改对联

有一个财主，不识字，请了一个先生来写对联，准备贴在大门两边。

先生说："老爷，写些哪样？"

财主说："照到好的写。"先生就写了一联。

上联是："父进士，子进士，父子皆进士。"

下联是："婆夫人，媳夫人，婆媳皆夫人。"

财主很高兴，天天都站在门边，看过路人看不看对联。

大家都晓得，这家人一字不识，还自夸为进士，感到好笑，看都不看一眼。财主就把先生找来，臭骂了一顿，要先生把对联改一下，让大家都来看。先生想一下，在贴着的对联上加了几笔，结果引来了一批又一批的人看，大笑不已。财主也站在一旁陪着大家一起笑。一个过路人，随意就念了出来。

"父进士，子进士，父子皆进士；婆失夫，媳失夫，婆媳皆失夫。"

财主听了，顿时气得眼睛鼓，口吐白沫，晕倒在地。

十一、上行下效

有个叫老牛筋的人最抠门。他七十多岁的母亲病了，医了几天，没医好，又不愿再花钱医，就找来两根木棒，把母亲捆在木棒上，叫来儿子，说："你婆（方言，奶奶）的病实在医不好。她年纪大了，死也值得了。走，帮老子的忙！"

老牛筋和儿子抬着老母亲来到一个悬崖边。老牛筋对儿子说："我喊一二三，连人带棒抛下岩去！"儿子接话说："不忙！等我解下木棒，把它带回去！"老牛筋说："木棒带回去做哪样？"儿子认真地说："咦！你老了，生病了，我和我的儿子就用这两根木棒，抬你甩到岩下呀，还免得我们再上山去砍嘛！"

老牛筋听了，气得半天才说："哟，还是把你婆抬回去，好生医。"

十二、两全其美

从前，有个县令为了笼络人心，当众跪着对天赌咒："我若贪赃枉法，行贿受贿，接受钱财，左手接，则烂左手，右手接，则烂右手。"

当地一个横行霸道的财主，被人告下，拿了一百两银子来贿赂他。县令伸手要接银子，又想起赌过的咒。就叫那个财主把银子塞进他的袖筒。

县令夫人问他为何像这样接银子。他说："这样既得了银子，又免得烂手，岂不是两全其美吗？"

十三、没得强盗

有老两口很穷，卖柴买了两升米，装在坛坛里面，害怕被强盗偷走，老是睡不着。

老婆子听见门响，捏了捏老头子："老汉，有强盗哦！"

老头假装迷糊："不是强盗，是耗儿，我家米坛坛是盖好的！"

刚才果真是强盗进了屋，一听有米，就去摸米坛坛。摸到坛坛里装的是米，高兴昏了，把衣裳脱下来，铺在地上，准备包米，当他双手抱起米坛坛倒米的时候，发现衣裳不见了。

原来是被老头用长烟杆勾了去。强盗又忙把坛坛放下，碰出响声。

老婆婆说："老汉！是有强盗，哦！你听，坛坛在响呢！"

老头说："睡你的哟！哪里有强盗啊！"

强盗一急，站起身大声说："没得强盗，我的衣服到哪里去了？"

十四、人心不足蛇吞象

从前，有个穷人家的小孩，读书很用功。有一天他读书回来，在路上捡到一个蛇蛋，非常欢喜。从此，他读书、放牛、玩耍都要带在身边。时间一长，蛋壳就破了，里面有一条小蛇儿。小孩就把小蛇喂起，有好东西都拿给蛇吃，蛇慢慢长大了，小孩也长大成了书生，这一年，书生要到京城去赶考，就一头装书，一头装蛇，请人担起上京城应试。走了一天，装蛇的那口箱子越来越重，来到一个垭口上，挑夫挑不动了，书生只好把蛇放了出来，说："蛇呀！我们实在没得法了，你暂时回山中，等我考试回来，再来接你"。

书生后来考上了状元。回乡祭祖，路过垭口时，他喊了几声"蛇呀！"那蛇通人性，听到书生喊它，就梭了出来。书生拿了好多东西喂蛇，这蛇为了酬谢书生，就从口中吐出一颗金光闪闪的夜明珠给书生。书生晓得这是无价之宝，回京后，就把它献给了皇帝。皇帝得了夜明珠，就封他为宰相。又过了一年，他又回乡祭祖，路过垭口时，就又叫了几声蛇。蛇出来了，宰相说："你上次给我的夜明珠，我已献给了皇上，请你再给我一颗！"蛇听了很生气，上次那颗珠子是我的一只眼睛，你为了当官，献给了皇上，现在又来要，不是想叫我成盲人吗？只见那蛇把头晃几下，张大嘴巴，一口把宰相吞到肚皮里了！

十五、天下喝酒人最苦

玉皇大帝坐在金銮殿上，听到人间有人唱歌，有人叫苦。他想："下界究竟是哪些人快活，哪些人受苦喃。"就派一员天将，下凡去调查人间的苦与乐。

天将驾起云下到人间，到处查访。一天下午，太阳很大，天将走得又累又渴，就坐在山腰一根大树脚歇凉。忽然，传来一阵好听的山歌。天将一看，原来是个担担子的挑夫挑着担子一边爬坡一边唱歌。天将想："担担子的人是天下最快活，最安逸的人。"

天将继续往前走，来到一个小街上。他看见酒店里喝酒的人，端着酒碗，闭上眼睛准备喝酒，酒进嘴里，焦眉愁眼，酒一下肚，咧开大嘴，神情好难过好痛苦。他想："啊，天下喝酒的人最苦。"

天将调查完后，上天向玉皇大帝禀报，说："天下担担子的人最快活，最安逸；天下最苦要算喝酒的人，酒一进嘴，人就焦眉愁眼，痛苦难过。"

玉皇大帝听信天将的话，传下旨令："天下喝酒的人最苦，给他们办点好菜下酒。挑担子的人快活爱唱歌，就叫他们唱吧。"

从此，喝酒的人都一定要吃点好吃的下酒菜。挑担子的人，即便是不会唱歌的，也要"嗨哟，嗨哟"或"喔……喔……"使劲、尽情哼叫两声。

十六、秀才问路

从前，有一个秀才进京赶考，走到一个三岔路口，不晓得哪条路通京城，就问路旁晒谷的老汉："老人家，请问到京城走哪条路？"

"你到京城做哪样？"

"进京赶考。"

老汉想考考秀才，但一时又想不出考题来。正在这时，见孙子撵偷谷子的鸡，把手中的竹筒敲得梆梆响，于是就想出了上联，要秀才对，对得上就给他指路。

秀才想："这农夫老汉，我秀才莫非还怕你不成？"就说："老人家请讲。"

农夫说："鸡饥盗稻童筒打。"

秀才想了半天也想不出下联，就惭愧地转身回家了。心想："一个农夫老汉出的对联都对不起，还能过大考？"秀才回家苦读。三年后的夏天，又进京赶考了，走到三岔路边，看见老汉家正在请客。他走进屋去，一个客咳了一声，惊跑了正在梁上歇凉的老鼠，秀才就随口吟对了三年前老汉出的上联。下联是："暑鼠梁凉客咳惊。"老汉马上说："秀才，你好长进，进京赶考的路是中间那条平阳大道。"

十七、有钱才是娘老子

从前，一家五口人，母亲早亡，父亲把三个儿子抚养成人，给他们接了媳妇。老人老了，三个儿子见父亲不能劳动了，都不管老人吃穿。老人好受气，只好一人搬到另一处住。

一天，几个街邻替老头子出了个点子。老人就做了一口大木箱，悄悄沉入河底。第二天，他去打鱼，当着很多人的面，捞起木箱，搬回家里。

老头捞到箱子的事，被三个儿子知道了，心急眼红，都争着要接父亲到自己家中去养老。他父亲装着不肯去。村里很多人劝说，立个字约，第一要孝敬老人；第二要等老人百年归天才能开箱，免得几弟得了箱子头的东西变心。三个儿子在字约上签上了自己的名字，为了得到那箱子头的东西，三弟兄对老人百依百顺。过了好几年，老人死了。三弟兄热热闹闹地把父亲送上山，等不及垒坟，急忙回家，打开箱子，大家目瞪口呆。箱子里除了一张字条外，尽是石头。字条上面写着：

老人辛苦养三子，孤苦伶仃半辈子。听说老子得箱子，你争我夺想银子。

死后你们开箱子，箱中只有大石子。世间少有孝顺子，有钱才是娘老子。

十八、再吃杯

有一个酒鬼，名叫张好吃。家里很穷，场场都要上街，身无分文，又专好喝酒。凡是被他请去喝酒的人，钱都是别人开，他是从来不开钱的。

一天赶场，张好吃又赶场来了。他请了一个不认识的人名叫李贪杯的来喝酒，开始每人打了一杯，吃完了又再打一杯，一共吃了好几杯。张好吃不提结账的事，李贪杯觉得奇怪，开口问："朋友，你请我喝酒，你叫哪样名字？我怎么记不得你了？""唉！你认不得我，我叫再吃杯。"

两人又喝了一两杯，都吃醉了，张好吃起身就往外跑，李贪杯忙喊："唉！再吃杯！"张好吃边跑边说："我醉了，不吃了，不吃了……"两手一划，往前跑了。李贪杯还在大喊："抓住他……他……再吃杯！再吃杯……"旁边的人说："人家不吃就算了，还要喊他再吃杯。"酒店老板说："先开钱来，再吃两杯三杯都可以。"

李贪杯酒醒了一半，知道自己上了当，悔恨自己爱贪杯，只有自认倒霉了。

十九、姻缘相配，棒打不退

从前，有一个书生，父母早亡，靠自己打柴为生，过着贫困的生活。考试多年，榜上无名，多次提亲，高不成低不就，多次受挫，彬彬有礼的书生有时也有鲁莽的行为。

一天，书生挑柴上街去卖，见一算命先生，便去请先生卜算婚姻。书生报上出生年月日时，算命先生根据八字推算说："下街有个卖菜的姑娘，那就是你未来的媳妇。"书生迫不及待跑到下街，真的看到有个卖菜的姑娘，那姑娘蜷缩在一堆野菜旁，穿着破烂的衣服，头发蓬乱，脸色苍白。书生见姑娘的穿着及长相真不敢相信，很是抱怨自己的命运，一气之下，随地捡了一根木柴，使劲打在姑娘额头上，就跑了。姑娘既惊讶恐惧，又莫名其妙，头部鲜血直流，哭不成声。这时一位员外经过这里，下马询问事因，既愤怒，又同情，叫随同立即为姑娘处理伤口，再扶回府中。因家中无爱女，便过继为干姑娘。

几年后，书生榜上有名，功成名就。听说员外家有位漂亮的姑娘，便请媒前往提亲，一提即成。结婚大喜之日，新娘穿着凌罗绸缎，头顶红盖头，看似很华丽。晚上，客人散尽，书生揭开红盖头，见妻额上有三寸长的伤疤，心里很是纳闷，问伤疤的来由，妻子把卖菜无辜被打的事详述给郎君听，书生听后长叹曰："唉！姻缘相配，棒打不退。"

二十、天下第一嘴

古时候，有位姓曾的媒婆号称"天下第一嘴"，她曾自夸没有她保不成的媒、拉不成的线。

一天，有位穷小伙子前来求曾媒婆替他保媒。曾媒婆头不抬，眼不睁，问："小伙子看上哪家姑娘了？"

"首富毛员外的千金。"小伙子一语惊人。

"啊？"曾媒婆抬眼上上下下，左左右右地打量了小伙了一番，说，"就你，别癞蛤蟆想吃大鹅肉了，你穷得叮当响，还想娶首富毛员外的千金，大白天的你做什么白日梦？"

小伙子也不言语，上前就要摘曾媒婆头顶上的"天下第一嘴"的匾。

曾媒婆慌忙拦下他说："大胆，你敢摘我招牌！"

小伙子说："我是在帮你呀！你自己说的，没有保不成的媒、拉不成的线。而现在我想娶毛员外的千金你都办不到，还不是自摘招牌吗？"

曾媒婆一听有道理呀！自己办不成事，难道还怨人家摘招牌吗？她想了想说："行，你这媒我保定了！"

曾媒婆先来到毛员外家说："我想给贵府的小姐保媒。"

毛员外问："谁家的公子呀？"

曾媒婆笑着说："是个穷秀才……"

毛员外拍桌子大怒，说："打出去……"

曾媒婆急忙说："毛员外先别动怒，听我说，这个穷秀才是知府大人的师爷，你想想，他是没钱，可你有哇！而你没有的权势，他有哇！所以说他娶你的女儿正相配。"

毛员外认真考虑了一下，心里暗想："省得自己老是被官府欺负，朝中有人好办事。"他便一口就答应了这门婚事。

曾媒婆从毛府出来直奔知府大人的府中，见到知府大人，说："大人，我帮你物色了一位师爷。"

知府大人大怒："你是什么人，竟敢支配朝廷命官？来人，拉出去斩了！"

曾媒婆急忙说道："大人你不晓得，我帮你物色的人是首富毛员外的女婿。"

知府大人听了，喝退手下，心想："我早就想和这位首富拉上关系，正愁没门路，如果毛员外的女婿成了我的师爷，岂不事半功倍！"

如此一想，知府大人马上换上一副笑脸说："请他马上来衙门报到吧！"

曾媒婆从知府大人的府中出来之后，摸了一把脸上的汗水，心想："今天促成了这桩根本不可能的姻缘，如果哪天再来个狂生要娶皇上的女儿，到时我真的是无计可施了。"

穷小伙子和毛员外的千金成亲那天下午，曾媒婆回到家中，摘下"天下第一嘴"的招牌就突然失踪了。

二十一、巧嘴张媒婆

有一个姓张的媒婆，嘴皮子相当的会说，经她做媒，没有撮合不成的。

东村有个老实的后生父母双亡，因驼背至今讨不上媳妇。西寨有个姑娘，孤身一人，她心灵手巧，遗憾的是缺嘴唇，因此也没找到婆家。

一天，东村的后生提着礼物找到张媒婆家，托她给自己说一门亲事。

张媒婆打量了后生一番，立马想起了西寨的那个姑娘。她装模作样想了想，一拍大腿说："有了！"她对后生说了那个姑娘的情况，只是隐瞒了姑娘有缺嘴唇的缺陷。又含糊其词地说："嗯，这闺女吧，嘴巴不行，不知你有何想法？这我可事先说好了，你要没意见，过两天就给你信。"

后生说了句"能过日子就行"，就乐呵呵地回去等信了。

张媒婆等后生走后，就来到姑娘家，开门见山说明了来意，她把后生说得玉树临风，当然也隐瞒了对方有驼背的缺陷。姑娘听着羞红了脸，心里却乐开了花。

她羞答答地问："人家条件那么好，能看上俺吗？"

"咋说话呢，闺女？"张媒婆说，"他也是没爹没娘的孩子，就少个女人体贴呢。你俩条件相当，只要你同意，这事我就能办成。现在就等你意见呢。"

一听这话，姑娘娇羞地点了点头。

张媒婆哈哈大笑道："不过，咱话说在前头，我这人只管做媒，后面的事我可不管哦。"

"张婆婆，瞧您这话说的，哪有让媒婆包管过日子的呀。"姑娘着急地说。

张媒婆听了这话，脸上乐开了花："行，有你这话，我就放心了。赶明儿让你自己看看人。"张媒婆自有她的鬼主意。

第二天，张媒婆给后生回信说，姑娘会路过他家，从屋外看看他，让他下午睡在一张躺椅上佯装看书，这样能遮盖住他的驼背。

姑娘按媒婆给的地址来到后生家屋外，看到一个后生躺在躺椅上看书，又俊秀又有才，心里别提多满意，乐滋滋地回家了。

过了一天，张媒婆又对姑娘说，那后生改天会在屋外偷偷看她，让她那天戴着口罩擦窗户，这样能遮住她的缺嘴。

次日，后生按媒婆提供的地址，来到姑娘家，他看见一个戴着口罩的俏女子在擦窗户，恨不得现在就将她娶进门。

很快，就到了两人成亲的日子，在揭开红盖头的一刹那，两人都傻眼了。两人双双找到媒婆问怎么回事。

只见媒婆不慌不忙，慢悠悠地说："我事先都跟你们交代过了。"她面向姑娘说："我是不是跟你说过，背后的事我是不管的？这你也答应的。他驼背是背后的事呀。"

媒婆又转向小伙说："我是不是跟你说过她嘴巴不行？你说能过日子就行。那她确实是嘴巴有问题，没瞒你呀。"

小俩口气得话也说不出来。但事已至此，天地已拜，生米已煮成了熟饭，再说两人是半斤对八两，就凑合过了吧。

二十二、"摊煎饼"的故事

有一户人家有两个姑娘，姐姐长得漂亮，但下肢瘫痪，不能行走；妹妹四肢健全，但长相一般。姐姐年龄渐大，为找婆家父母很是发愁，谁家的小伙子肯要一个瘫子？父母找到媒婆，请她想个办法。你别说，媒婆还真有办法，不仅给姐姐找了一个好小伙子，事后还没她的责任。

相亲的当天，媒婆安排姐姐在火炉旁边摊煎饼，让另一个姑娘站在旁边吃煎饼。那火炉很低，摊煎饼必须坐着或蹲着。媒婆和小伙子进了屋，姐姐作势要站起来，其实她只是做个样子，给小伙子看，根本起不来。媒婆赶紧拦着说："摊（煎饼）吧，摊吧。"

小伙子看了看摊煎饼的姑娘，觉得挺漂亮的，而另一个吃煎饼的姑娘却很一般。

事后，媒婆问小伙子："你是要摊的那个，还是要吃的那个？"

小伙子连想都没想说："我要摊（瘫）的那个。"

媒婆故意说："这可是你自己挑的，别后悔。"

小伙子点点头，肯定地说："绝不后悔！"

结果，小伙子娶了一个瘫子媳妇。

（注：本节内容已编入《松烟镇志》496—515 页）

第五章　松烟古镇（铺）人物

一、监察御史钱邦芑

钱邦芑（1602—1673 年），字开少，丹徒（今江苏镇江）人，善诗文，年轻时就与张溥、徐孚远、陈子龙、艾南英等齐名，还精通书画，尤以草、隶见长。

1644 年 3 月，李自成攻入北京，崇祯皇帝朱由检于煤山自缢而死。当时，钱邦芑正在北京，他亲眼看见了这一事件的发生。同年 5 月，福王朱常洵世子朱由崧在明朝旧臣拥立下称帝南京，改明年为弘光元年，史称"南明"。他建置百官，领导抗清斗争。于是，钱邦芑捐献全部家财，到浙江、福建一带参加抗清斗争。但朱由崧仅在位一年便被清军俘虏杀死。接着，南明的第二个皇帝隆武帝于福建即位，钱邦芑上书，被授以监察御史一职，可惜隆武帝在位也仅一年多就败亡。1646 年 11 月，南明第三个皇帝朱由榔在广东肇庆登基，帝号永历。钱邦芑又到广东拜见永历帝。永历帝见其才智不凡，仍授监察御史一职。1647 年正月，永历帝令其以监察御史身份巡按四川。

钱邦芑去四川前一年，1646 年，清肃亲王远征四川，与李自成大西军张献忠部大战，张献忠战死于西充，张献忠手下大将孙可望、李定国、刘文秀、艾能奇等率残部转入贵州、云南等地。于是，南明王朝想趁机将四川纳入自己的统治范围。永历帝慷慨封官许愿，分派 10 多人到四川各地据守。然而，那些未得到任命的川中明将和大西军残部，并不想乖乖地归属他人麾下。于是，那些得到正式任命、没有得到任命的将吏，便各自拥兵"分地自守"，互相攻击，争城夺地，兵祸连连。其中最为猖狂者当数明朝楚王远支后裔朱容藩。他假称自己是"楚王世子"，自封"天下兵马副元帅"，骗取川中部分将官信任，向全川发号施令，按朝廷规制行事，俨然蜀中之王。钱邦芑入川后，戳穿了他的骗局并上书永历帝派兵讨伐。永历帝派堵胤锡入川，击败了朱容藩，将其处死。钱邦芑联合川南总督杨乔等人多方周旋调解，使四川大部分地区归属南明政权，局势趋于稳定。1648 年，钱邦芑因功升为右佥都御史，继续巡按四川。

钱邦芑在平定了朱容藩等的割据叛乱，招抚了大西军残部王祥等人后，又力主招抚孙可望、李定国等。

孙可望提出条件："封我为王，我举全滇归朝廷矣。"钱邦芑在向永历帝报告孙可望有归顺之意廷的同时，又以"本朝无异姓封王者"驳斥孙可望。孙可望深知钱邦芑声望高，纵其在外将不利于自己的统治，不如把他网罗到自己的帐下还可以收揽民心。他接二连三派人修书，接请钱邦芑等人去他手下做官。1650 年孙可望假敕自称秦王，复入贵州。他骄横强暴，在竭力控制永历朝的同时，又一次次逼迫钱邦芑等人去他幕中。钱邦芑对其厌恶之心日增，便决意弃官归隐，以避骚扰。

1650 年春，钱邦芑取道湖南回故乡江苏，路经余庆，得知郑逢元住在蒲村，便前往探望。钱邦芑把自己欲归江东的想法告诉了郑逢元。郑逢元结合湖南、湖北、广西大部已被清军占领等形势分析，觉得钱邦芑欲回老家绝非易事。钱邦芑见到蒲村景色迷人，村中田土肥沃，周围是莽莽苍苍的森林大竹，村左两山之间一小溪汩汩流淌，两岸有大可合抱的柳树百余株；溪中有泉十余处，吐水如珠串，美不胜收，的确是一个理想的世外桃源。钱邦芑于是改变初衷，便在蒲村住了下来，似乎还有在蒲村终老一生的打算。

钱邦芑买下了蒲村右侧的小山及山下的百余亩土地。小山林木森森，内有奇石无数，他取"他山之石，可以攻玉"之意，命名为"他山"，同时将对岸的另一松柏苍翠的小山称作"宾山"。他带领随从将小溪筑堤成湖，称柳湖；在他山脚下临湖构建屋宇数间，称柳湖居，并临湖筑一台称"啸台"；往后又在他山之腰奇石丛中构一六角茅亭，称拜石亭；在山巅盖一茅庵，名曰小年庵。钱邦芑隐居蒲村的消息一传出，四方隐者纷纷前来投奔，大家一起耕种劳作，一起探幽揽胜，谈古论今，把酒话诗，本地人也争相前来拜师求学。稍长，更有人不远千里负笈而来者。

钱邦芑在此生活了一年。在这一年时间里，他白天耕种，晚上赋诗，还给当地的老百姓讲学，致使当地日后学风渐盛，居住在周围的人逐渐增多。

1652 年，广西被清军占领。2 月 23 日，永历帝在孙可望的安排下，迁都贵州安龙县。永历迁都安龙后，得知郑逢元和钱邦芑隐居蒲村，便特召两人恢复原职，重新给朝廷效力。郑、钱二人走马上任。郑升任右都御史（正二品），调和大西军首领孙可望联明抗清。钱邦芑还是右佥都御史，巡按贵州。

其时，孙可望正用手中之权，变本加厉地将永历朝中的文武能人调集到自己麾下，钱邦芑的复出，立即引起了孙可望的注意。

这一次，孙可望采用的是恐吓手段。他取下一把钢刀用牛皮带封装盖上自己的大印，吩咐使者，见到钱邦芑后你就这样唬他：秦王说了，你若听命随我而去，好官好爵任你选；你如依然顽固抗命，我就只好用这把刀把你的头割下带去见他。

钱邦芑面对如此威吓，仍义命自安，不为所动。1653年，钱邦芑为让孙可望死心，他再次辞官归隐蒲村。

1654年2月23日是钱邦芑54岁生日。第二天，余庆县县令赵秉浩又奉孙可望之命前来，百般恐吓。但钱邦芑宁为玉碎，不为瓦全。面对威逼利诱谈笑自若，毫无惧意。当天晚上，钱邦芑便请前来祝寿的云南鸡足山高僧担当为其披剃成僧。同时作诗一首表达自己不畏任何政治压力，誓死保全气节的决心。诗云："一杖横担日月行，山崩海立问前程。任他霹雳眉边过，谈笑依然不转睛。"

孙可望得知钱邦芑削发为僧的消息后，恼怒万分，当即命人写信劝其回心转意。钱邦芑回答："破衲蒲团伴此身，相逢谁不讯孤臣？也知官爵多荣显，只恐田横笑杀人！"

孙可望见诗大怒，立即派人把钱邦芑押解到贵阳企图伺机杀掉。钱邦芑在拘押途中口占三绝。

其一：才说求生便害仁，一声长啸出红尘。精忠大节千秋在，桎梏原来是幻身。

其二：扭械萦缠是夙因，千磨百折为天伦。虚空四大终须坏，忠孝原来是法身。

其三：前劫曾为忍辱仙，百般磨炼是奇缘。红炉火里点春雪，弱水洋中泛铁船。

钱邦芑被押解到贵阳后，孙可望将其囚禁于大兴寺。恰在这时，安龙城内吴贞毓等十八忠臣谋迎李定国而废孙可望之事泄露，孙可望全力追查此事，并胁迫永历帝下诏诛杀了十八位大臣。十八位大臣之死，震动朝野。孙可望为安定人心，又怕背谋害忠良的骂名，只得释放钱邦芑。

钱邦芑走出囚笼后，顺道去修文潮水寺看望故友，并重新削发剃度，自云"大错和尚"，寓"今是而昨非"之意。寺中僧人皆敬重钱邦芑的人品和学识，恳请其长住。钱邦芑没有长住，不久便离开了。钱邦芑走后，潮水寺僧人便将"潮水寺"改为"知非寺"，并在寺前刻"知非禅林"四字和"举足宜行中正路，入门俱是过来人"石联作纪念。钱邦芑经湄潭，逗留其间，建议将西来寺更名为"西来庵"以避外界纷扰。

钱邦芑回到蒲村以后，便将柳湖居改成了"大错庵"。此后，便专心研读《易经》，著诗习文，教授弟子。此间，他写了《他山·易诗》（二十四卷）《他山记》《他山赋》《柳湖赋》《诗话》《随笔》《长歌答友人》《蒲村归田》《蒲村老农》等大量诗文。他与门人在当地招收的弟子颇多，常常居无闲间，室室爆满。据他在《杨母白夫人寿叙》一文中记述，单白泥草坪的杨世茂、杨先茂兄弟就先后将七个孩子送到蒲村拜他为师。更有数百上千里慕名而来的傅尔元、刘斯汇、杜鼎黄、许振露、李花荣……

当时云贵一带的隐士、高僧，知道钱邦芑是为了忠于明室才出家逃禅的，而出家之后仍然不忘忠孝，故多与之交游。其中，郑逢元、郑之光、范广、程源、胡钦华、李之华、曹椿、曹柱、吴开元等是曾任职永历朝的要员；担当、丈雪通醉、敏树相如、大冶道况、圣符等是云贵川一带的高僧，进出蒲村者多属文化名流。

1656年4月，李定国把永历帝从孙可望控制下的安龙迎接到云南昆明。这一局势的出现，让钱邦芑大为振奋，他恨不得一口气跑到云南永历帝身边。无奈，黔地仍为孙可望所据，他只能慢慢地等待时机。

1657年春天，钱邦芑自认为时机成熟，决计要去云南了。临行前，他审时度势，在拜石亭四周的奇石上留下了"他山""钱开少放歌处，永历丁酉春题"等十九处石刻文字。然后昼伏夜出，向云南奔去。不料，天不遂人愿，途中不幸又落入孙可望之手，并再次被囚禁于大兴寺。

这看起来是坏事，其实也是一件好事。因为这次囚禁，使钱邦芑得到了布置剿灭孙可望大计的机会。

某一天，被强行调到孙可望处的兵部尚书程源、都察院郑逢元来看望钱邦芑。钱邦芑知道他们都是忠于南明的，便向他们陈述了剿灭孙可望的方略："今马宝、马进忠、马维兴三人虽隶孙可望麾下，然皆朝廷旧勋臣，受国恩颇重；彼曾与我言及此事，彼自愤恨，欲图报朝廷而无路也。至于孙可望标下，惟白文选有心朝廷，我曾与之私誓，决不相负。孙可望率兵入滇，必用此数人为将，倘得从中用计，图孙可望如反掌耳。今被幽禁在此，烦二公可为致意之！"于是，程源便与白文选密商。白文选说："我矢心不负朝廷，只恐力难济事"。程源说："马宝兄弟，有心人也。"文选以为然。程源、郑逢元即私见马宝，定下行事方案。

这一年八月初一，孙可望誓师发兵，以白文选为总指挥，以马宝为先锋，合兵 14 万人入滇攻打李定国。9 月 14 日，白文选等人在云南交水突然倒戈。李、白两军合力进击，孙可望惨败，只带得几十名亲随仓皇逃命。逃到湖南，投降了清朝。

剿灭孙可望后，钱邦芑、程源、郑逢元随同文武百官一同前往云南，面见永历帝。论功行赏，以钱邦芑说服孙可望部下马宝、马进忠、马维兴、白文选效忠南明朝廷，在攻打昆明的时候临阵倒戈，扫平了孙可望之患，功劳最大，连升三级，授予都察院掌院事之职，从正四品提为正二品。

1658 年正月，清朝三路大军进击贵州、云南，李定国带着永历帝逃向缅甸，随行百姓数十万，每日只能走三十余里。钱邦芑料知南明气数已尽，无力回天，为避清军追杀，当行至云南永平县时，便与兵部尚书孙顺、礼部尚书程源、户部尚书万年策、大理寺少卿刘泌等改名换号，遁入山中，颠沛流离近两年。1659 年冬，钱邦芑辗转到达了慕名已久的佛教圣地鸡足山，这是迦叶尊者道场，与五台、峨眉、普陀、九华齐名。1660 年春，钱邦芑应邀与无尽、眼藏、子眉等高僧聚于文笔山西北的片云居，潜心搜集、考证，历时 5 月，撰就《鸡足山志》稿十卷。之后，遍游云贵名山胜景、古寺宝刹。

1662 年 4 月，钱邦芑闻永历帝被吴三桂绞杀于昆明，明祚将亡，乃痛哭离山，出滇入黔。一天，钱邦芑在贵州境内偶遇吴三桂之子吴应熊，当面怒斥其父卖主求荣。吴应熊将其绑到吴三桂帐中。吴三桂知其故意为之，就对儿子说："大错和尚辱骂我是为了求死成名，别上当，快快放人。"

1664 年夏天，钱邦芑决意回江东老家。路经余庆时，特地看望了久居蒲村的侄儿钱点及门人弟子，并向敖溪、白泥等地的昔日好友彭玉房、杨先茂等一一辞行。行至湖南时再度受阻，于是便卜隐衡山，潜心著述。1670 年，永州太守刘道著聘其编纂郡志。1673 年，宝庆太守李益阳请其延修郡志，志未竣而中止，他就病逝了，享年 72 岁。其侄钱点与太守李益阳，遵其遗命用明朝的幅巾方被裹尸安葬于岳麓山下。

钱邦芑一生著述颇丰，其专著有《他山·易诗》24 卷、《读高士传》6 卷、《古乐府》8 卷、《十言堂诗文集》32 卷、《诗话》20 卷、《焦书》24 卷、《随笔》60 卷；还有《他山字学》等学术著作；主纂及与他人合纂的志书有《永州府志》《宝庆府志》《浯溪志》《九嶷山志》《鸡足山志》《靖江县志》等数十卷，先后梓行于世。

二、大明"皇帝"朱明月

朱明月（1841—1868年），本名张保山，贵州遵义县新舟人，曾办团练，因故被县令拘押。获释后，冒姓朱，取名明月，自称为"明代崇祯皇帝十世孙"。

清咸丰、同治年间，贵州各族人民不堪清王朝的残酷压迫、奴役，纷纷揭竿起义，义军席卷了整个贵州大地。其中，在贵州历史上规模最大、时间最长的农民起义，当数"号军"。"号军"又称"教军"，为白莲教支派花灯教组织的起义军。其内部各支因头巾、号褂、旗帜颜色不同，分别称"红号""黄号""白号""青号"。号军以贵州东北地区为根据地，主要活动于铜仁、思南、石阡、湄潭、翁安、开阳及贵阳外围各州县。在所有号军中，实力最强、影响最大的要数白号军。白号军领导人刘义顺，自任左丞相，封秦魁榜为右丞相。咸丰八年（1858年）起义于思南武溪，主要活动区域在乌江流域，以偏刀水、觉林寺、城头盖、荆竹园为四大基地。

1857年朱明月闻听思南白号军起义的消息后，便组织万余人前往投奔。白号军创始人刘义顺系传教之人，且年过八旬，统领军队已有些力不从心，他见朱明月年轻机敏，胆识过人，便将计就计，向其部属宣称朱明月就是他们要找的"真主"，并于1859年4月拥立为大明秦王，沿用杨龙喜的"江汉"年号。1865年，白号军迁都于思南的秦家寨（右丞相秦魁榜的老家），朱明月又被拥立为大明"皇帝"，并改"江汉"纪年为"嗣统"，故他又称"嗣统真主"。朱明月铸造铜币"嗣统通宝"，废除清政府苛捐杂税，千千万万的农民和手工业者纷纷加入起义军。

1857年8月，新任贵州提督蒋玉龙虽奉川军命率前往思南等地镇压，但见白号军势力强大，便驻军于凤冈南部的偏刀水大营，坚壁自守。1859年9月21日，朱明月等带领白号军直逼偏刀水，一气攻克了清军大本营。提督蒋玉龙弃营逃跑，被清廷革职查办。于是，清军提督大本营变成了白号军根据地，由白号军元帅田兴朝、军师何发喜、将领何兴儒和王礼廷等领军两万驻守。不久，朱明月再度攻下余庆、松烟等地，遂在其辖区内的觉林寺建立了白号军的又一个大本营。

觉林寺在今觉林村境内，距松烟6公里，距凤冈县琊川4公里，寺庙建在大约两平方公里的山堡上。山堡四周都是溪河、水田、只有一条大路与之相通。朱明月占领这块地盘后，便将四周用木栅夹成高丈余的泥墙，并建东西南北四门。在该大本营数十里范围内，还建有先锋营、黑虎营、屯山营、大坡营、施家营、御河营等48个营寨，清军称其为"伪城"。为了加强与石阡白号军，余庆大、小轿顶山、古佛山，瓮安县玉华山等地黄号军的联系，朱明月又在余庆境内的龙溪水溪屯、岩门屯、小泥田，构子坪等乌江以南地区建立了十多个营寨。

1860年8月12日，朱明月进军桐梓，贵州提督田兴恕便趁机带领"长胜军"奔袭余庆境内乌江南岸的白号军。经过十余天的激战，白号军寡不敌众，十多个营寨被清军所破。于是，田兴恕便有些得意忘形，一面令"长胜军"驻扎龙溪，一面令人飞驰向朝廷报功。朱明月得到消息后，一边暗中派人与石阡白号军联系，一边抄小道返余庆。8月24日，朱明月及其所属万余人与石阡白号军同时抵达龙溪，突然向田兴恕的"长胜军"两面夹攻，措手不及的"长胜军"被打得晕头转向，死伤过半。田兴恕也因此而被撤去提督一职。

1868年正月，由于湘军、川军的围攻，白号军在思南荆竹园（清朝属石阡辖）和凤冈偏刀水等的根据地相继陷落。5月12日，湘军、川军便集中力量对朱明月驻守的觉林寺大本营进行夹攻。由于号军内部孙洪应等人的叛变，觉林寺大本营很快就被清军攻破。朱明月率众突围，退走余庆司。行至半路，又遭清军阻击，他只好带着几百人退守屯山营。不久，蚂蚁一样密密麻麻的清军又将屯山营团团围住，并用炮火猛烈攻击。白号军将士大部分壮烈牺牲。朱明月身负重伤，杀出重围，只身向火梅塘（今大松村三合苦鱼境内）逃奔，他一口气跑了三四千米，实在跑不动了，被潜伏在那里的清兵逮住，押往遵义李元渡营中，遭破腹杀害。

三、"张青天"张象乾

张氏族谱记载：张象乾，乾隆四十七年（1782年）十一月十二日，生于广西宾州（现为广西南宁市宾阳县）他祖父张集庭的官舍里。

张象乾尚在襁褓时，便有神话般的传说。相传他出生不久，祖父去任，带着家眷回家，路过阳朔县河，倏然风起，波浪漫天，他们乘坐的船几乎被掀翻了。一船人恍恍惚惚如在梦中。不一会儿，风平浪静，大家起来一看船中，两个仆人淹死在河水上面，象乾也离开了母亲的怀抱。正在惊疑不解，一只渔船来到近前，渔船上有一位白发老妇抱象乾来放在象乾母亲毛孺人怀里，衣服都没有打湿。孺人正在考虑怎样报答，那渔船却飘然而去，不知去到哪里。

张象乾回乡后，15岁为县学诸生（秀才），不久成为廪生（享受政府供给钱粮的秀才）。32 岁时，中嘉庆十八年（1813 年）癸酉科举人。甲戌（1814 年即嘉庆十九年）进京参加殿试，中二甲第八十名进士。被分配到云南，历任禄丰、乐次、南宁等县知县，后为鹤庆州州官。

在禄丰任知县时，地方士民要修一座桥，向他请示，他说："这可不是小事啊，我一定和你们一起做好这个工程。"于是在选择桥址，计算规模及所需的人工、资费等，都一一参与商讨解决。可刚刚聚集起工匠，他就被调走了。后来，凡有乡人经过这个地方，总会听到人说："这座桥乃是从前张知县建造的。"

张象乾廉洁、干练，不畏强权。当时有位廪生叫改拨的和一位姓何的工作人员争坟山，不停地打官司。改拨理由光明正大但是势力薄弱，姓何的不合道理，但是势力强大，衙门里的藩桌及同僚，都是何的拜门老师，故每次官司，总都偏袒姓何的。张象乾到任后，改拨又到县里申诉，张象乾则是完全抛弃前面那些状纸，而直接剖析其中的是非曲直，姓何的不服判决，向学寅申诉，学寅掩饰，张象乾看了原判，批为："断无此理！"并把自己的判决案卷制成四份，学寅读那个判决，吐舌摇头，如梦清醒，因此把他的才干向朝廷及府、州、县呈报推荐。一时很多人都来抄录这个批呈，被人形容为洛阳纸贵。

嘉庆二十二年（1817 年），张象乾调到南宁当知县。南宁向来被看作风气不好的地方。但是张象乾到任后，兴大利，除大弊，抑强扶弱，百姓过上了安宁、和顺的日子。因此，百姓都要为他立长生牌位，张象乾推却多次都始终不能阻止，由此可见当地老百姓对他的感恩戴德之情！

嘉庆二十五年（1820 年），张象乾妻子病逝，老百姓来吊唁的很多，纸烛堆积如山，挽联祭幛多得无法扛举，这更可看出百姓与张象乾的深厚感情。

道光六年（1826 年）乙酉春，张象乾北上至河南界遇风染上疾病，到京城抽签，签上说他要到河南当知县。但他病情加重，终因无法医治而终，享年 44 岁。

清代毛玉成等纂修的《南宁县志》，把张象乾列为名宦，（他）字果囿，贵州余庆人，进士。道光初权知县事。持己廉洁公恕，案无剩牍，狱无怨民。以父忧去官，去之日士民奔走泣送者绵三十余里。至今称之曰张青天云。后建有"去恩碑"纪念之。

四、留洋大臣张行健

张行健，字隽之，张锡初之长子，生于清光绪癸未年（1882年10月20日），出生在友礼藏宝岩底下屋基。家有良田20余亩，幼时聪颖过人，入私塾，读经书，勤学好问，深得先生和家长的钟爱。

张行健十一岁时被父母逼婚，不辞而别，杳无音信。三年后返家，父亲不容，认为是逆子，不孝子孙，以"活埋"处置。其叔出面询问，这三年去往何处，又干何事，张行健答："至永兴，拜门投师于书法家赖云樵先生门下，跟师读书，苦练书法，得先生厚爱。"献上书写作品两大担，字字匀称，一丝不苟，刚劲有力，功底可见一斑，其中一篇《陋室铭》仿东坡体书。问："这是你所作？"答："是。"父叫人拿来笔墨纸砚验证，果真不差。再验背诵，一字不漏，一口气背诵诸多名篇和唐诗宋词，于是，才幸免"活埋"之灾。父虽容他归宿，但必闭门深造。16岁时参加平越（今福泉县）府考试，榜上有名。回家后仍手不释卷，努力深造。其间，凤冈大都坝绅士家的匾额"泽州大都"，余庆县城文庙的"棂星门"及两庑诸门额，均属他手书，笔力劲健，气势雄浑，一时名震湄凤余三县，称赞他："大挥绝妙"。他从小就抱负不凡，立有大志，不肯蜷伏家园庸庸碌碌而虚度年华。1907年，张行健向父母叔父叩别，奔赴贵阳，考入贵州自治学社举办的公立法政学堂学习。因学习刻苦，天文地理、经史诗书无晓不通，书法超群，学问渊博，成绩优异，名列前茅。三年毕业后，正候缺派任县知事中，忽见日本士官学校招留学生的广告，乃积极报名应考。口试中，府台以"言兵"二字为题，他立即随口高声朗诵："夫兵者国家之精神，人民之保障者也，然无勇不可以言兵，老弱不可以言兵，怯懦不可以言兵，虚张声势无忠心爱国热忱者皆不可以言兵……"主考当众宣布为全省第一名，出国时他被分送日本学习。

他在校时因好过问政治，常思振兴中华、抗拒列强，加之学习成绩优异，日本人忌妒他的才华，害怕中国留学生一旦成为国家栋梁，对日本将来的侵华战争不利，故对我国人士图谋陷害。1914年6月，他身患重病，日方故意令其住院治疗，用毒剂注射致死于日本医院，终年32岁。枢前金书"留洋大臣张隽之之灵枢"，用海轮将其灵枢送至大沽口起岸，由清政府下令沿途护灵："逢州过州，直送故乡"，灵枢送抵藏宝寨。另有随行物两件，一是盖有朝廷印章的证件；二是他的遗物，墨石精雕砚台。遗物保存至1950年初，证件被毁，砚台已碎。赠族叔张锡宗传给孙张本根作临帖的代表作《陋室铭》也不复存在。

他的遇害已成憾事。如学成归国为国民一定能做一番大事。其因有二：其一，留洋期间，孙中山在此发展组织，传言他是成员之一，想必他定能受其影响；其二，与他一起留洋结为盟友者，如刘思齐（龙家坝人），民国初年任云南省省长，牟仕先民国初年任湖北省省长，王天觉为护国军24军军长。传说，王天觉军长提拔张行健之子张大经任营长。唉！这是张氏家族的一代才子，也是张氏入黔始祖张世奇后裔的第一留学者。

根据《余庆文史资料》和《张氏族谱》整理

五、松烟第一位中共党员毛以和

毛以和（1926—1995年），松烟街下场口核桃坪人，系毛肇显之子。毛以和是松烟第一位中共党员，松烟农民协会创始人。

毛以和1940年在湖南省麻阳县国立第八中学求学时，看到一本描写抗日名将的书，书中写了包括毛泽东在内的10多位中国共产党领导人抗日救国的事迹。毛以和认真阅读后，深受教育。这年暑假，他积极参与湄潭中学"民先队"组织的抗日救亡宣传队，赴余庆江外，以松烟小学为阵地，先后到松烟、敖溪、龙家、关兴以及凤冈县的琊川等集市上，刷标语、出墙报、演话剧、游行、募捐、搭台演讲，向广大人民群众宣传抗日救亡的道理。

1943年，毛以和在琊川和共产党人刘国锱接触，受到革命影响。从这时起，他以家为阵地，邀约知识青年到家中读书看报，谈论时事，同时开展抗日救亡宣传活动。他们读的书有著名作家鲁迅、郭沫若、茅盾、巴金等人的著作。抗日战争胜利后，宣传民族统一战线，宣传中国人民解放军解放战争取得的战绩，等等。

1948年，毛以和到松烟小学任教。由于他长于文学，善于交际，为人亲善，在社会活动中遇事总是站在弱者一边，主持公道，很快在群众中树立起较高的威望。在毛姓字派中，"以"字辈辈分比较高，毛以和在兄弟中排行第八，人们都称他"毛八爷"。

1949年4月，由刘国锱介绍，毛以和参加了中国共产党。他配合刘国锱以走亲访友为掩护，到松烟、敖溪、龙家等地开展社会调查，着重了解知识青年和社会各阶层人员的思想状态，弄清地方武装力量分布。他们一方面在社会进步青年中宣传党的政策和主张，培养党员发展对象；另一方面，在上层人士中开展统战工作。

1949年6月，中共川东特委为加强川、黔边区工作，特派中共四川省南川县委书记向国灵同志（化名夏云）到贵州，任中共凤冈、桐梓、绥阳、正安四县工委书记，负责开展川、黔边区工作。后来向国灵住毛以和家，利用当时国民党许诺的"二五减租"，在松烟、敖溪、琊川一带开展合法斗争。

1949年9月，四川特委又派胡正新到毛以和家，与向国灵、毛以和根据《新民主主义论》有关章节及解放区要闻编写《向何处去》的小册子并散发出去，在群众中秘密传阅。

毛以和根据党交给的任务，在琊川、松烟等地积极开展革命活动。为了革命需要，将阵地转移到凤冈、余庆边界的蜂岩坡李正常、毛以俊家。白天邀约李正常、毛以俊到密林中听向国灵谈局势，深夜在卧室聆听革命道理和党的政策和策略，分析各阶层人员的状况。向国灵明确指出："这一带地方的组织和工作由毛以和同志负责，重点抓好发动群众，积极组织武装斗争，做好统一战线，准备迎接全国的解放。"

1949年6月起，毛以和先后组织发展了近百名地下农协会会员，建立了武工队。武工队队员有李明道、毛以俊、李正常、毛以杰、毛林休、毛翼文、朱发科、刘华昌、龚德芳、程占清、罗德昌、张志高、黄帮凯、毛肇武、毛翼伦、祝振森等30多人。武工队建立后，就控制了当地十多户地主和保长的枪支。

毛以和穿梭各地，或明或暗到敖溪毛克仁和松烟的毛以筠、毛明久、王足三、刘有良、毛以忍、毛羽丰、王有明、毛伯伦、王可君、张举尧等上层人物家中，以谈天说地的口吻，把解放战争胜利的消息向他们传播，谈话深谈浅因人而异。1949年11月，以毛以和为首的地下组织和松烟各界人士燃放鞭炮，欢迎解放军，迎来了松烟的解放。

毛以和率领地下农协会和武工队同当地党政军相配合，公开出面站岗放哨，维持社会治安，组织供应粮草，侦察敌情，四面联系，做分化敌人、追剿土匪、收缴枪支等工作。先后争取了匪首、匪众和上层人物50余名缴械交枪，共收缴长短枪70余支、机枪3挺，手榴弹若干。击毙匪连长代济华、土匪小头目严朝仁和20余名匪众，活捉匪首付云汉。

1950年6月1日，毛廷燕被解放军137团击毙后，6月4日，凤冈县委委派毛以和任琊川区区长，后调任花坪区区长、遵义地委讲师团教员。1957年整风"反右"运动，毛以和被错划为右派。党的十一届三中全会后，毛以和获平反昭雪，1995年11月在遵义病故，终年69岁。

六、传奇人物胡慎

胡慎，字敬修，癸巳恩科举人，出生在余庆县余庆里下罗家寨刘家屋基。康熙癸巳（1713 年）解元，1713 年 9 月，胡慎以第十四名的成绩高中举人，雍正十二年（1734）到江苏丹徒县任知县，第二年以病卸事。乾隆元年（1736 年）五月复任，三年四月丁艰回籍。居官清慎自持，士民感仰。

胡慎小的时候，聪明伶俐，勤奋好学，志向远大，却顽皮好动。

据民国版《余庆县志》记载："胡慎，[①] 居余庆县城北一百六十余里，下罗家寨刘家屋基。年十五，时当暑，往香炉山脚马斑塘泅水，遂没，入至深处无路可出。久之，见一干洞，光明微照，乃寻一石，危坐终日，见一水獭日在洞内石盘上以舌舐之。胡觉肚饥，效之，觉味咸，能止饥，寻揽獭尾而出。其家人为之设灵已六日矣"当地人都说胡慎是"大难不死必有大福。"

也有传说，在胡慎老家住宅的后山涧，以前有一财神庙，甚是灵验，香火很旺。胡慎年幼之时，常与乡童到财神庙玩耍。每到庙堂后，胡慎都会以梳理财神胡须为戏乐。一天，正当胡慎又给财神梳理胡须时，自神位突降一童子，自称是神童。胡慎不相信他是神童，就出一对联说："人是人，神是神，人岂得为神乎！"神童笑答："尔是尔，我为我，尔焉能浼我哉！"还说："不看丹徒面，鞭挞尔入泥"。这些奇闻，至今仍流传于当地民间。

七、雕塑艺人潘少华

潘少华（1913—1980 年），松烟镇人，1913 年 12 月 3 日出生于艺人世家，在父亲潘承轩的影响下，深谙雕塑技艺，兼作绘画，是余庆县民间艺人中技艺全面者之一。

潘少华从小随父亲学习神佛木雕，稍长随四川艺人雷福堂学习水墨画及水磨漆，以此维持生计。他热爱雕塑技艺，在实践中刻苦钻研，大胆改进，将雕塑、绘画融为一体，形成了与众不同的艺术风格。

二十世纪三四十年代，潘少华的雕塑技艺达到较高水平，在许多地方，留下不少的雕塑精品。尤其是曾陈列于县城城隍庙内大型雕塑。湄潭、松烟、重庆、凤冈等地的一些神佛、罗汉等，均活灵活现，栩栩如生。陈列于松烟觉林寺内的大型彩塑"百子观音"，更是千姿百态，妙趣横生，雕塑主像"观音"及其贴身的两个"童子"，已全脱了旧的"仕女"格局，具有真实女性及儿童的健康美。微型桑木群雕"八仙庆寿"体积仅一立方尺，利用树根的自然生态，雕塑赋有深厚浪漫色彩的"八仙"及"老寿星"等十个人物，高者约三寸，皆是错落有致，各得其宜。可惜以上作品，在"文化大革

---

① 贵州省余庆县地方志编纂委员会：《余庆县志》，贵州人民出版社 1992 年版，第 288 页。

命"中被当作"封建迷信"毁掉。

中华人民共和国成立后,潘少华改习织布,继以做黑板、扎花圈、做玻璃匾为生。潘少华于 1980 年 3 月 29 日因病在家逝世,终年 67 岁。

(摘自 1992 版《余庆县志》)

八、掩护红军战士的毛肇显

毛肇显(1880—1939 年),字德卿,光绪六年(1880 年)出生于松烟,父亲毛文辅(zhào),廪生。毛肇显幼年丧父,全家 6 口人,靠母亲织布维持生活。两姐稍长,帮助母亲做家务,供弟上学,毛肇显自幼勤奋好学。

1909 年,毛肇显获己酉科拔贡,旋被委任为四川直隶分州知州,后改任省溪县(今贵州省铜仁市万山区)知县。

1911 年,辛亥革命爆发。毛肇显善于策谋,深得贵州省主席李晓炎赏识,被李晓炎聘为高级顾问,不久回家闲居。

1924 年,松烟大旱,逃荒要饭者不计其数,毛肇显颇富恻隐之心,收养 30 余名孤儿,使其度过荒年。

1927 年,毛肇显与汪紫樨(xī)、李光斗编纂《余庆县志》,历经三载,他主纂疆域图说、职官志、宦迹、乡贤、古迹、耆(qí)寿、土司等部分。

毛肇显一生为人正直。在家闲居时,自命清高,遂未做官,只因善辞令,地方人常请其"判案"。1935 年红军经过松烟,其中两位红军战士掉队,毛肇显不怕杀身之祸,将其收留以帮工为名进行掩护。

(摘自 1992 版《余庆县志》)

九、著名剧作家马光煌

马光煌(因参加革命工作改名毛达志),1921 年 11 月生于余庆县松烟镇穴塘坎,少时就读湄潭县皂角桥小学,1935 年以后进入贵阳市达德中学、贵阳高级中学,1940 年考入浙江大学理学院物理系学习,1944 年夏进入浙大文学院攻读英法史,1946 年前往上海南光中学任教,随后加入中国共产党。1948 年到达河北解放区。1959 年任河北省戏曲研究室研究员,1982 年在河北省艺术研究所任一级编剧,1988 年秋离职休养。马光煌系中国戏剧家协会会员,一级剧作家,一生创作历史故事剧和现代生活剧 10 多部,其代表作丝弦剧《空印盒》,1957 年 11 月在北京首次公演,著名作家曹禺称

"《空印盒》是部成功的戏"①。当年 11 月下旬，马光煌应邀前往中南海怀仁堂向党和国家领导人做汇报演出，受到周恩来总理、朱德委员长、邓小平总书记、陈毅元帅、贺龙元帅的亲切接见。

1958 年，《空印盒》赴朝鲜演出。1960 年长春电影制片厂将其拍摄成电影在全国发行。2007 年 11 月，为隆重纪念周总理为石家庄丝弦题词 50 周年，新编《空印盒》再次到北京汇报演出。马光煌入选《中国文学家辞典》《中国艺术家辞典》《中国文艺家传集》《中国当代艺术家名人录》。

十、孝父敬老楷模毛世兰

毛世兰，字子溪，清初岁贡生毛鹏九的嫡长孙、廪生毛邻的长子，以孝义著称。

清嘉庆九年（1804 年）任余庆知县的黎大炳先生为其撰写了《赐赠文林郎毛子溪公讳世兰神道碑》，对其大加称颂。黎先生说，毛子溪，谨遵祖训，笃志勤学，忠厚承家，跟着父亲迁居到下坝（敖溪狮子桥、月台、官仓之间，紧靠中坝、后槽），到学校努力求学。邻里都说："这是毛家的孝子贤孙啊！"不幸的是父亲突然病逝。毛子溪按祖礼，将父亲归葬于祖宗墓旁。这时毛子溪有四个弟弟，有两位还在襁褓之中。毛子溪上奉慈母，而且教育几个弟弟，直到他们成家立业。因为一家人口越来越多，就开凿后漕水源灌溉良田数十亩。而衣食才刚刚丰裕一点，几个弟弟就要求分家。毛子溪说："老母年事已高，怎么能这样着急分家呢？如果你们硬要分，那么这里的肥田沃土，你们都尽量拿去，以尽你们人子之责。祖宗遗留下来的产业还有三字坝，地方虽然偏僻一点，可是完全可以开垦种植，我愿意到那里去劳动。"母亲同意这样做，他就携带妻儿迁到距离下坝十余公里的三字坝丛林深处，小地名叫茶园，结茅屋三间，负米养亲，训蒙教子，除荒草，粪瘠田，不数年，家道渐丰。嫡堂弟等都把家迁来挨着他住。过了几年，母亲病逝，毛子溪把母亲遗体安葬在三尖山的北面。此后，他早晚都要到坟墓去看望母亲，以弥补在生时奉养之不足。

据黎先生的文章说，原来这一带地方的人赶场是赶新场坪，新场坪的商人被毛子溪的为人所感动，聚在一起商量说："毛子溪是长厚孝友之人啊，我们移动场基去挨着他吧。"大家于是就修房造屋，形成街道，名字就叫"松烟铺"。毛子溪死后，这些商人把他安葬在松烟场附近一个很显眼的地方

---

① 百度百科《马光煌》。

（今育才路旁）。后来，毛子溪的儿子毛之望入学，孙子毛冠群显贵，曾孙毛有信、毛有猷成了进士，毛有信出任广西天河县知县、毛有猷出任陕西泾阳县知县。毛子溪晋封文林郎。有人认为，这是孝友之报。所以后来，毛子溪故居地被人们称为孝友村。

黎先生的文章结尾："爰为之传，以勒诸贞珉"，由此可知《赐赠文林郎毛子溪公讳世兰神道碑》① 就是给毛子溪作的传，因此，不再赘述，录全文于下。

清时余庆县开科岁贡生鹏九公之嫡长孙，廪生邻公之长子也。谨遵祖训，笃志勤学。童蒙时，乃祖即以忠厚承家期许之。稍长，从父迁居于下坝，游泮食廪。里中人咸曰："是毛氏之文子文孙也。"不幸其父年方强，遽以疾终。子溪公循礼致丧，还葬父于祖墓之麓，承祖志也。维时厥弟四人，半在襁褓。上奉慈母，教育诸季，皆能成立。爰因食指加多，遂浚后漕水源灌溉良田数十亩。饔食初裕，诸季同谋析居。子溪公曰："母也年高，吾止一子，岂宜遽分？如不获已，此间肥田沃土，诸季尽取之以供子职可也。先人遗业，尚有三字坝，地虽偏僻，仅可开垦，我愿往任其劳。"其母首肯之。爰携家于丛林深处，结茅屋三间，负米养亲，训蒙教子，除荒草，粪瘠田。不数年，家道渐丰。嫡堂弟等迁家相焉。未几，丁母忧，迎柩于下坝，而葬母于三尖山之阴，朝夕省墓，以补养之不足也。

新场坪诸商贾闻之，曰："是长厚孝友之人也。我等移场基就之。"遂兴板筑，相厥攸居，名其地为松烟铺。年四十，其子之望入泮，子溪公训之曰："汝幸继书香，可从家政矣，吾得稍闲常回旧宅与诸叔笃手足之谊。"自是优游里党，岁月无间，历五十载而终。诸商贾留葬于场之首丘，且曰："是某等南道主人也。"后因其孙冠群贵，赐赠文林郎。其曾孙有信、有猷成进士，晋封文林郎。至今科第连绵，人皆曰，是食孝友之报也。爰为之传，以勒诸贞珉。

黎先生这篇文章是刻成碑的，可惜已毁。文中提到的毛有信、毛有猷，是余庆唯一的兄弟进士，他们在外地做官，官声甚好，都是上了县志的清官。

---

① 贵州省余庆县档案局（馆）翻印：《余庆县志》，镇远县印刷厂承印，1985 年，第 215、216 页。

十一、地下革命者林友礼、毛以俊

林友礼（1916年—1950年），江西省上饶县黄固镇黄塘人，出生于普通农民家庭，高中毕业后，在家务农。1941年，林友礼前往四川投靠当国民党军官的三叔，入国民党军事干训团学习。国民党的腐败引起林友礼及其他部分同学的不满，国民党怀疑其"通共"，林友礼被捕入狱，不久被释放。

1944年8月，林友礼从四川到余庆县松烟镇经商，为求生计，到松烟街上潘少华家当帮工。一年后，搬到灵官场（现友礼乡长堡村，长堡又名藏宝村）周均相家居住，林友礼帮其煮酒，自己兼营桐油生意。在此期间，林友礼结识了许多穷人朋友，常给他们讲述地主如何剥削穷人，宣讲江西革命根据地的发展形势，号召大家团结起来跟地主、恶霸作斗争。林友礼外出做生意，喜欢打听解放军胜利的消息。他的这些活动，引起了当地国民党政府的注意，怀疑他是"地下共产党"，企图逮捕他。林友礼为避其害，躲于遵义、重庆等地，后经地方绅士张士亲（时清）出面担保，又回灵官场，继续经营桐油生意。

1949年6月，林友礼在松烟地下党的领导下，负责传递情报和监视国民党保长严仕英、方在明的行动。余庆解放后，他积极向解放军提供匪首王再明的活动情况。

1950年6月，松烟区建立人民政府，林友礼被选为灵官场村农协会主席。他工作兢兢业业，任劳任怨。林友礼的革命活动，引起了灵官场村富农分子胡开荣等人的仇视。1950年9月21日下午，林友礼向区委汇报"秋征"工作情况，当晚，返回家中，被胡开荣、严仕英一伙土匪包围。林友礼不幸被土匪抓住，受尽酷刑折磨后惨遭杀害，终年34岁。

为了纪念林友礼烈士，在追悼大会上，松烟区委将灵官场改名为"友礼"（今友礼村）。

毛以俊，1919年9月生于松烟镇黄土坎（今大松村民组）一个富豪之家。父亲毛肇扬，号敬斋，曾任国民党松烟区区长，思想开明，主张国富民强，母亲邱氏知书识礼，勤俭持家，对毛以俊要求极为严格。

毛以俊少时入私立小学读书，勤奋好学，多思善辩，作文文理皆通，或纵论天下大事，或品评历史人物，或针砭时弊，均能做到摆事实讲道理，分析透彻，且结构严谨，文笔流畅。由于他勤奋好学，学习成绩出类拔萃。小学毕业后，考入贵阳达德中学。中学毕业后，考进省立师范学校，毕业后，考虑到家乡文化落后，乡民素质低下，遂立志从教。先后任三合小学校长、松烟中心小学校长。任教期间，工作认真负责，钻研教材，改进教法，努力提高教学质量。他关心和爱护学生，经常周济学生。他不但教育有方，亦擅长书法，被称为"松烟书法一支笔"，二十世纪四十年代曾给松烟小学写过一副对联：

蛟龙得时雨岂是池中物　俗鸟乘春风终非井底蛙

新中国成立前夕，毛以俊认识到旧中国的黑暗与腐朽，向往光明，追求进步。在地下党员毛以和、李明道的帮助下，积极向党组织靠拢，他出自真诚的愿望，详详细细写了一篇自传，交给地下党领导向国灵审查，请求允许其参加地下革命活动，组织同意后，他写信给老同学老朋友，动员他们参加革命。毛以俊协助李明道，侧重抓宣传群众和组织武装的工作。由于他工作积极，且有文化，深得党组织的重用，被任命为武工队队长。

新中国成立后，毛以俊继续任教，任松烟完小校长。

十二、革命英烈

（一）红军过松烟牺牲的烈士

佚名（44名）：红军战士，1934年12月27日，松烟伪区长毛以忍指令二龙乡伪乡长将他们押往麻窝洞，用斧头砍杀后推入洞中。1952年松烟镇农协会组织会员在烈士殉难处清理遗骨，移葬于松烟后山坡，筑墓立塔。

（二）解放战争和清匪反霸牺牲的烈士

佚名，男，中国人民解放军某部战士，1950年1月24日在松烟枇杷岭剿匪牺牲。

佚名，男，中国人民解放军某部战士，1950年1月25日在松烟枇杷岭剿匪牺牲。

林友礼，男，江西省人，1916年9月出生，松烟区灵官场村农协会主席，1950年9月21日被土匪杀害。

王保山，男，山东省人，中国人民解放军十六军炮兵营警卫连班长，1950年1月25日在松烟枇杷岭剿匪牺牲。

苗福全，男，河南省禹县（今禹州）人，中国人民解放军十六军炮营三连连长，中共党员，1950年6月1日在松烟剿匪牺牲。

（三）剿匪牺牲埋在红军墓的烈士

邓才，男，江西省修水县人，中国人民解放军十六军炮兵营一连战士，1950 年 9 月 27 日在松烟大关剿匪牺牲。

郑成武，男，湖北省人，中国人民解放军十六军炮兵营警卫连战士，1950 年 9 月 27 日在松烟大关剿匪牺牲。

杨献义，男，河南省人，中国人民解放军十六军炮兵营四连排长，1950 年 9 月 27 日在松烟大关剿匪牺牲。

金阿才，男，河南省人，中国人民解放军十六军炮兵营四连排长，1950 年 9 月 27 日在松烟大关剿匪牺牲。

陈廷芳，男，河南省确山县人，中国人民解放军十六军炮兵营警卫连排长，1950 年 9 月 27 日在松烟大关剿匪牺牲。

（四）松烟镇籍在外牺牲的英雄和烈士

陈丙禄，男，友礼乡平桥人，1933 年生，1956 年 3 月加入中国人民解放军，历任第二野战军三五二四部队战士，班长、代理排长等职，中共党员，1960 年 11 月在云南边境与残匪战斗中牺牲。

黄德星，男，觉林乡人，1932 年生，1956 年 3 月加入中国人民解放军，历任昆明军区步兵十四团四连战士、班长、中共党员，1961 年 1 月 25 日在云南边境与残匪战斗中牺牲。

周达明，男，友礼乡枇杷村人，1951 年生，1969 年 4 月加入中国人民解放军。七五七九部队卫生员，中共党员，1975 年 2 月 28 日在贵阳阳关执行任务时牺牲。

（五）抗美援朝牺牲的烈士

梁正明，男，中乐乡店子人，1930 年生，1951 年 3 月参加志愿军，辎重兵团六连战士，1951 年 9 月 24 日在朝鲜阳德郡遭美机轰炸牺牲。

夏桂林，男，中乐乡新迎村人，1930 年生，1951 年 6 月参加志愿军，任一三六团二连战士，1951 年在朝鲜牺牲。

尹　明，男，觉林乡觉林村人，1922 年 10 月生，1951 年 7 月参加志愿军，三十八军一一二师炮兵团指挥连电话员，1952 年 8 月在朝鲜江原道平康郡牺牲。

严孝全，男，二龙乡龙洞村人，1932 年生，1951 年 7 月参加志愿军，一一二师三三四团一连战士，1952 年 10 月 8 日在朝鲜铁北三九四八高地战斗中牺牲。

张银华，男，二龙乡牧羊村人，1932年生，1951年7月参加志愿军，一一二师三三四团六连战士，1952年10月8日在朝鲜铁北三九四八高地战斗中牺牲。

姚金贵，男，松烟镇三合村人，1934年3月生，1951年参加志愿军，四一六师战士，1953年4月10日在朝鲜"三八"线牺牲。

（六）对越自卫反击战牺牲的烈士

吴银才，男，三星乡新坝村人，1958年生，1978年4月参加中国人民解放军，三五五〇五部队战士，1979年2月22日在对越自卫还击战前线牺牲，被追认为中共党员，追记三等功。

第六章　松烟古镇（铺）传统美食

传统美食是指源于某个特定地域或历史悠久、流传广泛、代表该地独特饮食文化的美食。这些美食常常代表着当地的历史、文化和生活方式。民以食为天，随着让食品回归自然的兴起，传统美食越来越受到人们的青睐。二十世纪六七十年代前，松烟铺农家传统美食甚多。笔者将走访了解的松烟铺传统美食简介如下。

第一节　粑

一、黄糕粑

黄糕粑是一种营养丰富、携带方便的干粮。制作方法是上等大米、糯米各一半，两种米总和的 8%～10% 的黄豆作配料，浸泡 5～8 小时，用石磨将大米磨成米粉末，黄豆磨成浆，糯米蒸熟成饭，将豆浆渗入米粉和糯米饭中，充分拌匀，待浆干后，搓揉成团，打成 5～8 斤左右一坨的长方体粑块，外包斑竹笋叶，用力扎紧，然后上甑（zèng）蒸 8 小时以上，退火再焖 1 夜，即可出甑。

将黄糕粑切成薄片，内面金黄油润糯米粒晶莹闪亮。吃时或炸、或烤、或重蒸，甜度适中，滋润爽口。若油炸、火烤，则外焦内糯，别有一番味道。

二、清明粑

清明菜又名佛耳草，亦名鼠耳草，全株有白色的毛，农历二三月清明节前后开花，故名清明菜，民间草药名叫"追骨风"。清明菜具有祛湿益气，止泄除痰等功效。

清明菜是做清明粑的辅料，将清明菜洗净、切细、煮熟与蒸熟的糯米饭拌匀舂茸，搓成月饼形状，清明粑就做成了。

清明粑色香味俱全，便于保存、携带，可冷食，也可放入锅中烤后再食用，颇受人们青睐。

三、汤粑

松烟铺农家，每逢过年都要做汤粑，是过年的必备年货。汤粑的制作工序。

（1）汤粑的主要原料糯米和大米，7∶5 的比例为适，糯米和大米拌匀，温水浸泡 5 小时左右，石磨磨成浆。

（2）米浆盛在大盆里，米浆液面叠放二三层洗净的白布，冷柴灰置于布面，吸干米浆液成淀粉。

（3）将淀粉搓揉成乒乓球的二分之一大小的圆形，放入锅中煮熟，汤粑做成，也可加入甜酒煮成甜酒汤粑，还可做成油茶汤粑食用。

（4）汤圆（或称圆宝）。是将淀粉搓揉成拳头大小的圆形，里包果仁、糖、肉、芝麻等。正月初一早晨家家必吃汤圆，寓意是团圆、圆满、甜甜美美、事事顺利之意。

（5）吃法很多，可将淀粉搓揉成团放在炭火上烧，也可油炸食用。

四、泡粑

泡粑的制作工序。

（1）按 3∶1 的比例，精选大米和糯米，温水浸泡 5 小时左右。

（2）将大米用石磨磨成浆，糯米蒸熟成饭，热糯米饭与米浆拌匀封存，置于 20℃的环境里发泡。

（3）柴火锅中放一木架，架上放竹篾架，竹篾架上放粑圈，圈上垫干净的白布。将发泡物舀在粑圈对应的白布上，锅盖封锅面，大火蒸 10 分钟左右发泡物蒸熟成泡粑。

（4）为了美观，用食用颜料印各种图案于其上。

泡粑便于携带，白色、松软、甜润可口，冷热皆可食用，烧烤、油炸更是美味无穷。姑娘出嫁时常用作鲊包。

五、饭粑团

改革开放前，农村实行的是集体所有制生产的政策，各家各户小孩多，食物匮乏，劳动力（大人）出早工，小孩在家饿得哭的哭，闹的闹。大人回家，柴火煮饭，米粒煮熟（生分子），离于筲箕，将生分子舀入一块布或洗脸帕中，捏紧成像拳头大小的米粒团，俗称饭粑团。放在柴火炭上烧烤，三五分钟即熟，外焦脆香，内热清甜，以此赶急解决孩子的饥饿问题。吃饭粑团是一种不同寻常的美食享受。

六、血灌粑

腊月，松烟铺农家杀猪宰羊，户户准备年夜饭，年夜饭的桌上，血灌粑是一道不可少的主菜，也是松烟铺百姓独具特色的美食。

制作血灌粑的主料：糯米、新鲜猪血、猪大肠。辅料：花椒、盐、胡椒等。

制作：先将糯米浸泡再蒸熟，然后把新鲜猪血、糯米饭和佐料一同拌匀。再把拌好猪血的糯米饭灌入洗净滴干水分的猪大肠里，用细绳将两头系紧。最后用蒸锅蒸熟，放置于通风干燥处。

食用时可以加蒜、干辣椒筒筒煎炸而食，糯而不腻，滑爽而清香。

第二节　粉

一、绿豆粉

松烟铺人历来喜吃绿豆粉，由于长期传承，已成为松烟铺民间食品中的特色美食，人们也称其为锅巴粉。人们常在湄潭县城、遵义市和周边场镇听到："绿豆粉，松烟铺的绿豆粉"的叫卖声。

制作绿豆粉的主要原料是大米、绿豆、生粉子（煮成半生半熟的米粒）、切成碎粒的马铃薯，大概按5：1：1：1的比例配置，先将大米和绿豆浸泡5个小时左右，再把生粉子、马铃薯碎粒与大米、绿豆混合拌匀，也可加入适量切碎的蒜叶、清明菜等，用石磨磨成浆；再把柴火锅烧热，抹上油，将米浆舀入锅中，抹薄抹匀，微火烙烤两分钟左右，两面均成锅巴状，取出待冷后，卷成圆柱体，切成丝，绿豆粉就做成了。

该食品颜色淡绿，吃味清香，鲜美可口，别具地方风味。松烟铺人逢年过节，必吃绿豆粉，春节期间家家都要赶制以作待客和自食之用。绿豆粉从古至今是松烟铺及周边邻镇乡场饮食店的主要特色食品之一。

二、斑鸠叶凉粉

斑鸠叶凉粉是用斑鸠叶为主要原料做成的凉粉，凉粉像翡翠一样晶莹剔透，适合夏天吃，吃起比果冻还嫩滑，比吃冰西瓜还爽口，并能清热降暑。

松烟铺各地山林中、田土边都易找到斑鸠叶。采摘嫩绿的叶子，用清水洗净，再用开水焯熟了放在凉水里，用一大块干净的纱布叠几层，然后把凉透的斑鸠叶放在里面，做成一个叶包，加适量水用力地挤压，绿绿的汁一滴滴地流进盆里，最后用半碗豌豆藤烧成的灰（据说这种灰才能让斑鸠叶凉粉的色泽更漂亮，口感更好）加适量的水，搅拌过滤镇清后，倒入刚挤的叶汁里，轻轻搅拌均匀，平放静置半小时左右就成了。吃时加上一勺红黄色、酸酸辣辣的泡菜水等，就可以大快朵颐了。

三、凉虾

夏季，农村人家自制凉虾，每逢松烟铺赶集，到处有凉虾摊点，吃上一碗，入口解渴、香甜软嫩，是夏天解渴佳品。

凉虾的制作方法：

（1）把大米浸泡，磨成米浆。

（2）将锅里的水加热，再加适量的石灰水（食用碱），待沸腾后把米浆慢慢倒入，一边倒一边搅拌，至米浆煮熟成糊状，熄火起锅，装入盆中，待冷后切成小块，便是人们说的"米豆腐"了。

（3）起锅时，用一个盆盛凉水，上面放一漏勺，把刚煮熟的糊状物倒入漏勺，一边倒一边用一个勺子在漏勺里面搅压，漏下去的米粉头大尾细形似一个个虾仁。

（4）捞出凉水里面的"虾仁"加入自己喜欢的水果小丁、蜂蜜糖水等佐料和几个冰块。形如虾，入口冰凉。故此得名"凉虾"。

第三节　其他

一、晒酱

二十世纪六七十年代松烟铺农家普遍晒酱。酱是美食调味必需品，色香味俱全，被列为烹饪之首。但晒酱的时间长，制作工序较复杂。

（1）清明节过后，精选籽实饱满的麦粒。

（2）将麦粒放在柴火锅里炒至开始爆麦花，加水煮熟，用黄荆叶、大枸叶垫包煮热的膨胀的饱满圆实的麦粒，置于25℃左右的环境里发酵。

（3）将发酵的麦粒摊在簸箕里，放在烈日下暴晒至干透，石磨磨成粉末，细筛过滤去粗，取麦粉末。

（4）用花椒、茴香叶、紫苏叶、盐、生姜、大蒜、黄豆等配料按一定比例煎水，过滤冷却，与麦粉末拌匀成糊状后盛在大口钵里，钵上盖一块玻璃或纱布，放在屋顶上，让六月如火的骄阳暴晒，早晚用干净的棍棒搅拌一次。经过几个月的暴晒和夜间天然甘露的滋润（有"晒酱晒酱要晒到霜降"的说法），酱的颜色开始发生变化，由淡黄色渐渐变成黑褐色，上面结一层薄冰似的酱面，这就是酱成熟的标志。而后封口存放即可。

烹饪或吃面条、绿豆粉时放入适量的酱，色香味俱全，味道好极了。

二、霉豆腐

霉豆腐具有独特的味道，食用后能起到帮助消化的作用。据资料记载，清康熙年间，安徽王致和因进京赶考名落孙山，因家庭经济拮据，所带盘缠用完，无路费返家。只好在京城谋生。又因王致和的父亲是做豆腐买卖的，于是便做起了豆腐生意来。在温度高的时节，当天卖不完的豆腐就变味，但又不想丢掉。后经多次实践，成功地掌握了霉豆腐的加工工艺。

到清康熙十七年（1678年），王致和的霉豆腐生产在京城已初具规模，且产品流进宫廷。后来慈禧吃后也非常喜欢，但嫌其名不雅，于是更名为"青方"。后其工艺逐渐散落民间，到处流传，但各有特点。

寒冬腊月，松烟铺百姓家家制作霉豆腐，其味独具特色。

霉豆腐的制作工序：

（1）将精选的黄豆用石磨碾成豆瓣，去皮浸泡后，再用石磨磨成豆浆，过滤除渣，再将豆浆倒入锅中烧到待沸腾改用微火，用农村正宗酸汤慢慢倒入锅中，俗称点豆腐。豆浆变清，即豆花制成。

（2）将豆花舀入正方体的木箱里，木盖压紧成团，豆腐告成。

（3）将豆腐切成长宽高分别4厘米、3厘米、2厘米不等的长方体块散放在装有稻草的器具中，豆腐铺满一层再垫稻草存放第二层，装满器具存放发酵生霉。

（4）辣椒烘干制细，花椒制末，食盐等佐料搅匀。

（5）半月左右将发酵生酶的豆腐放入装有甜酒液的碗中浸泡一下，再放入佐料中，上下左右翻滚使其体面沾满佐料，再放入坛中封存即可。

霉豆腐是松烟铺的特色风味食品，具有色鲜味美、回味悠长等特点。

豆腐果也称灰豆腐，制作工序如下：

（1）将压紧的酸汤豆腐切成边长3厘米、4厘米不等的正方体或长方体。

（2）将桐子壳或辣椒树干煅烧成灰。选一盛器，放一层灰再放一层豆腐，封存3~5天即可。

（3）用清水洗净灰豆腐，晾干后，放入柴火锅，再加入适量的柴灰炒，豆腐果炒泡，起锅洗净、晾干存放即可。

三、米花、提饺

米花、提饺是松烟铺百姓的一种待客佳品。闲聊食用，或当下酒菜。农家姑娘出阁（出嫁），必备米花、提饺作鲊包（或称新人茶）。

米花的做法：将糯米浸泡8个小时左右，蒸熟。用竹篾条制成一个圆柱体，半径5厘米、高1厘米左右，把蒸熟的糯米饭舀入圆柱体中，压平、团紧，然后烘干。用颜料（食用的颜料）在上下两面上色或画图案作装饰。食用油炸泡，即可食用，香、脆可口。

提饺的做法：将糯米浸泡，晾干，制成米粉末，用温水将米粉末拌匀，搓揉成一团。再分搓成乒乓球大小，放入沸腾的水中煮熟，舀起放入米粉末中再搓揉。不沾手后，放在撒有米粉末的光滑桌面上，用圆柱体器具（酒瓶子、竹筒等）压、滚，制成又薄又圆的饼状，将饼放在微热的锅中烤泡，再用圆柱形器具将饼泡压平，待冷后，将饼对折三次成三角形，在三角形两腰错开剪三分之二两三刀，再剪去底边成扇形状，拆开，提边系绳，提起成相互绞缠状，故称提（绞）饺。待干后，用食用颜料上色，食用油炸泡，香脆可口。

四、麻饧

麻饧又名麻糖，通俗名麦芽糖。新中国成立前，农村老百姓吃糖基本靠自家熬制，熬制步骤大概如下：

（1）选料。选择干燥、纯净、无杂质的小麦（或大麦）、玉米（或糯米），以及无霉烂变质的红薯作原料。小麦与其他原料的配比为1∶10，即1千克小麦（或大麦），配以10千克玉米（或糯米）以及红薯等。玉米碎成小米大小，红薯碎成豆渣状，但不能碎成粉状。

（2）育芽。将小麦麦粒或大麦麦粒洗净，放入木桶或瓦缸内，加温水浸泡24小时后捞出，放入箩筐内，每天温水淋芽水温不得超过30℃，经过3～4天后，待发芽长到三四厘米长，将其切成碎段待用，且越碎越好。

（3）蒸煮。将玉米碎粒或糯米放在水中浸泡4～6小时，待吸水膨胀后，捞起沥干，置于大饭锅或蒸笼内，以100℃蒸至玉米碎粒或糯米无硬心时，取出铺摊于竹席上，晾凉至40℃～50℃。

（4）发酵。将晾凉的玉米碎粒或糯米，拌入已切碎的小麦芽或大麦芽，发酵至转化出汁液，再装入布袋内，扎牢袋口。

（5）压榨。将布袋置于压榨机或土制榨汁机上，榨出汁液，滤出汁液。

（6）浓缩。将滤出汁液大火熬煮成糊状，经过用小火加热，再用两根木棒搅拌，便可浓缩成一定的浓度，冷却后即成琥珀状糖块。麻饧便制成了。水分越少，保存时间越长。

五、松烟铺街上的驰名小吃商家

松烟铺街上的驰名小吃商家有陈糍粑，邱凉水，喻泡粑，官凉粉，娄凉虾等。

（注：本章内容已编入《松烟镇志》614—618页）

求 真 路 上

余庆松烟中学校歌

韩天明、郑继国 词
李 凌 飞 曲

后　记

2007 年秋的某一天，在松烟镇友礼村新农村小院内，时任余庆县委书记、县委宣传部部长、县文联主席等一行领导与来自遵义的 16 名作家会聚一堂，畅谈余庆的过去并展望未来，拉开了首届"黔北作家看余庆"采风活动的序幕。是日，采风活动从友礼村坝上的"小青瓦""白粉墙"开始，从抒写松烟的美景开始，从探寻松烟的文化开始！

有人说，黔北文化看余庆，余庆文化看松烟。

松烟位于余庆县北部，有"余庆北大门"之称，更有"中国第一骑游小镇"之美誉，其可圈可点、可书可写之处不在少数。

松烟有志书和史料记载近 400 年。在松烟这片土地上辛勤劳作、繁衍生息的先民们，用自己的勤劳和智慧，创造了灿烂辉煌的历史，留下了众多弥足珍贵的文化遗产。

1650 年，四川巡按、著名学者钱邦芑，因拒孙可望招降，隐居蒲村南面的山上，将此山取名"他山"，山下筑堤为湖，取名"柳湖"。钱邦芑在蒲村著书立说，开设学堂，教化先民。开启了一代大儒开馆授徒，教授文化，传承文明的漫长旅途。其间，钱邦芑在他山之上题（刻）写"梅仓""九面峰""回岚穴""钱开少放歌处""石浪"等十九处石刻，造就了独有的"他山摩崖"石刻文化；在湖堤上栽种柳树，配以湖中珍珠喷泉，形成了"柳湖晓烟"的美丽风景。后来，"他山""柳湖"演绎成了一种文化，形成了自强不息，努力奋进的文风，激励松烟学子踏实学习，积极进取。近年来，从松烟中学到余庆中学，最后考入清华大学的有冉龙、石敏、王沛，考入北京大学的有江婷婷。

松烟镇觉林村的马家寨，人口不足 500 人的小村寨，虽然不算富裕，却有 114 名马氏后裔考上大学，其中有 12 个博士，9 个硕士，50 多个学士，高中以上文化者达 400 多人,高级职称多达 43 人。如今,这个山沟沟里的小村寨已远近闻名,被人们称为"博士寨"。强烈的教育意识,为马氏家族奠定了良好的教育基础。马费成,曾任武汉大学信息管理学院院长,1975 年开始从事科技情报研究工作,1983 年武汉大学科技情报专业研究生毕业留校。经过多年的刻苦钻研,成为信息管理学科的资深专家。他的名字被收录到英国剑桥《世界成功者名录》。马光煌,中国戏剧家协会会员,一级剧作家,其代表作丝弦剧《空印盒》被著名作家曹禺称为"成功的戏"。1957 年应邀向党和国家领导人做汇报演出,受到周恩来总理、朱德委员长、邓小平总书记、陈毅元帅、贺龙元帅的亲切接见。马光煌入选《中国文学家辞典》《中国艺术家辞典》《中国文艺家传集》《中国当代艺术家名人录》。马费城、马光煌等成了这个"博士寨"的领路人。随后的几十年间,在前辈的鼓舞下,马家寨家风正、学风浓,良好的学习氛围影响着周边村寨和邻近乡镇。

在解放松烟的斗争中,牺牲的革命先烈有 9 人,葬于松烟烈士陵墓的有 6 人(杨献义、陈廷芳、金阿才、郑成武和两位不知名的烈士),葬于敖溪烈士墓的有 2 人(苗福全,邓才),葬于友礼天堂坝后沟的有 1 人(林友礼)。林友礼是江西省上饶人,平时少言寡语,但为人正派。1935 年长征路过松烟时,他因体弱多病,留了下来,住在原松烟镇第七堡灵官场的一个小茅屋里,靠做小买卖维持生计,日子过得十分清贫。1949 年初,松烟地下党活动时,他主动协助地下党做了很多有益的工作,为解放军肃清土匪提供了大量可靠的情报。1950 年 10 月底的一天,时任松烟第七村农协主席的林友礼,来当时的松烟区委汇报工作当日晚返家后遭土匪杀害。同志们得知这个不幸的消息个个悲痛欲绝,区委当即研究决定,追认林友礼为革命烈士,将松烟区第七村改名为友礼村。当地干部群众为了纪念这位革命烈士,一直将友礼村名沿用至今。

"日游花山珍珠井,夜赏水关星宿岩",这是人们对松烟古景"星宿岩"的浓缩和概括。有关"星宿岩"的美妙传说,黔北驿站之《松烟古镇拾遗》中描绘得淋漓尽致。2009 年,寓居山西的松烟本土诗人毛依(原名毛异翼)在此建设碑林,将自己的爱情长诗《转经轮》刻于石碑之上。2012 年,世界汉诗协会授予"星宿岩碑林""世界汉诗协会诗教基地"称号。此后,常有各地文人墨客及旅游爱好者前来此处写诗赋词和参观旅游。

松烟,堪称古镇,可以说是物产丰富、人杰地灵!

松烟,自古以来,确实有很多值得"拾遗"的文化!

笔者在编写黔北驿站之《松烟古镇拾遗》的过程中,倾心尽力,走遍松烟的山山水水，访遍松烟的耄耋老人，细心、执着和努力付出。其间，几易其稿，历时五年终成此书。

黔北驿站之《松烟古镇拾遗》收录了松烟自有记载以来的很多正在遗失的历史和文化，以期可以"赏古"抑或"知今"！受编者水平及视野所限，书中不如人意之处在所难免，敬请斧正。

松烟，有厚重的历史，有美丽的山川，有富庶的土地，有勤劳的人民，有养眼的风物，是一部让人百读不厌的书！生活在松烟的土地上，我们要感恩松烟，我们要宣传松烟，我们要祝福松烟。

是为后记。

韩天明

2022 年 7 月